JOSÉ ANDRÉS GALLARDO
fotografías
Instantes en el tiempo

BIBLIOTECA DE AUTORES MANCHEGOS
DIPUTACION DE CIUDAD REAL

EDITA
Servicio de Cultura Excma. Diputación Provincial
Plaza de la Constitución, 1. 13001 Ciudad Real
Tel.: 926 29 25 75
Web: www.dipucr.es

SELECCIÓN EDITORIAL
Jesús Reviejo Fernández / José Andrés Gallardo de la Sierra Llamazares

PORTADA Y CONTRAPORTADA
Quintería Casablanca. Daimiel, 2021
Vía Láctea. Corral de Calatrava, 2019

Colección: Biblioteca de Autores Manchegos

IMPRESIÓN
Blanca Impresores, S.L.

ISBN: 978-84-7789-417-9
Depósito Legal: CR-797-2024

Impreso en España

ÍNDICE

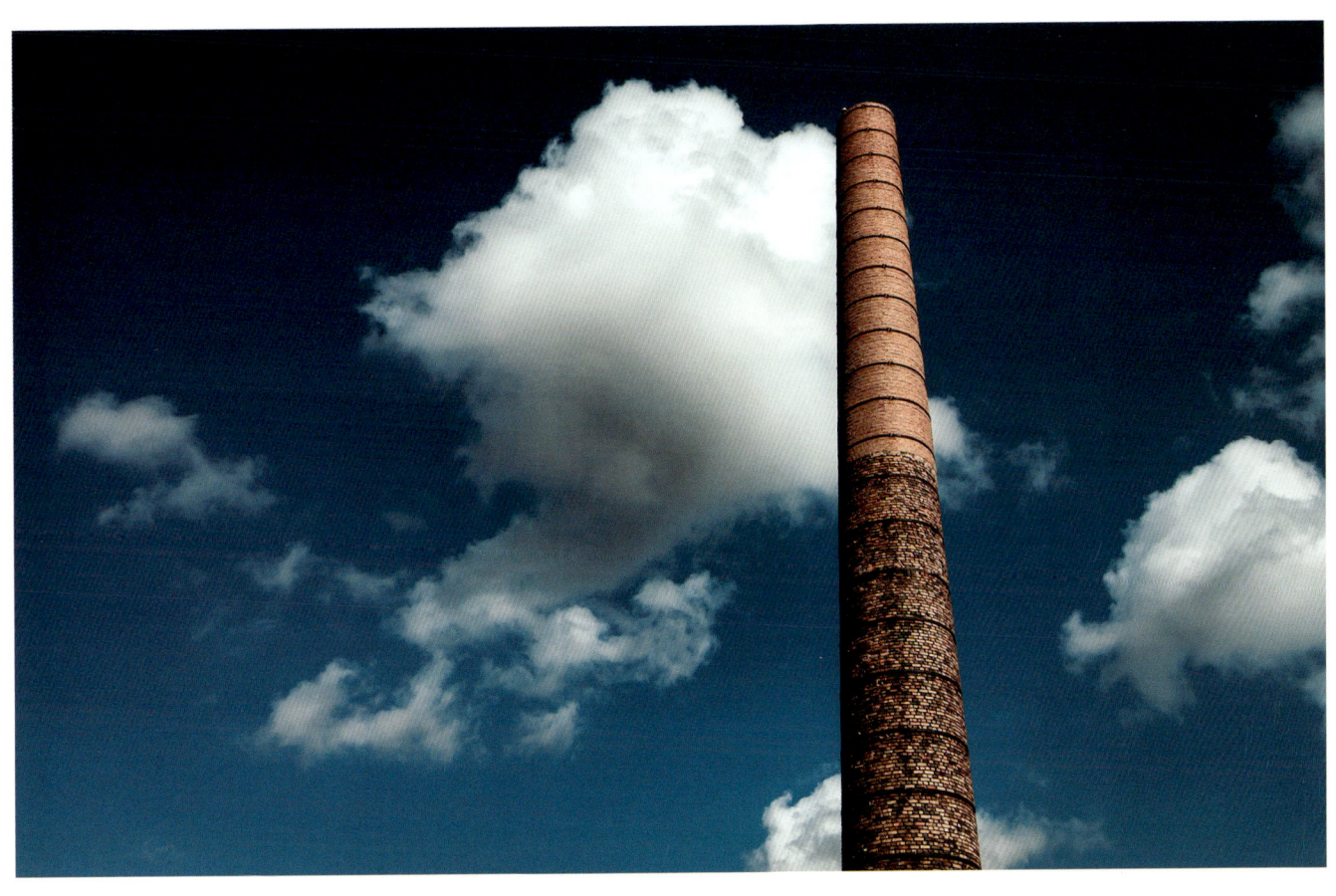

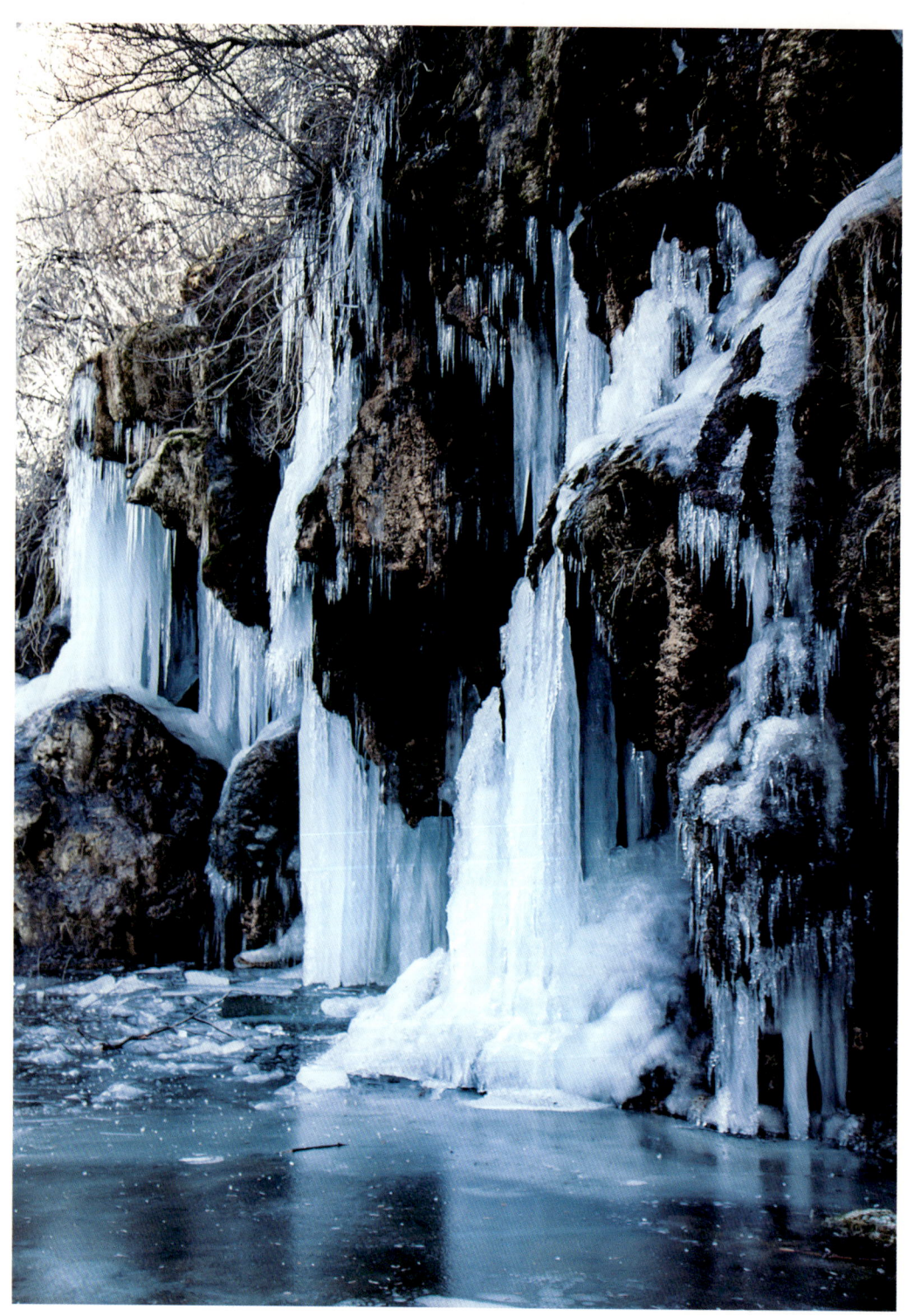

ARQUEOLOGÍA CONTEMPORÁNEA

Pedro María Lozano Crespo
Director de la Escuela de Artes y Superior de Diseño Pedro Almodóvar de Ciudad Real

La mayoría de los fotógrafos recuerdan cuando tuvieron por primera vez una cámara fotográfica en sus manos, todos pretendían eternizar felices instantes, a través de procesos analógicos tan próximos en el tiempo y a la vez tan distantes tecnológicamente. Nos hacemos mayores y el mundo cambia continuamente, se transforman los proyectos, aparecen las envidias, trabajan los olvidos…, experiencias vitales que José Andrés capta a través de sus imágenes, inmortalizando la energía que queda en espacios, en arquitecturas donde su uso ya no es necesario. Herrera de la Mancha fue punto de partida y reflexión para su TFG, una alegoría sobre el paso del tiempo y el olvido. La propuesta de este libro se completa con otros lugares como el molino hidráulico del puente de Alarcos, la venta de Borondo en Daimiel, la antigua bodega de Fernán Caballero, el molino hidráulico de Valbuena en Corral de Calatrava, la fábrica de harinas "La Aurora" de Almodóvar del Campo, la Casa del Parque en Ciudad Real…, reconocidos por la mayoría de los manchegos y donde su función primigenia ya no se realiza en ellos.

Recordamos las típicas películas de terror en las que los efectos "poltergeist" estaban motivados porque la casa estaba construida sobre un antiguo cementerio… Evidentemente estas películas eran ciencia ficción, pero resulta fácil imaginar, después de observar las fotografías de este libro en torno a espacios y contextos no habitados, las vidas acontecidas en estos lugares hoy abandonados, donde la existencia humana estaba vinculada a una rehabilitación social, al viaje, al trabajo… Parece una propuesta de pre-arqueología de entornos últimos en los que la naturaleza del abandono y no uso empieza a apoderarse de ellos a través de derrumbes, invasión vegetal y ruina, salvo en casos esporádicos en los que se utiliza para actividades transversales relacionadas con el ocio alternativo (fiestas alternativas, grafitis, juegos paintball, etc.).

Cuando visitamos yacimientos arqueológicos como el Ibérico de Alarcos, los arqueólogos exponen sus tesis: que si este espacio fue el santuario, aquello un almacén…, todo un conjunto de respuestas desde la investigación arqueológica. Las imágenes de este libro tienen algo vinculado a estos procesos y se anticipa a este tipo de conclusiones necesarias, dejando patente las esperanzas vividas en estos entornos, haciéndonos recapacitar sobre la necesidad de las cosas y la fugacidad del tiempo.

La formación académica de José Andrés como graduado en Bellas Artes y licenciado en Derecho está presente en su propuesta, nos plantea incógnitas sobre lo que es el patrimonio cultural, implicándose conceptualmente a través de un correcto uso del lenguaje fotográfico, donde la calidad técnica apoya el discurso artístico de este trabajo, que nos hace caer de forma recurrente en la cuenta de cómo cambian todos los paradigmas de lo cotidiano y también de lo aparentemente distante, cómo fluye todo, destacando además la progresión de la tecnología; qué lejos empiezan a estar Amsel Adams y su "sistema de zonas" y la calibración del material fotosensible, que tan magistralmente enseñaba Joaquín Perea en sus clases de doctorado en la Facultad de Bellas Artes de la Universidad Complutense, ya que ahora nuestras cámaras y las actualizaciones de software nos completan los cielos infinitos con HDR (alto rango dinámico) o más actualmente con las posibilidades de la inteligencia artificial.

En su trayectoria, José Andrés ha expuesto sus trabajos fotográficos y de ilustración en el Museo Cristina García Rodero de Puertollano, en el Museo Elisa Cendrero de Ciudad Real o en la Casa de la Marquesa en Almodóvar del Campo y ha obtenido premios en las disciplinas de video y relato. Entre sus publicaciones destacan: *IN VINO VERITAS* (2021), *La Visión de la Palabra* (2019) y el *Catálogo conmemorativo de los Premios de Artes Plásticas Fernando Zóbel* (2018), a las que se une el presente trabajo, *Instantes en el Tiempo*, publicado por la Biblioteca de Autores Manchegos de la Diputación de Ciudad Real, donde nos ayuda a realizar una personal introspección en torno a la inquietante relación del ser humano con su propia naturaleza y sus consecuencias.

José Andrés, mil gracias por tu propuesta.

Pasen y reflexionen.

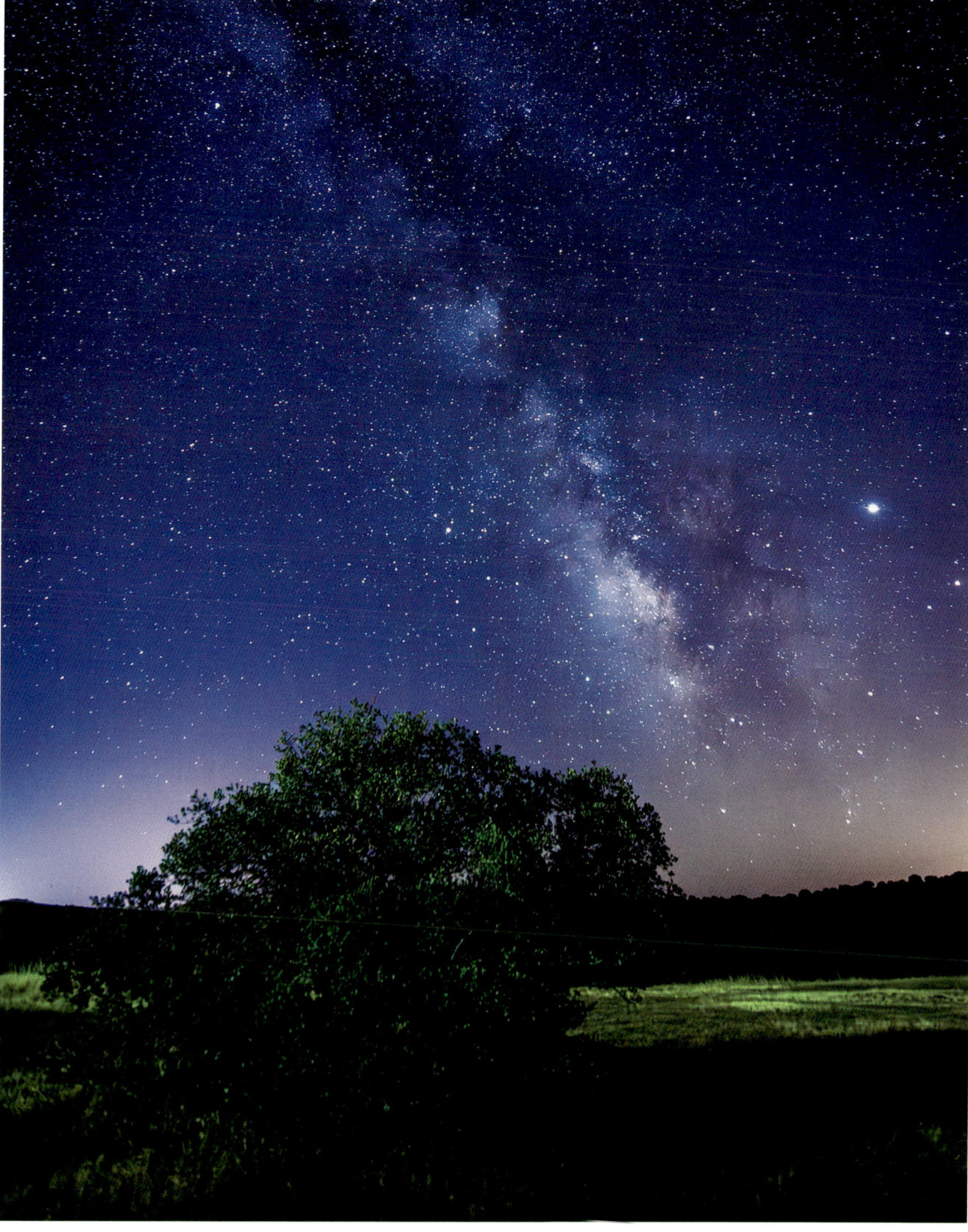

INSTANTES EN EL TIEMPO

FOTOGRAFÍAS

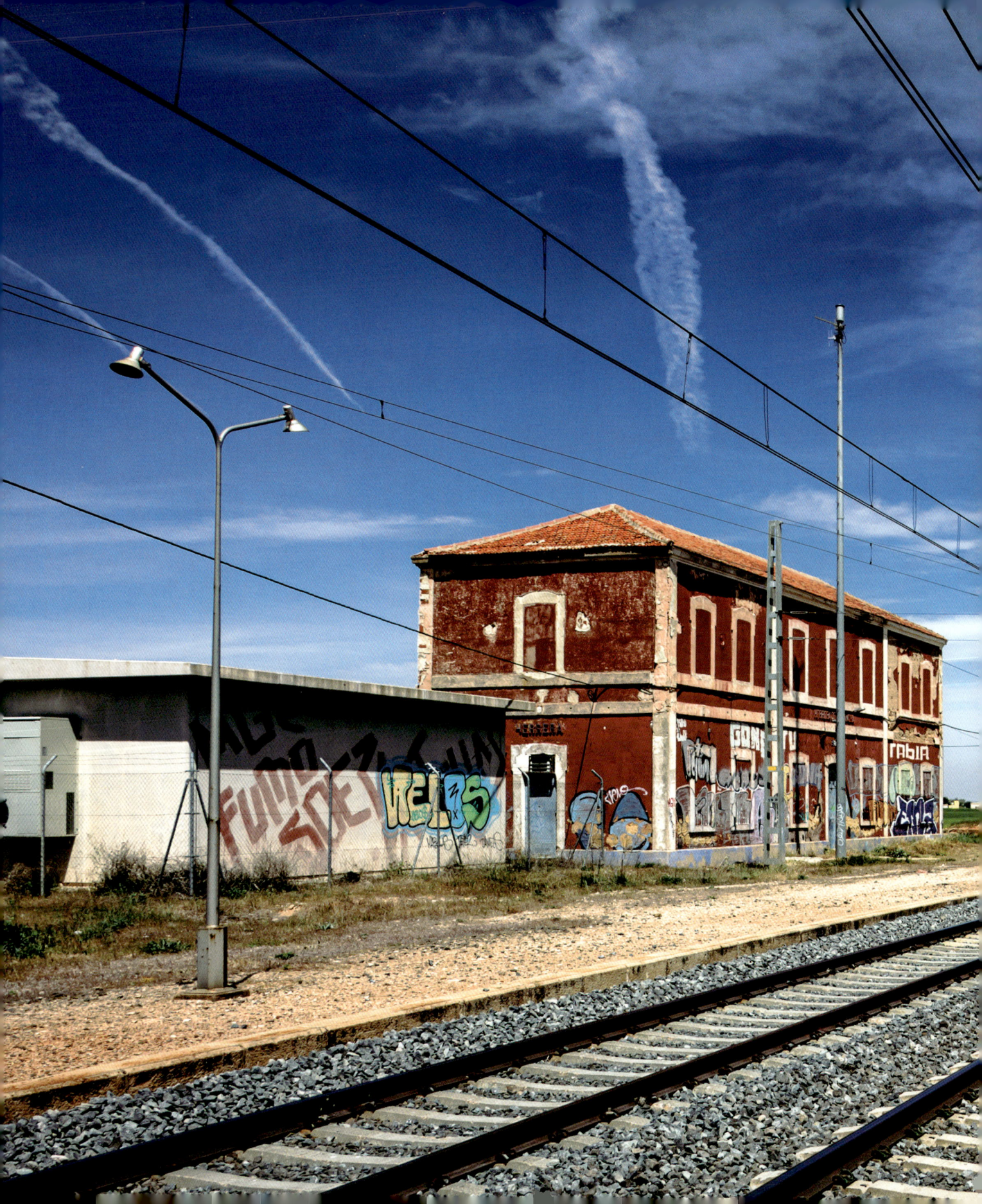

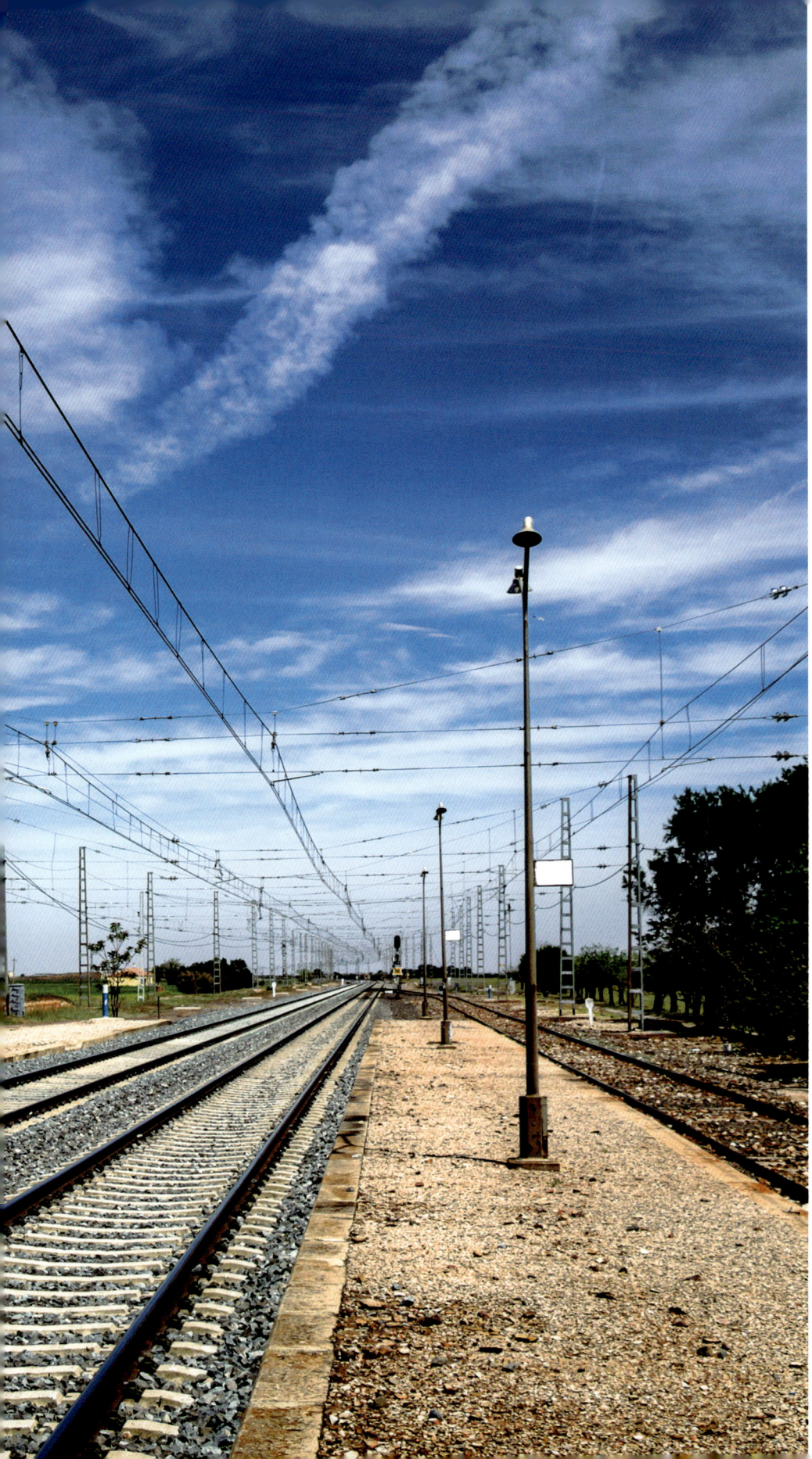

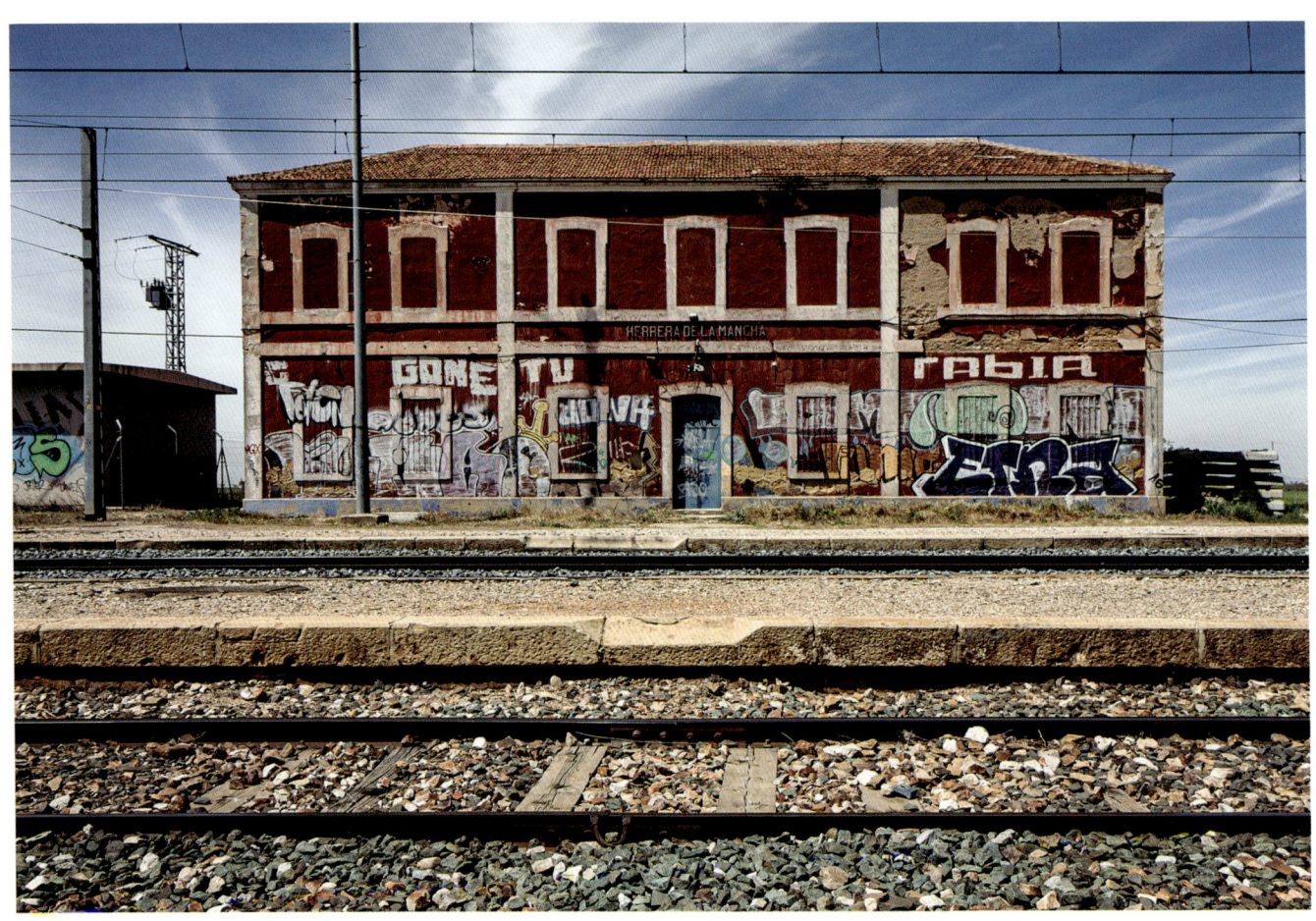

La estación de ferrocarril de Herrera de la Mancha aún se mantiene en pie junto a lo que antaño fue la cárcel granja. Los trenes siguen pasando, pero ya ninguno se detiene aquí…

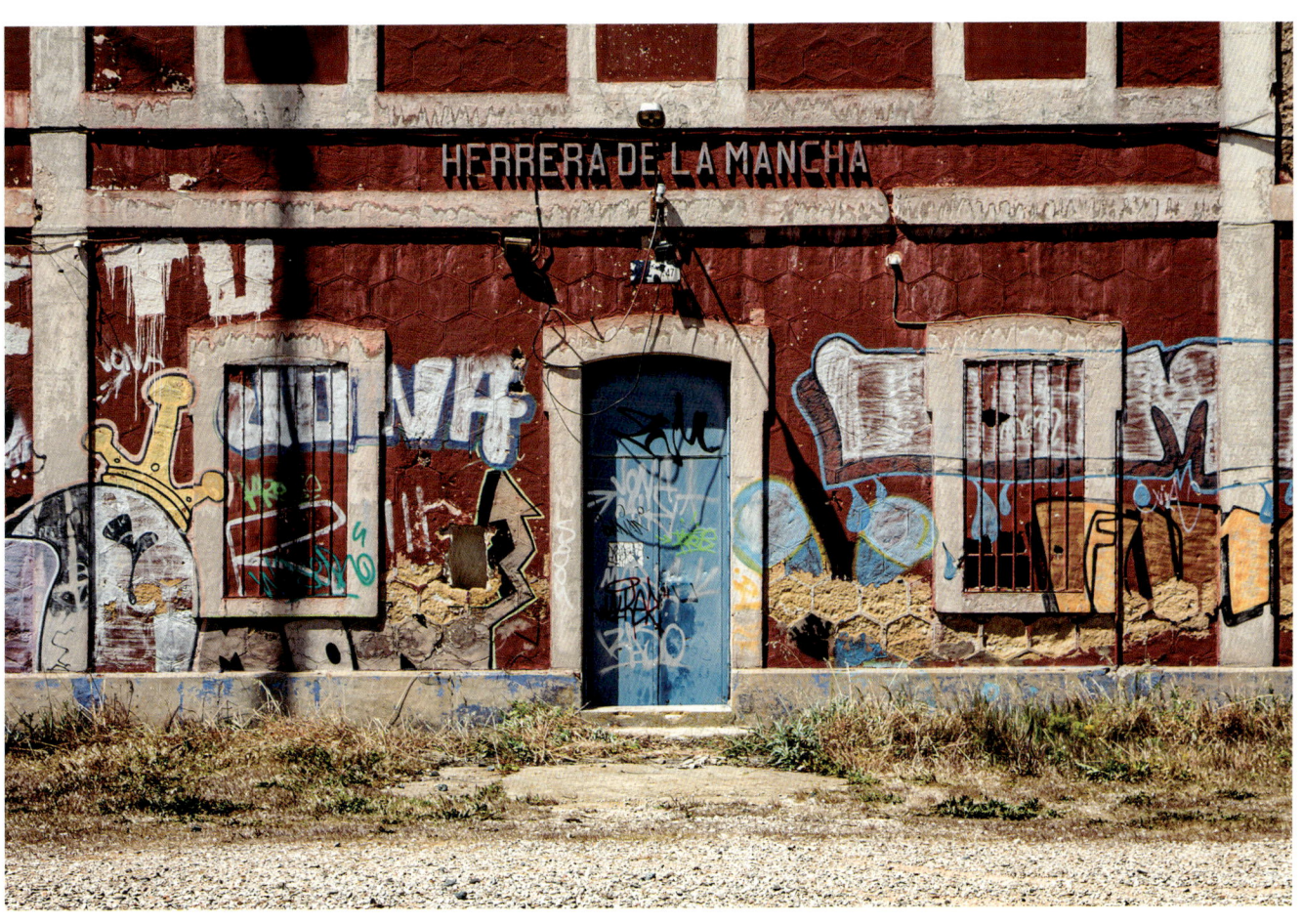

La primera cárcel de Herrera de la Mancha fue construida en los años sesenta y concebida como explotación agropecuaria para reclusos en tercer grado que cumplían su condena en régimen abierto, sin alambradas ni torres de vigilancia. El recinto incluía los pabellones donde residían los presos, cocinas, iglesia, enfermería, economato y hasta una pequeña escuela, así como las viviendas para funcionarios y Guardia Civil. Las zonas de trabajo y la estación ferroviaria completaban el complejo, que ocupaba 550 hectáreas en total.

En 1979 se construyó en las cercanías el actual centro penitenciario de máxima seguridad, que convivió con el antiguo hasta principios de los años noventa, cuando el ganado y los talleres dejaron de tener sentido para los nuevos presos, que apenas sabían nada de cultivos o del cuidado de vacas. Se decretó la unificación de ambas cárceles en la más moderna, siendo abandonada la primera. Ahí comenzó el lento pero inexorable deterioro de la cárcel granja. Los primeros saqueos hicieron desaparecer todo el hierro y otros metales que pudiera haber, dejando profundas cicatrices en algunas paredes, las cuales no tardaron mucho en ser usadas como lienzos en blanco por los jóvenes de las localidades de los alrededores. La pintura en espray y las quedadas festivas que durante muchos años allí se celebraron fueron cambiando el aspecto del recinto, otorgando al lugar una superposición de capas multicolores que, en sus últimos instantes, dieron un resultado sorprendente, casi una mezcla de mausoleo y parque de atracciones a la vez, donde cada rincón contaba las historias de los múltiples momentos vividos.

Retratar con la cámara fotográfica esa superposición de tiempos pasados y modernos, de distintos usos de un recinto durante treinta años como centro penitenciario más otros treinta como paraje abandonado, era todo un reto y devenía en un descubrimiento tras otro, pero también con muchas incógnitas que quedaban por desvelar. El paso del tiempo había ido añadiendo nuevos acontecimientos al lugar, creando y destruyendo casi al mismo tiempo.

En 2018 se produjo la demolición de todas las edificaciones y hoy la primera cárcel es solo un recuerdo.

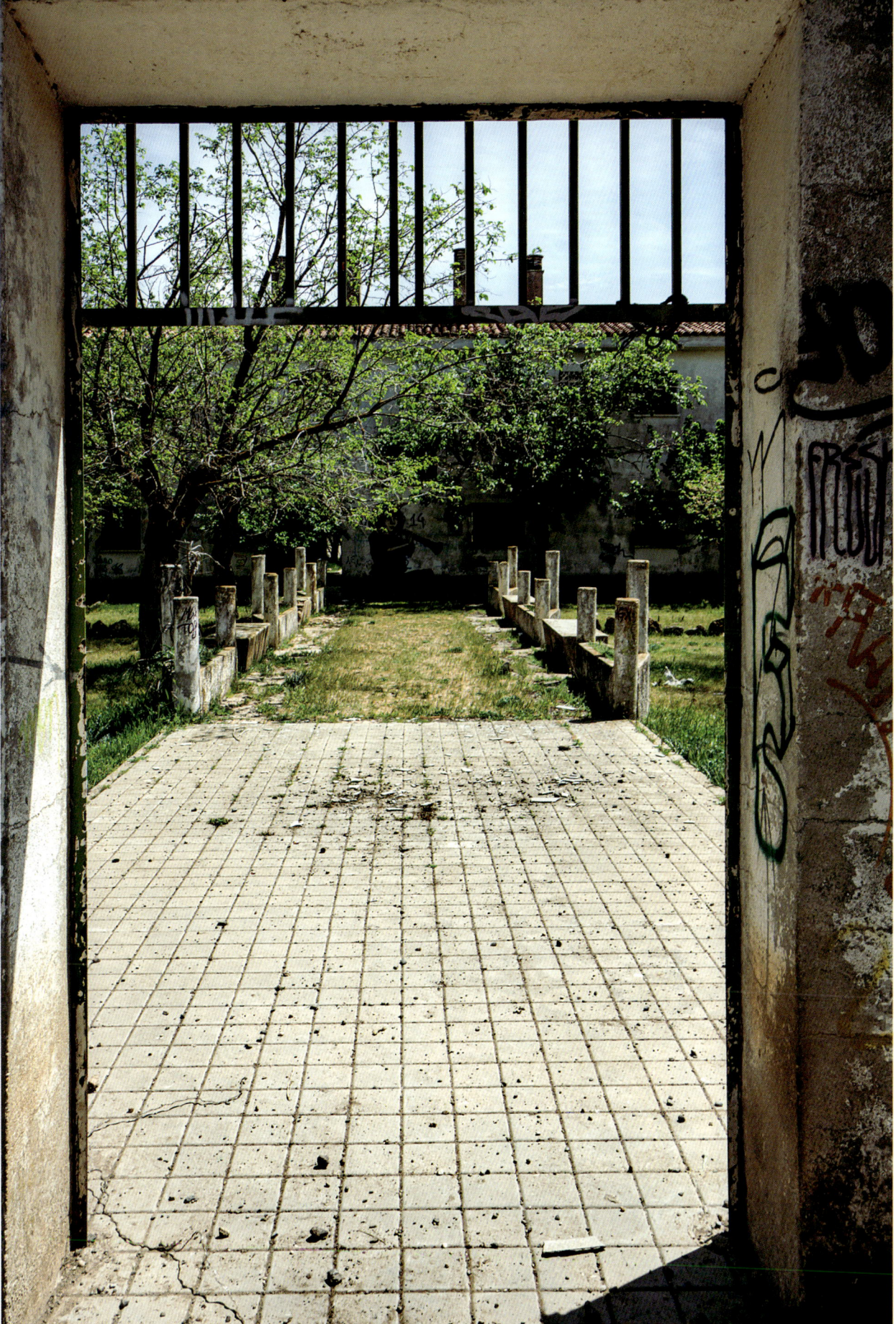

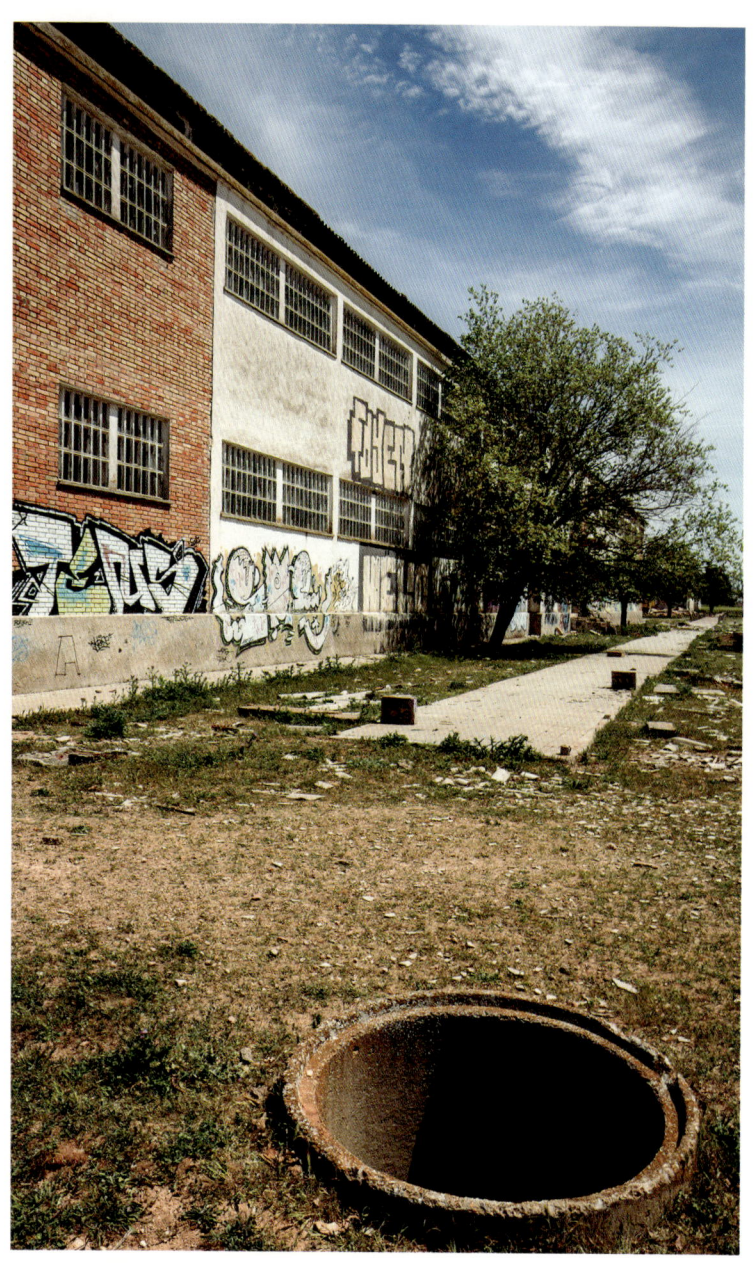

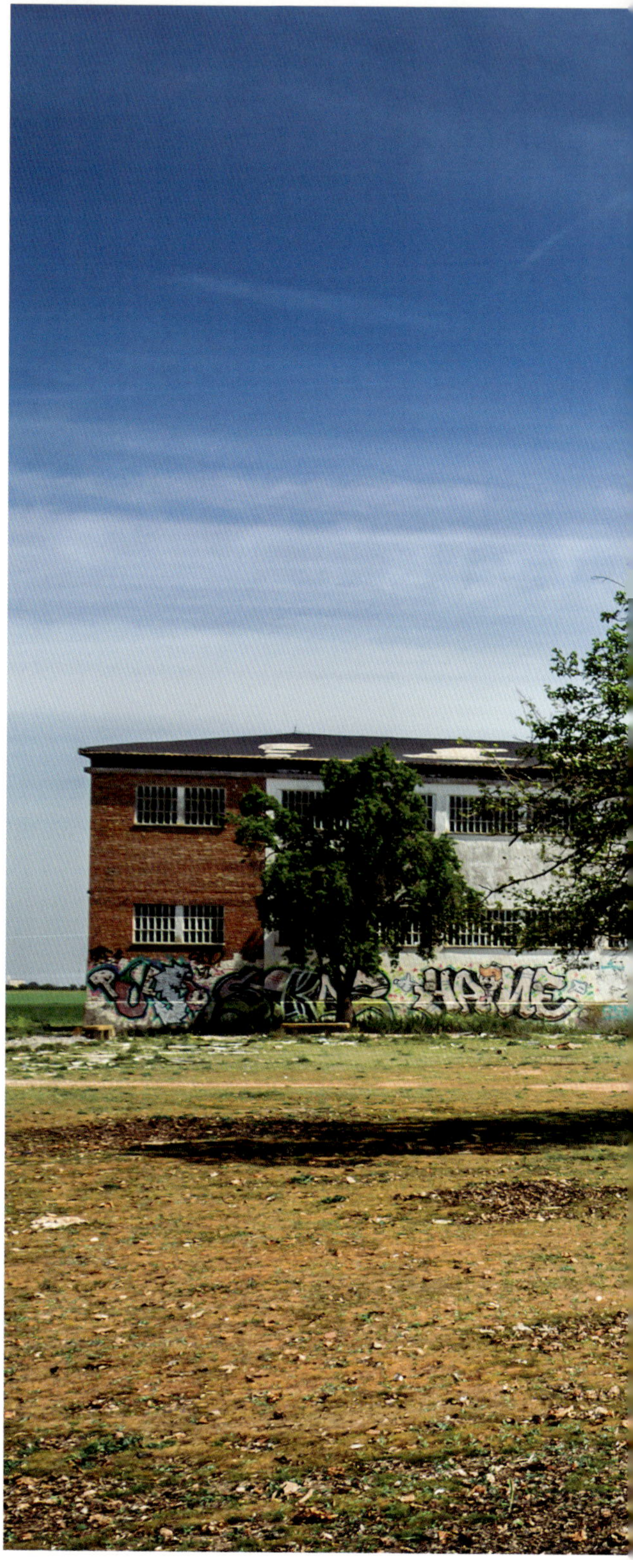

Dos enormes pabellones servían de residencia a los presos, donde se ubicaban las celdas y las zonas de ocio comunes. Con el abandono comenzó el saqueo y empezaron a aparecer los grafitis en sus paredes.

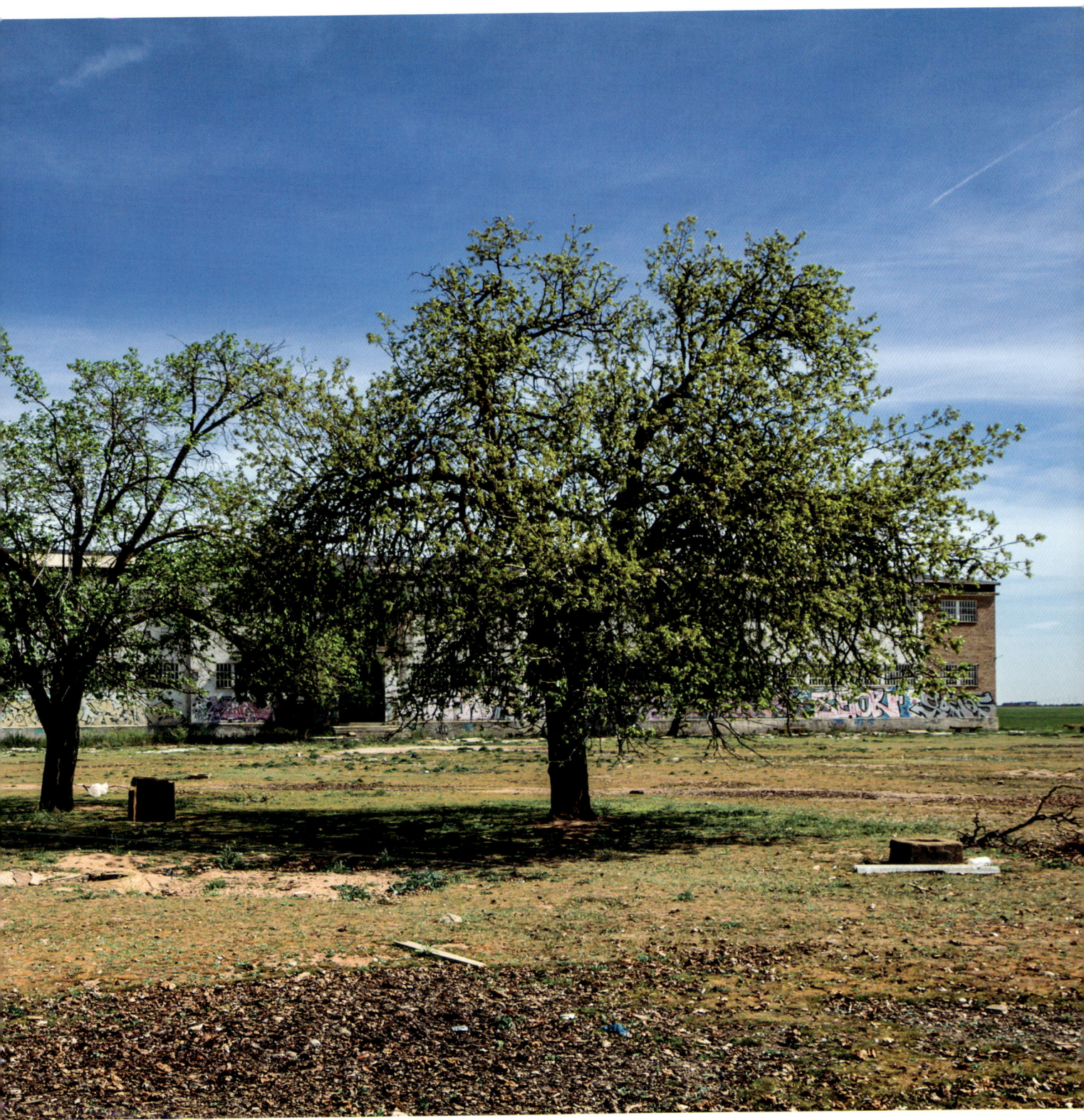

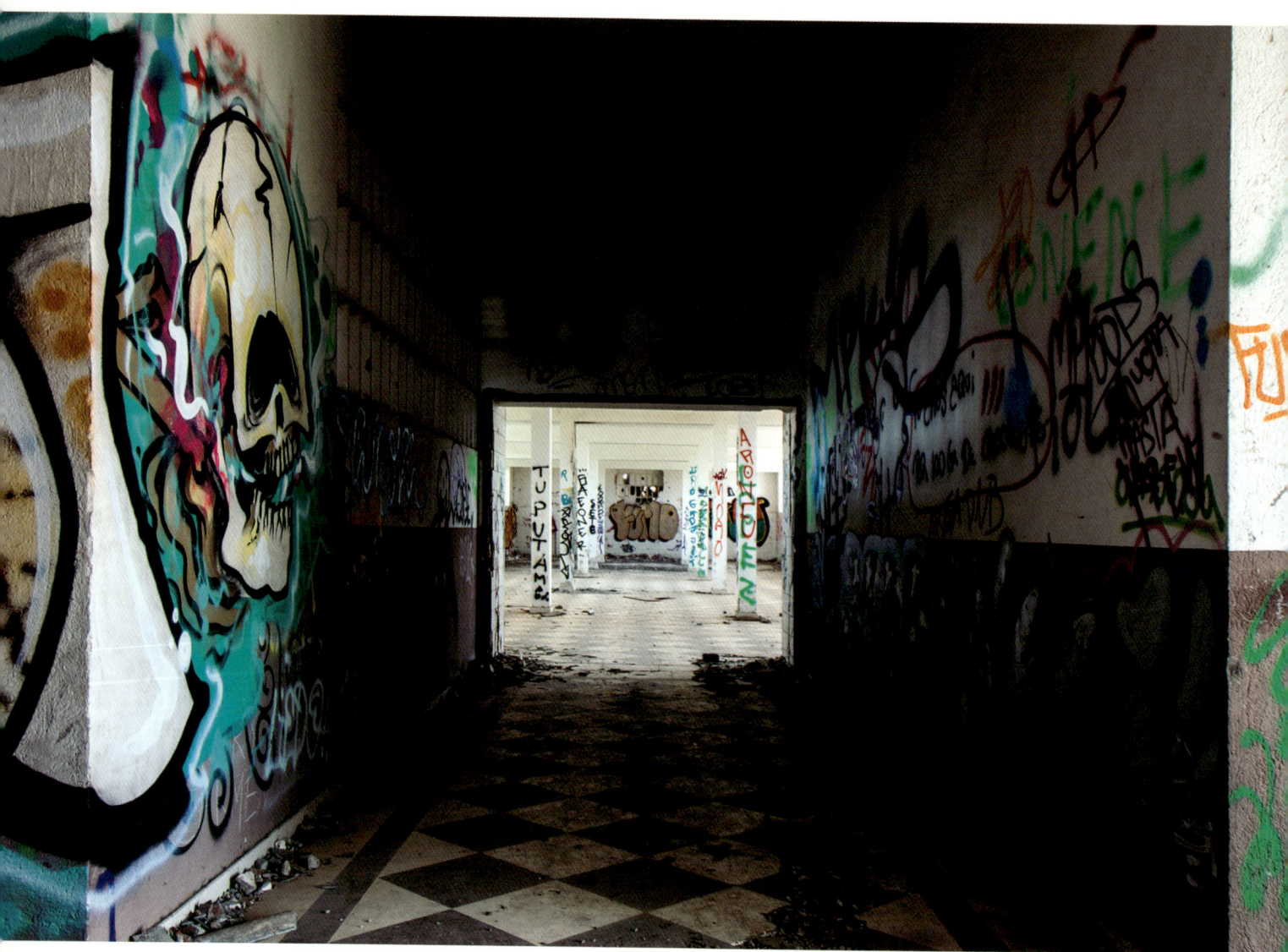

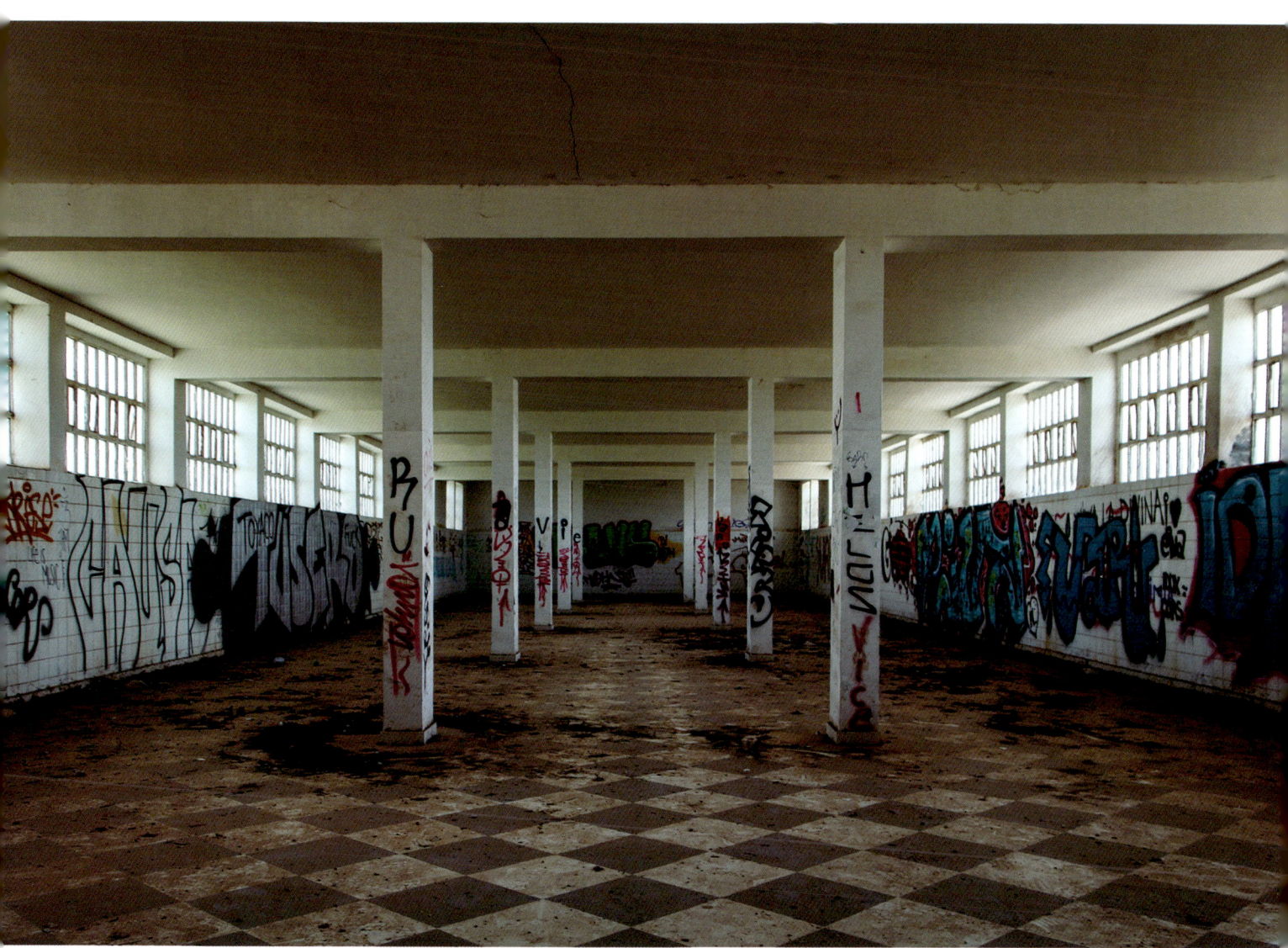

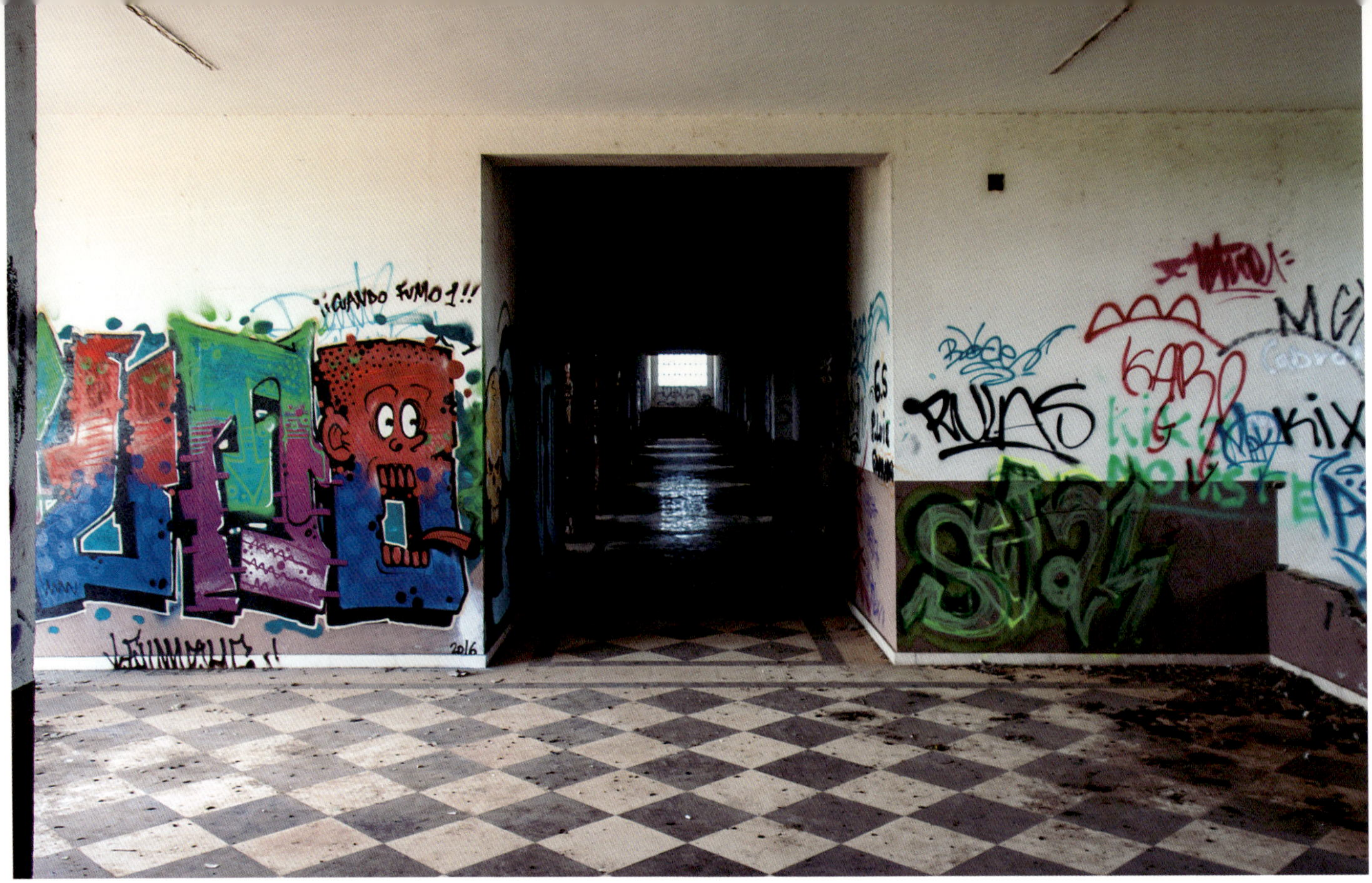
¡¡CUANDO FUMO 1!!
2016

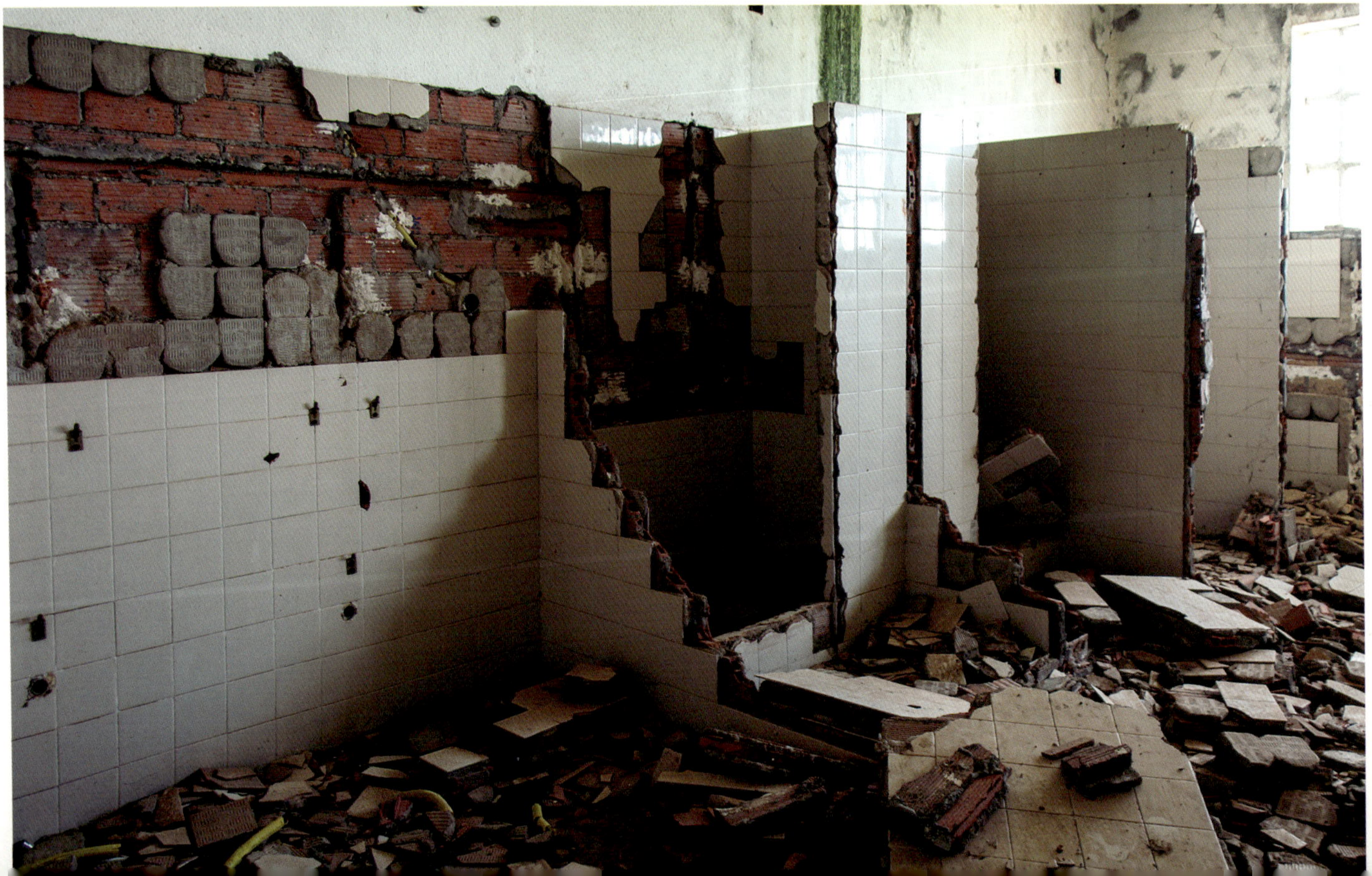

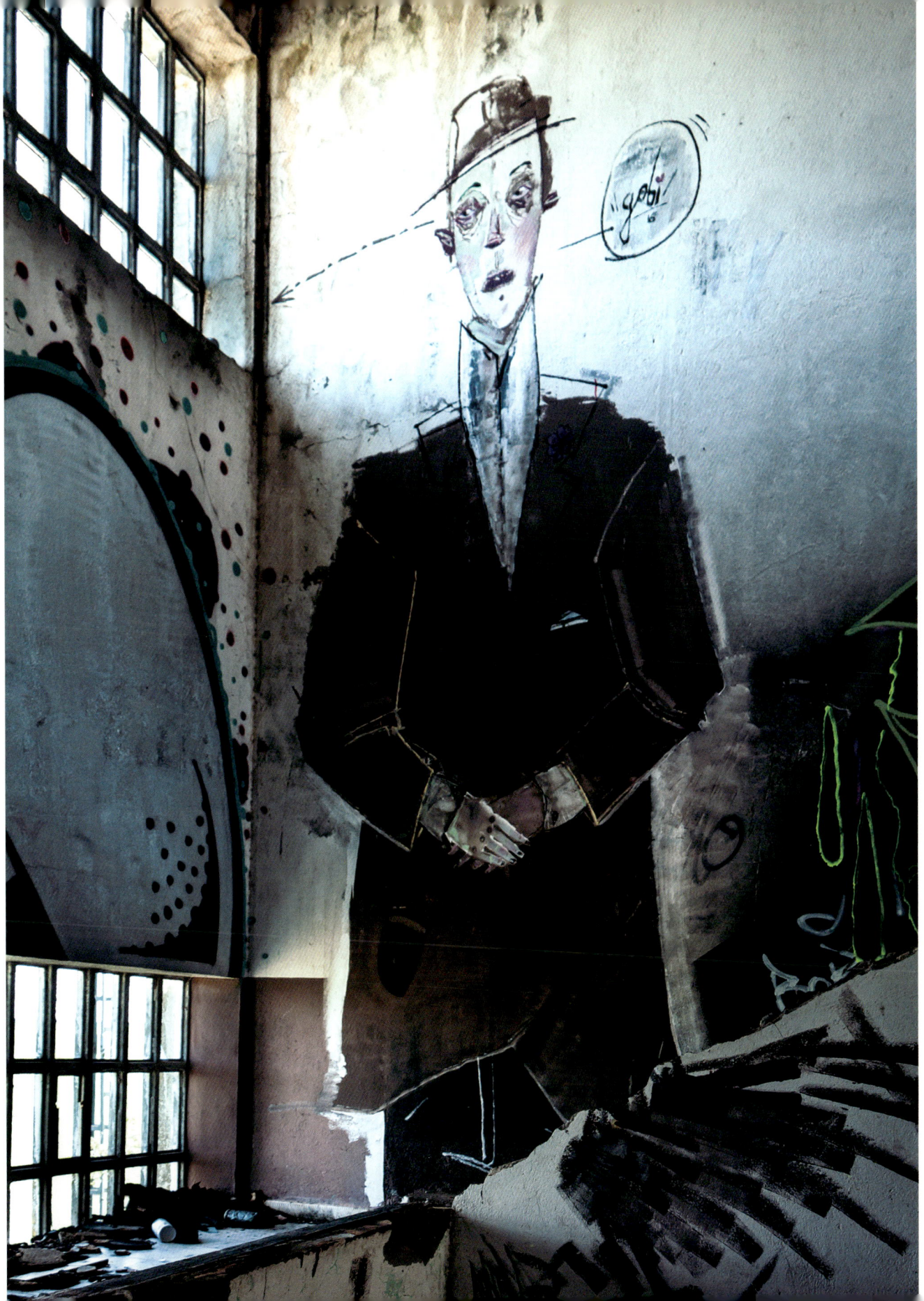

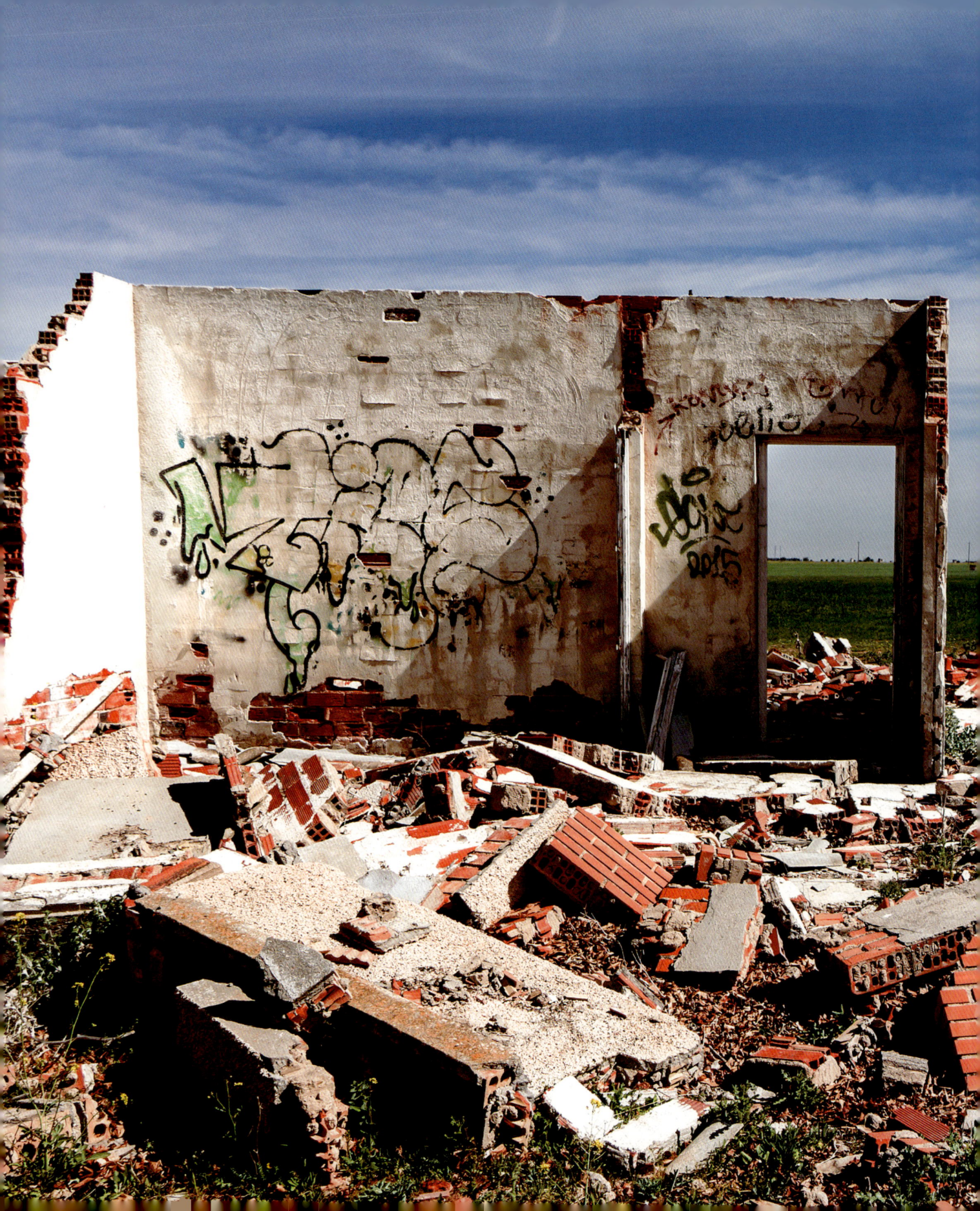

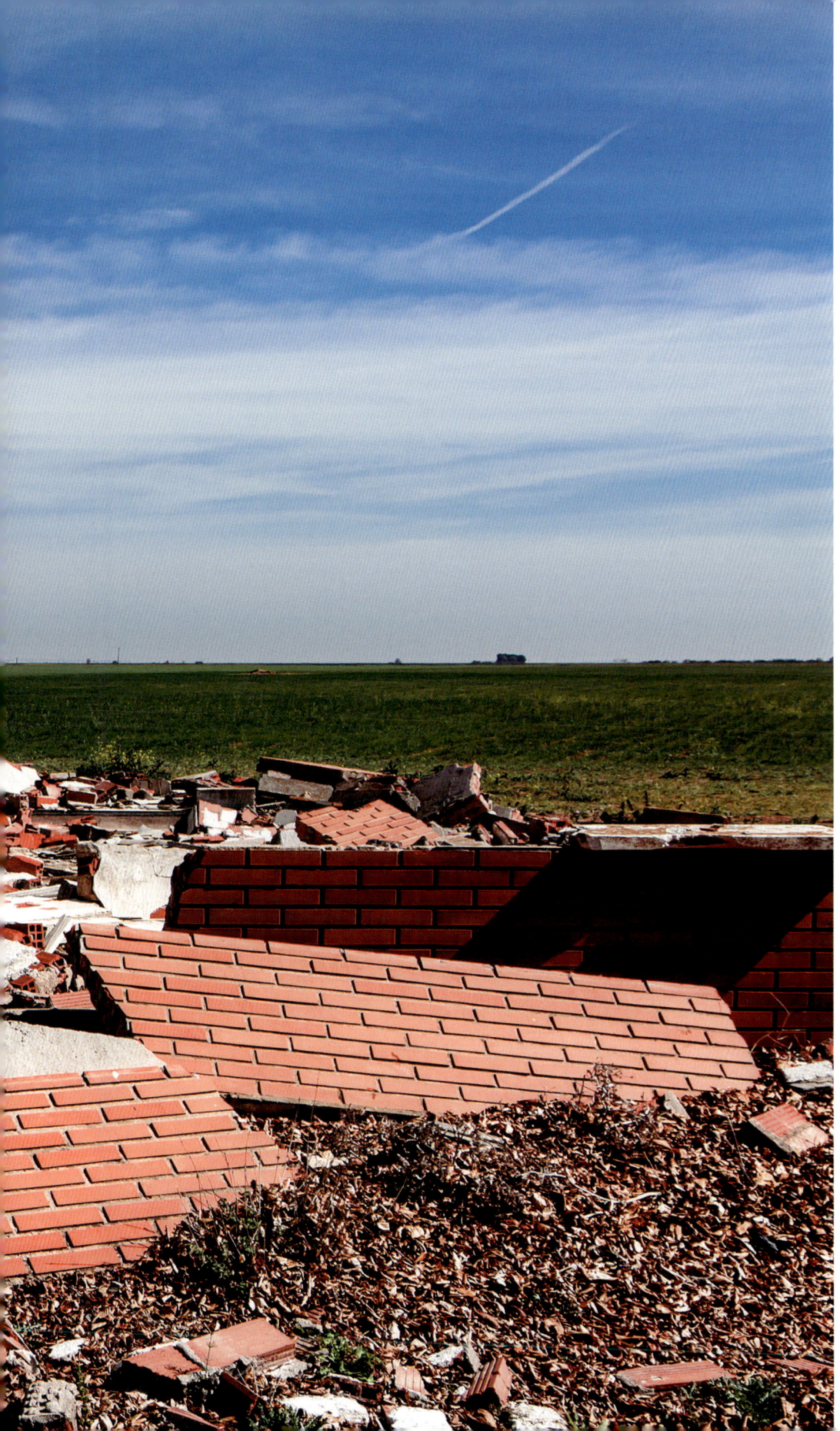

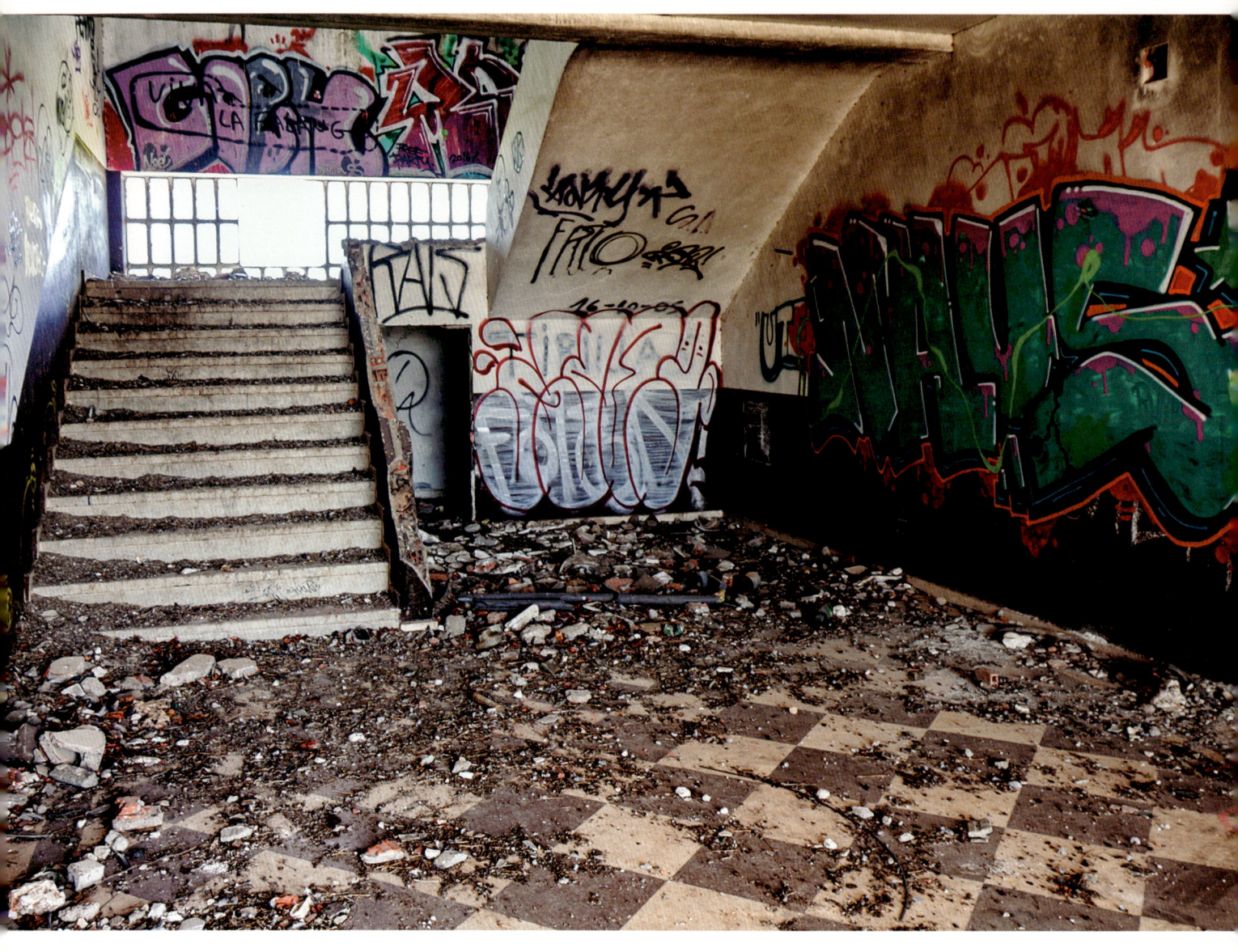

◁◁ Presuntamente, la escuela se encontraba entre ambos pabellones. Si estos son sus restos, ya estaba en ruinas hacía mucho tiempo…

El segundo pabellón se encontraba muy deteriorado y había sido invadido por los pájaros, además de por la pintura en espray.

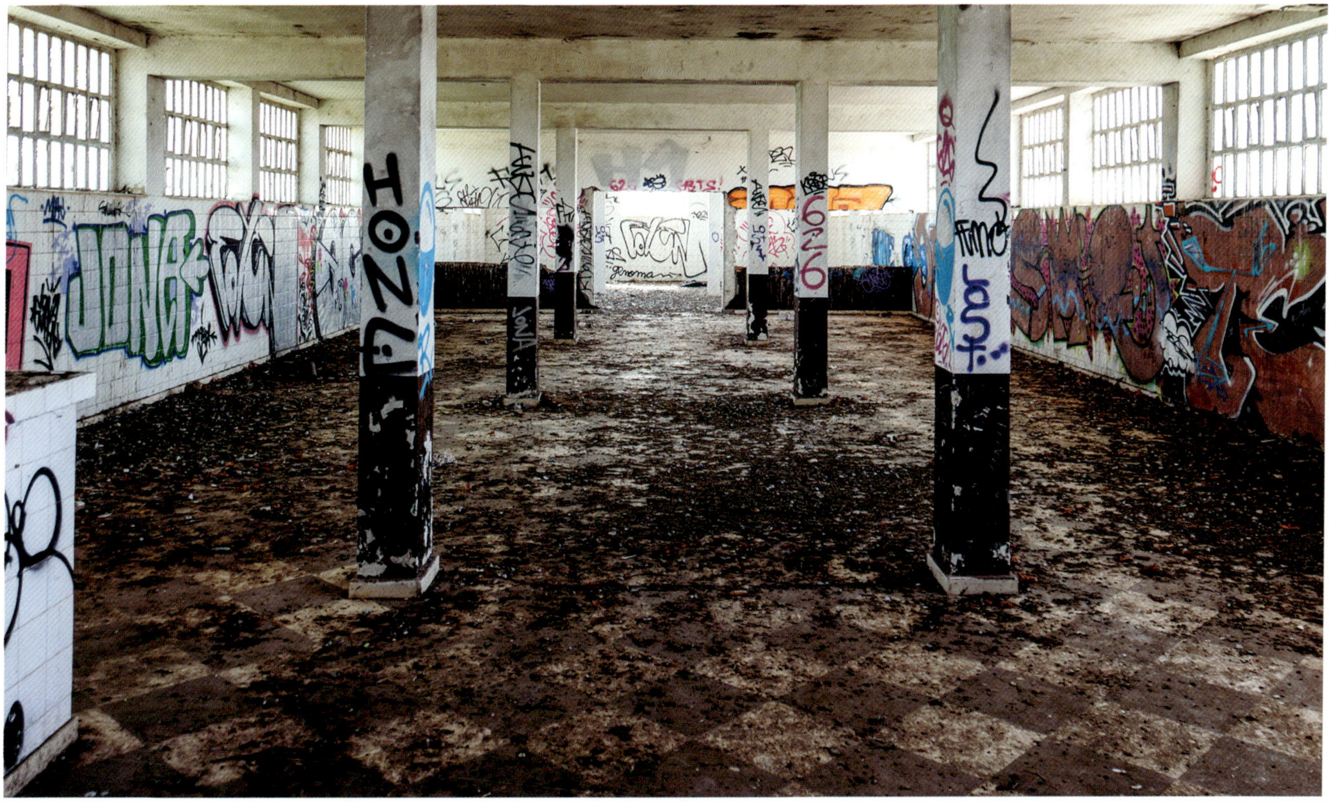
JONA

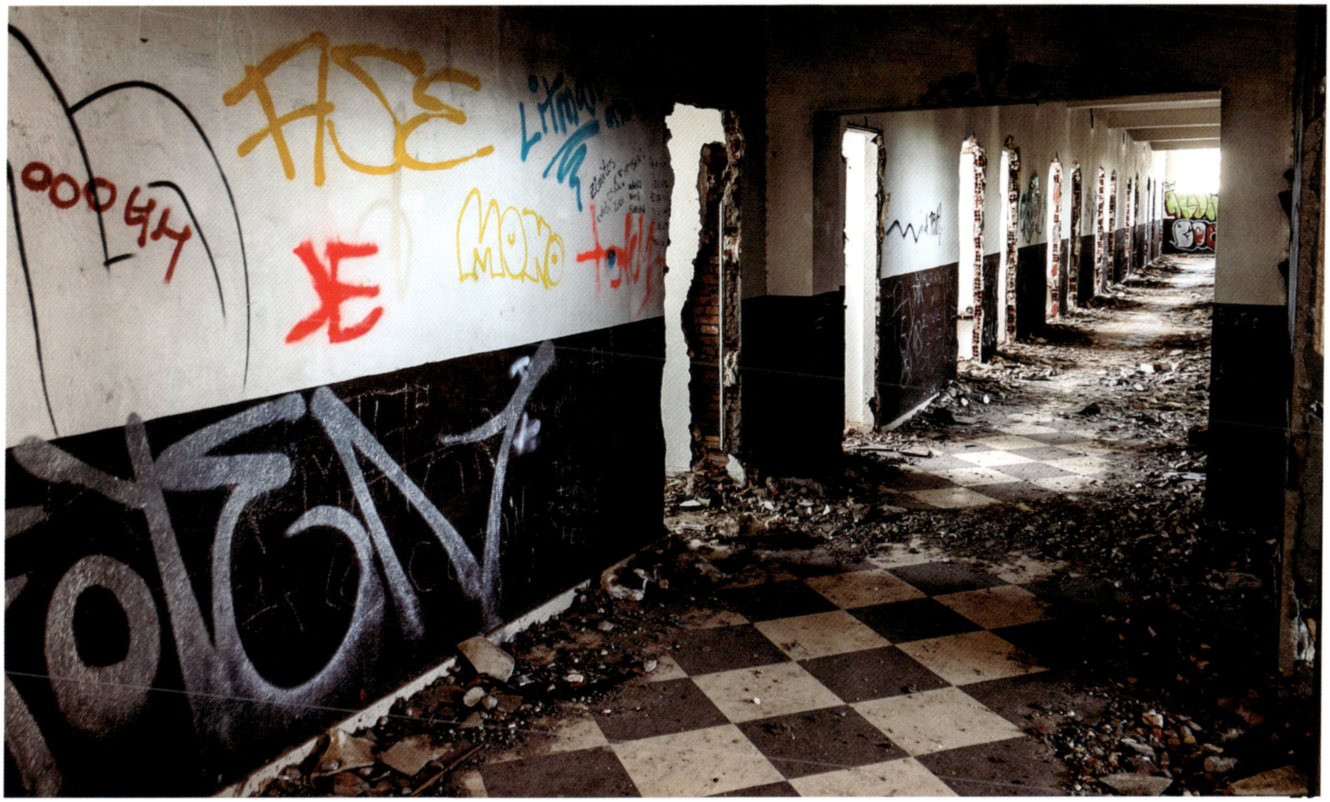
FASE
MONO

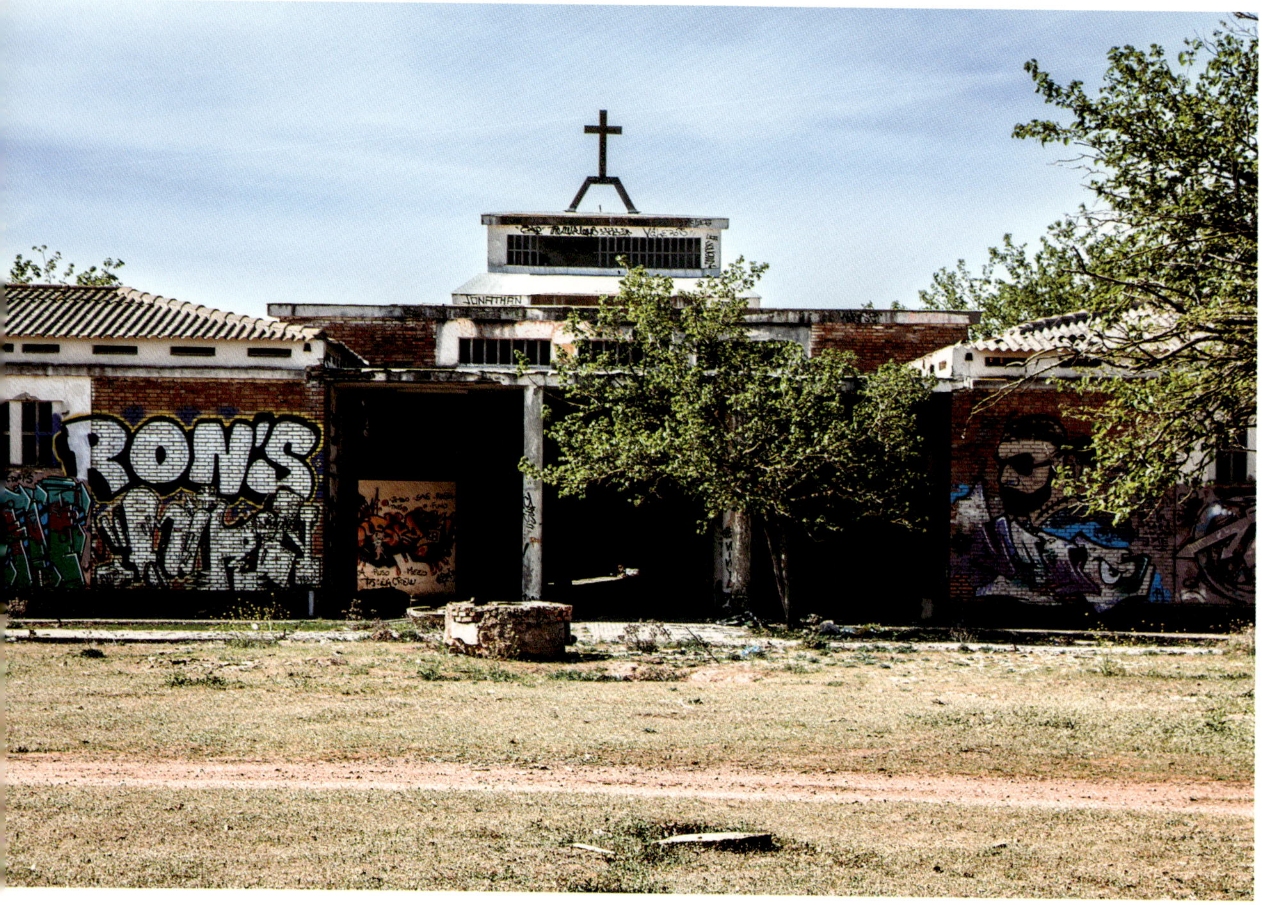

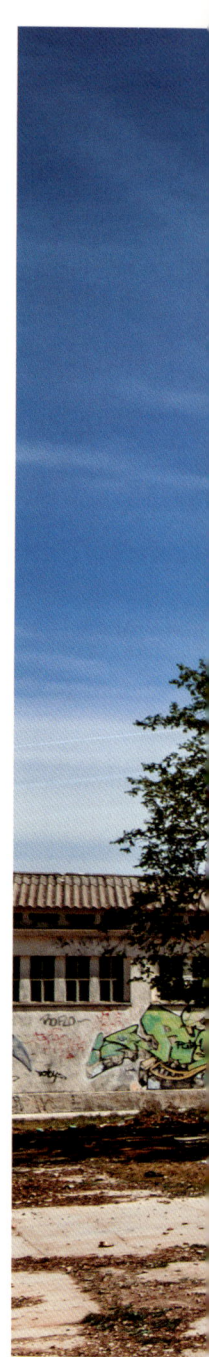

La iglesia de Herrera, originalmente lugar de rezos y oración para los presos, con el abandono pasó a ser punto de encuentro y diversión para los jóvenes de la zona. Hay testimonios de que incluso una fiesta de fin de año se celebró aquí, como corroboran algunas de las pintadas en su interior.

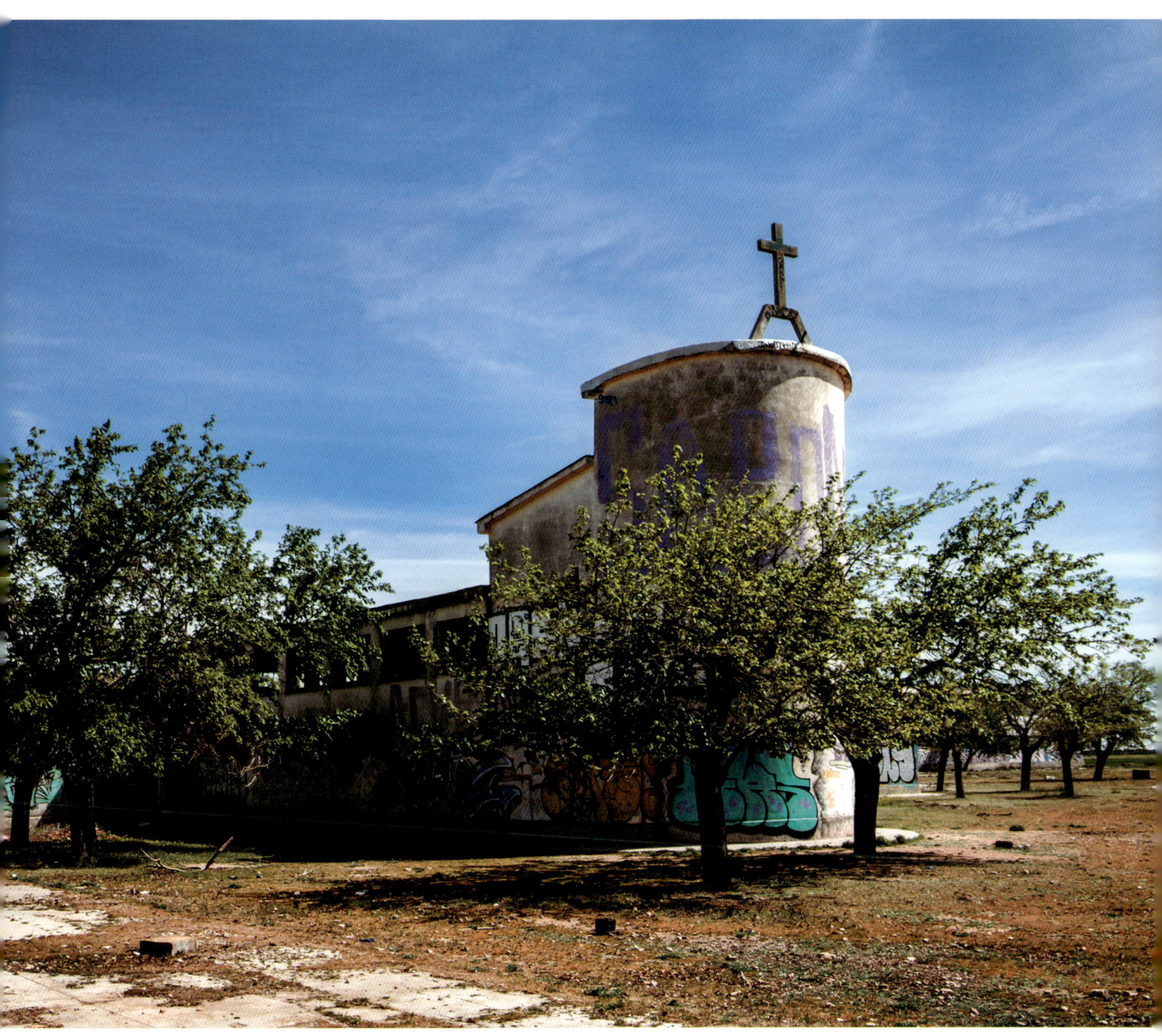

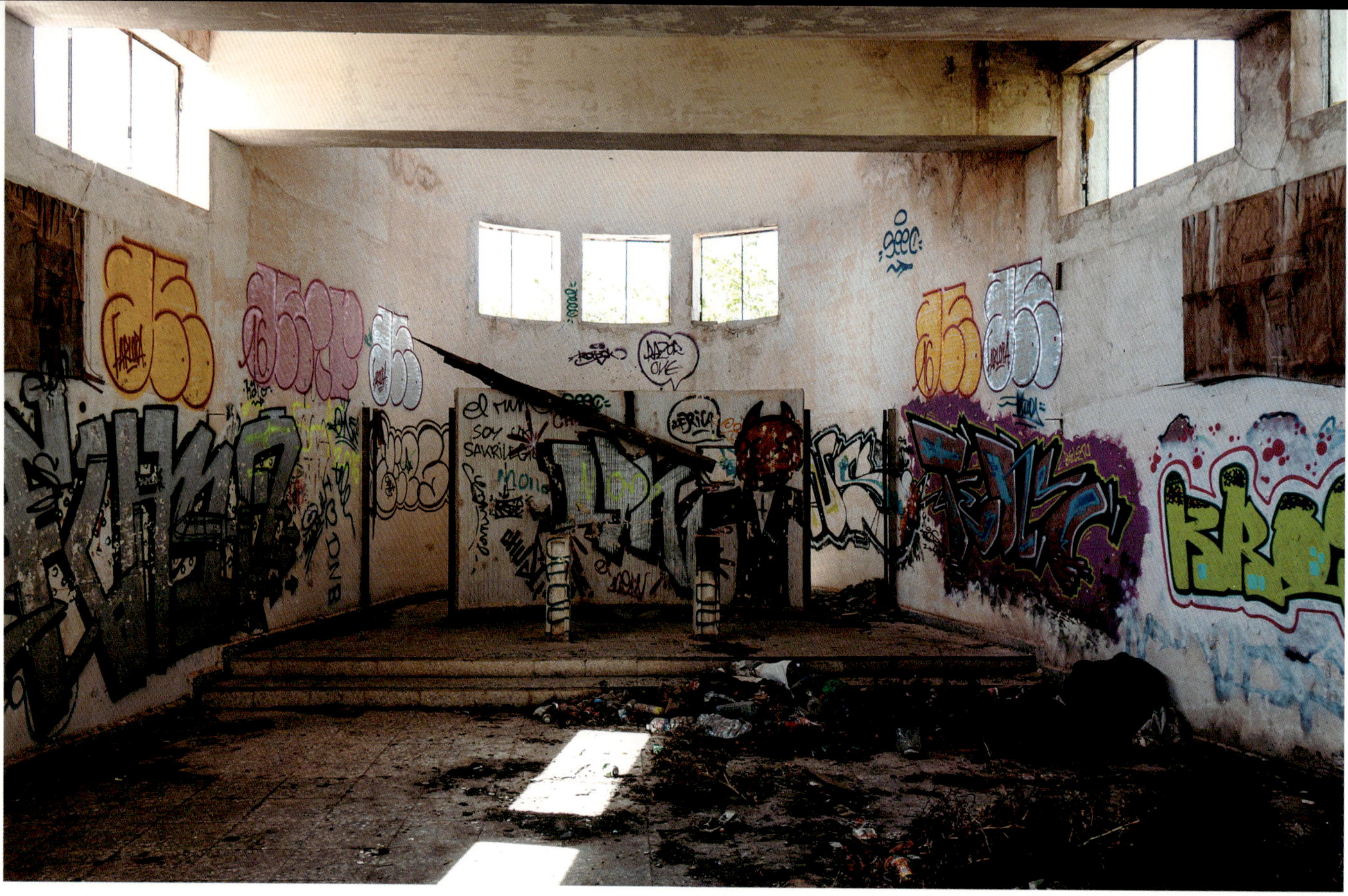

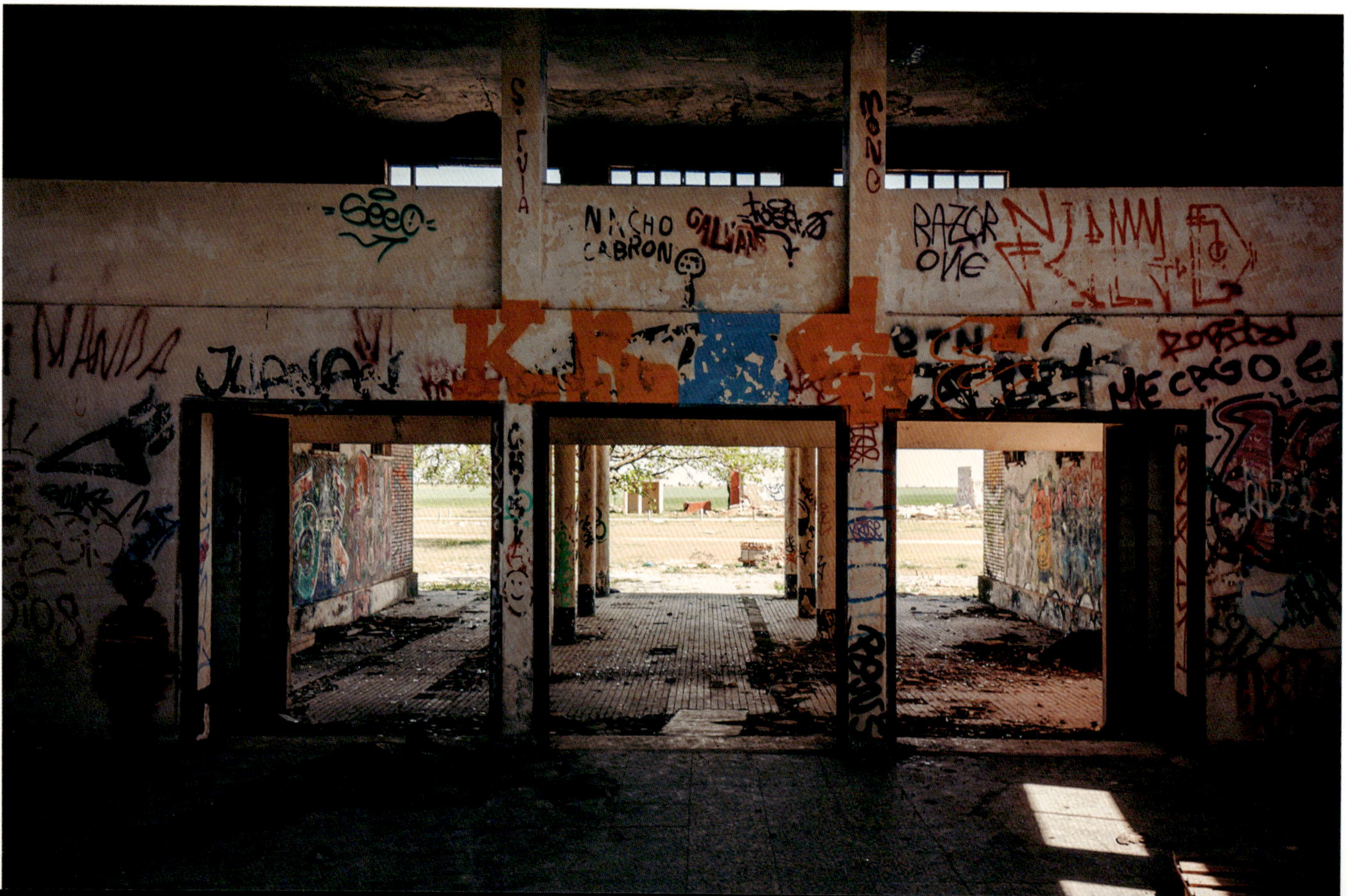
NACHO
CABRON
RAZOR
ONE

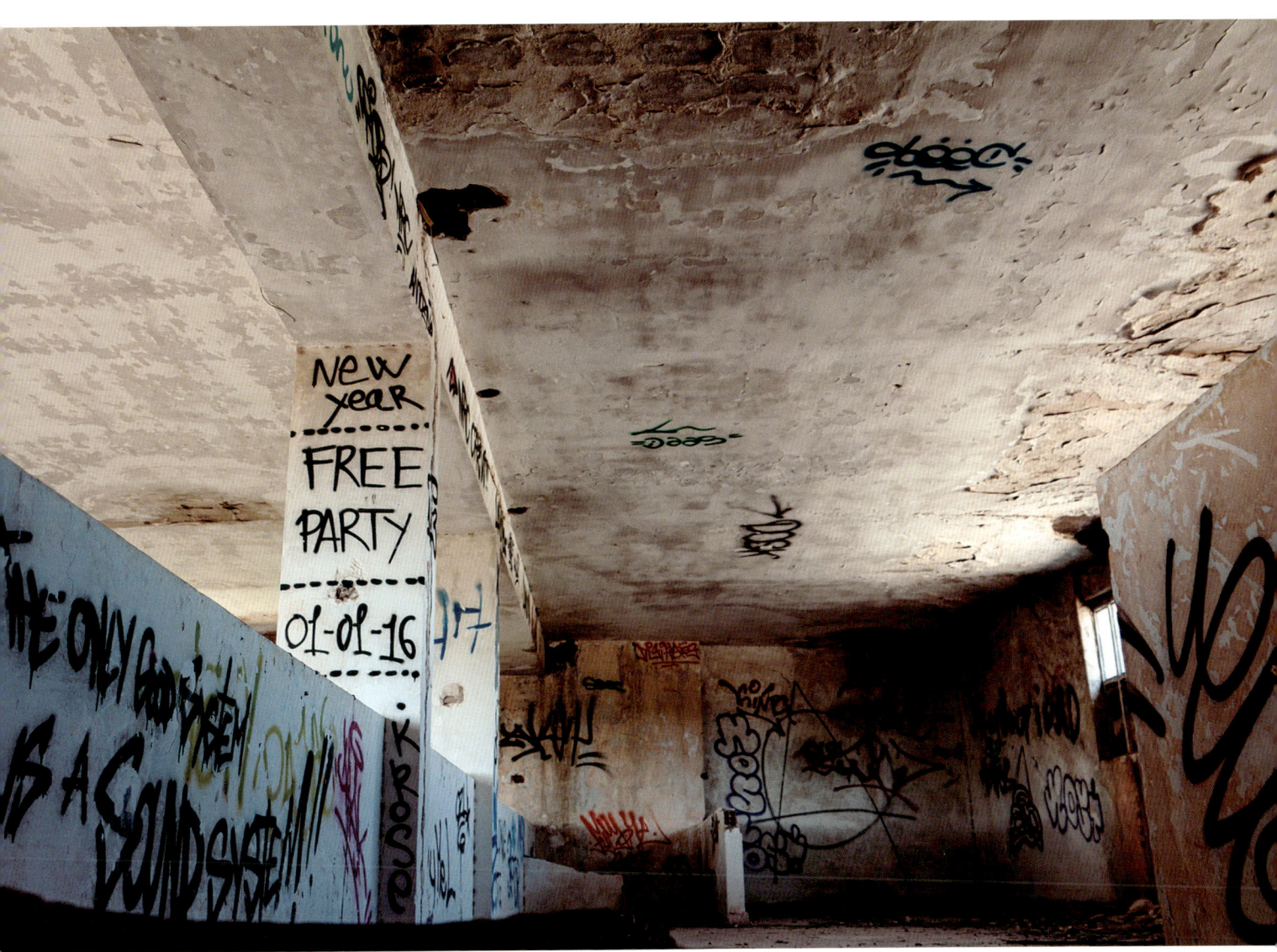

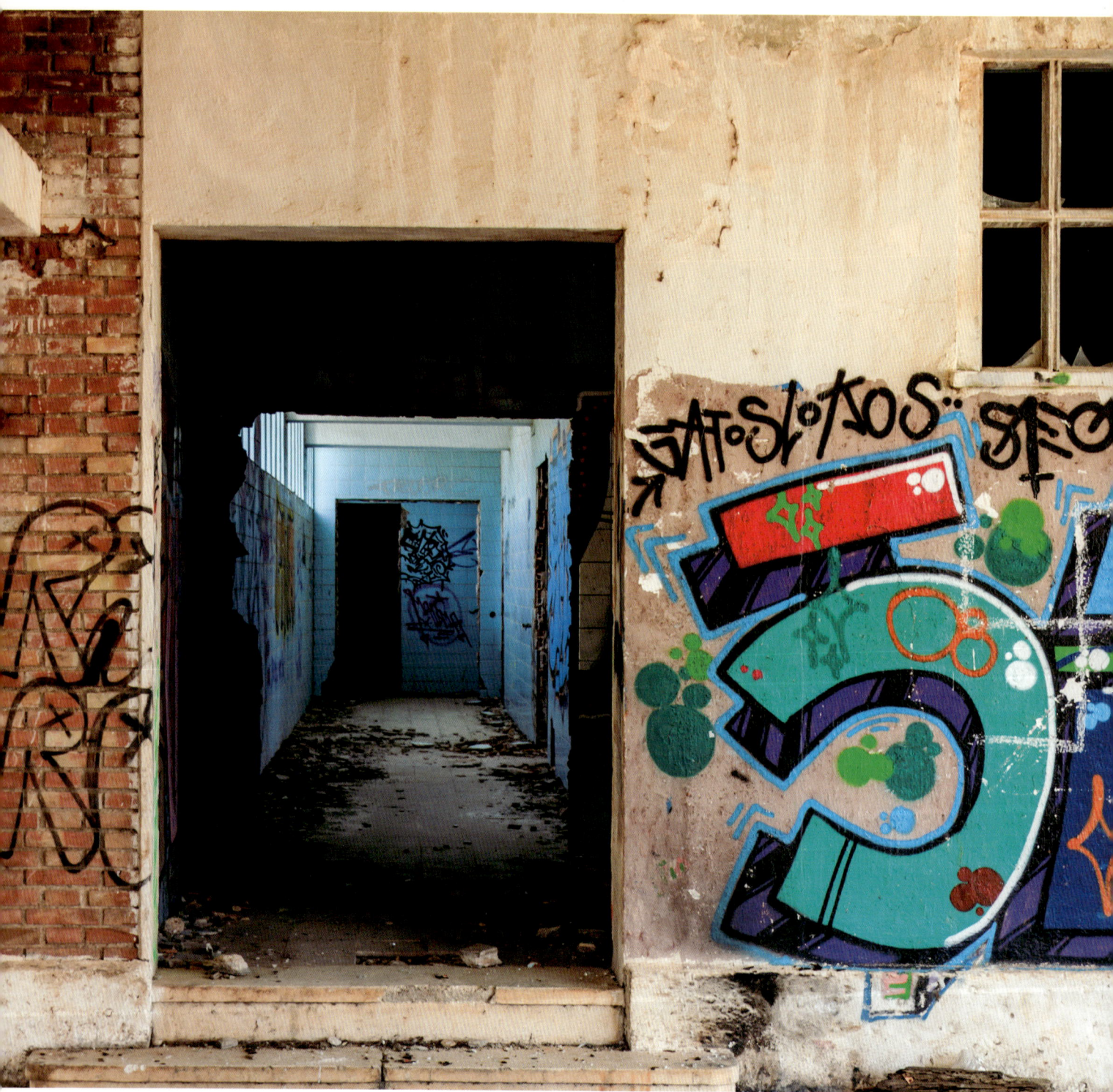

30

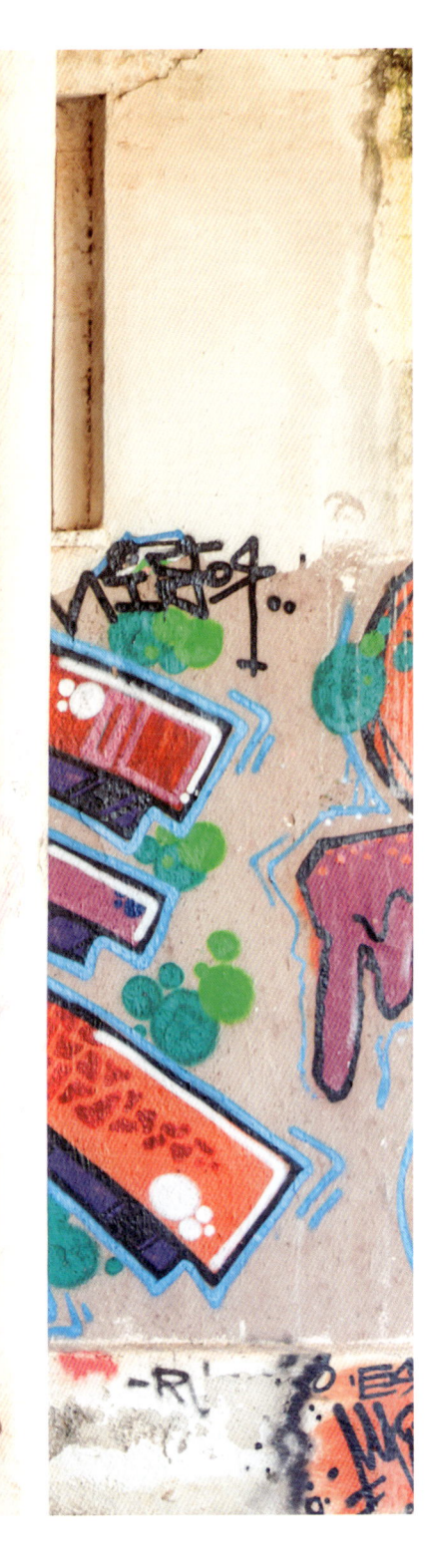

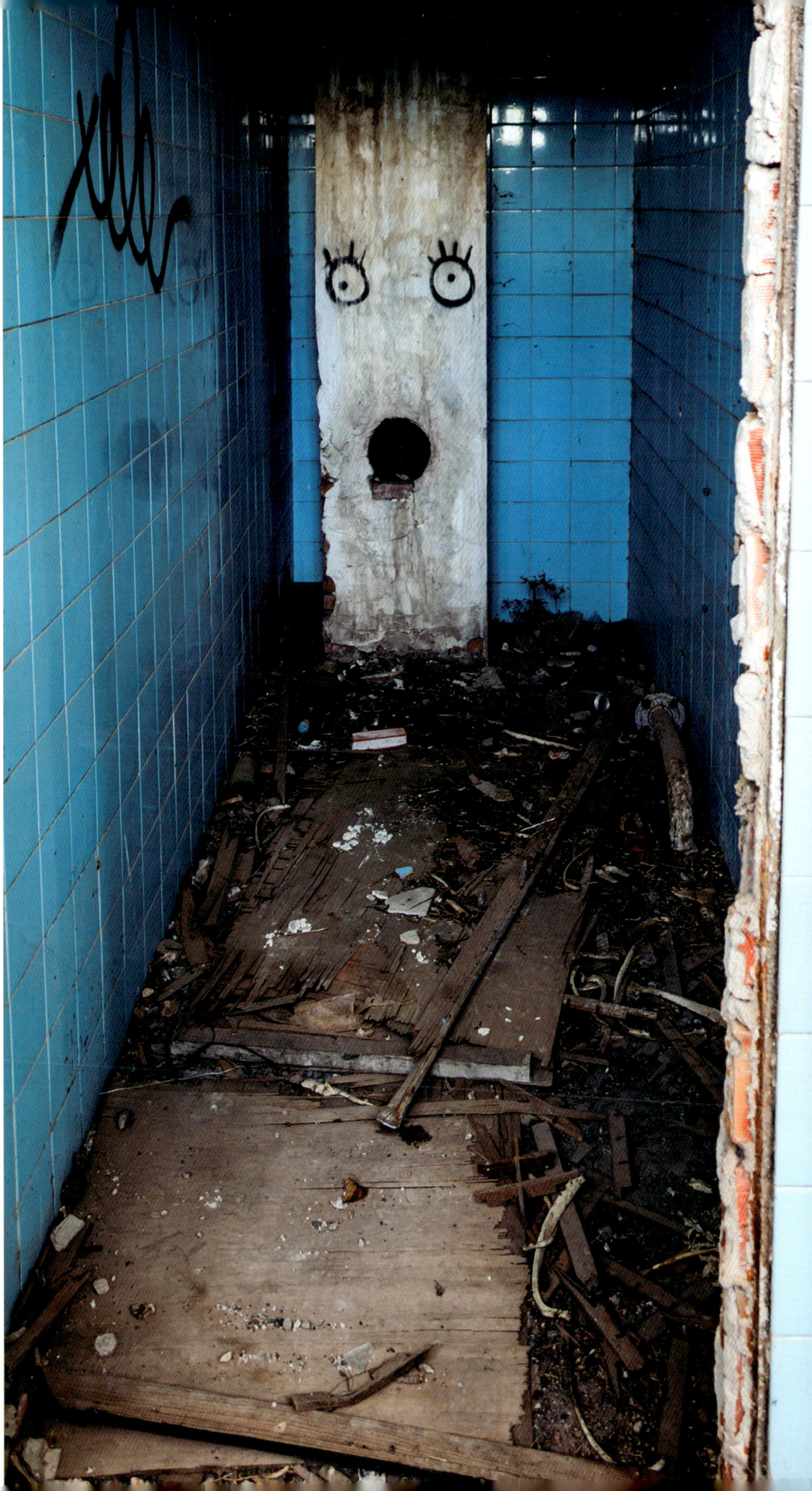

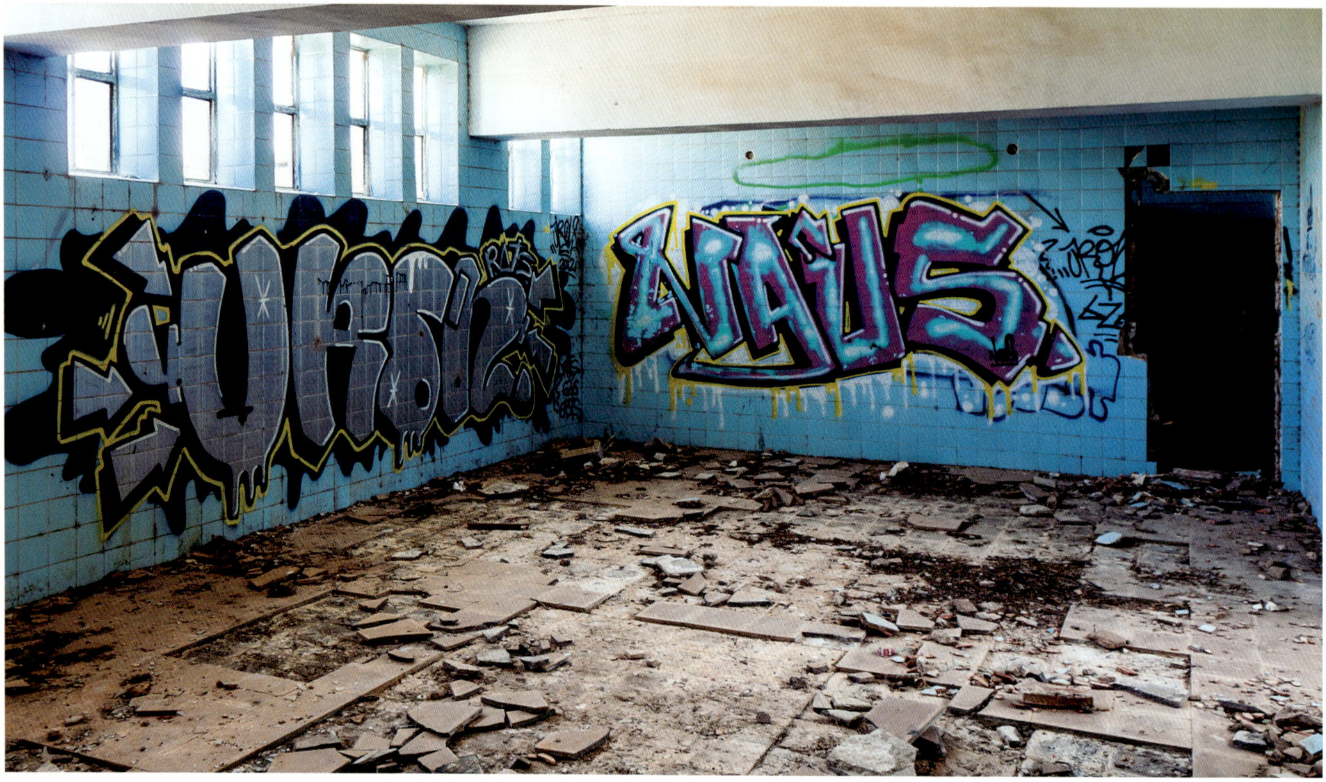

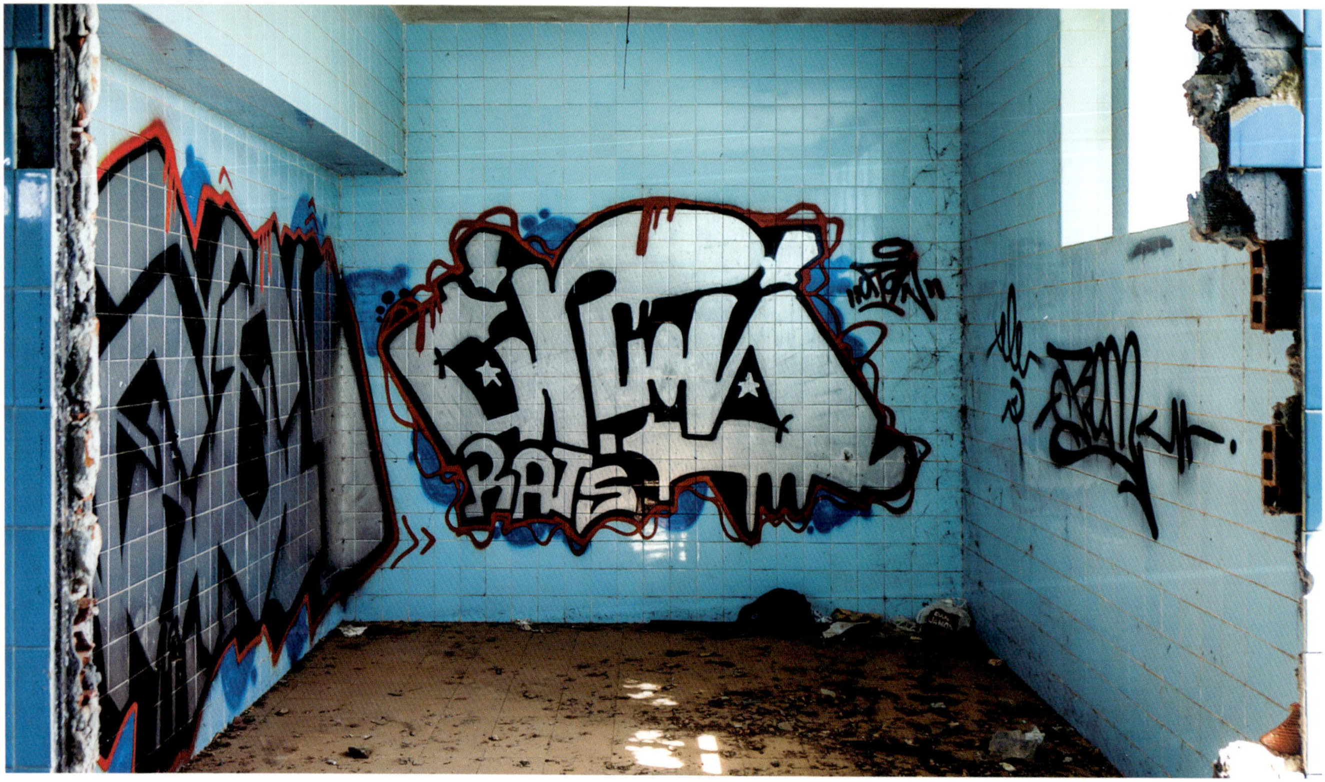

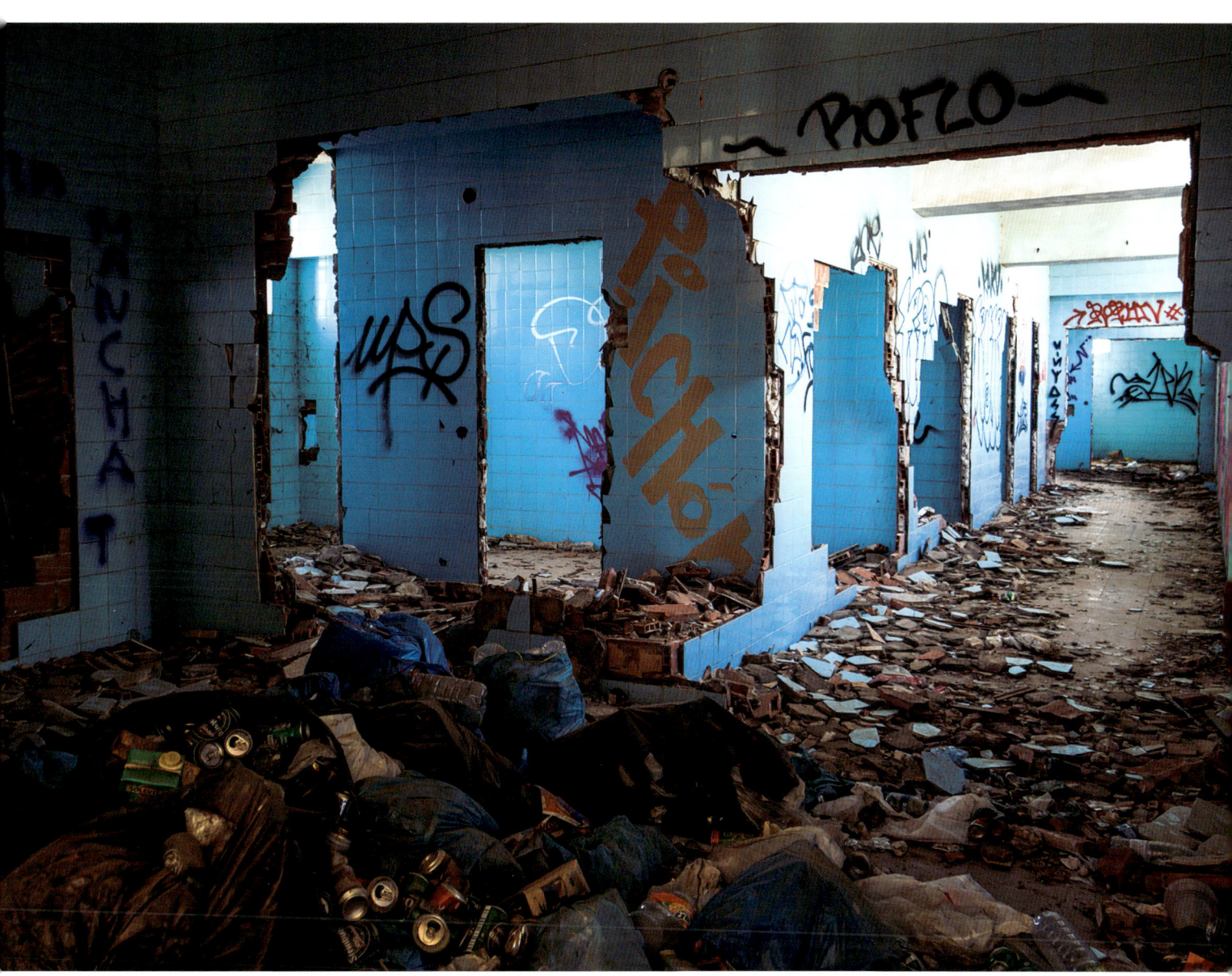

La zona de enfermería, anexa a la capilla de la iglesia, llegó a tener un peculiar aspecto. Todas las puertas habían desaparecido y se veían pintadas sobre los azulejos hasta en los sitios más recónditos.

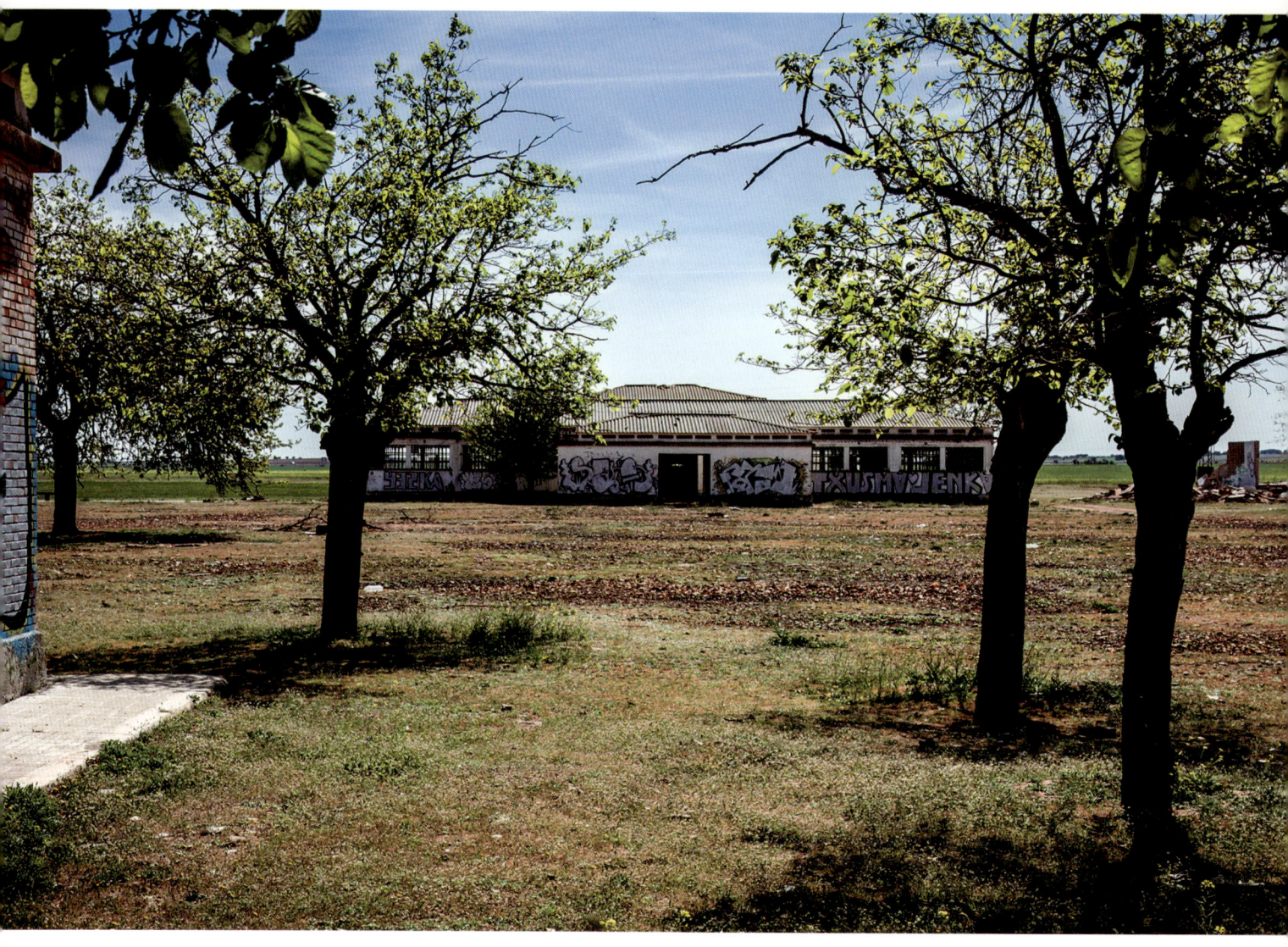

Las cocinas y despensas, en el edificio más alejado del resto, también acusaban el paso del tiempo y los grafiteros.

▷▷ A continuación se extendía la zona de granja y cultivo, la de mayor tamaño, la cual se componía de silos para el grano, agua para el riego y naves donde resguardar y atender al ganado. Formar a presos como pastores, agricultores o ebanistas era el objetivo pretendido, cuando "Herrera abierto" se proyectó originalmente.

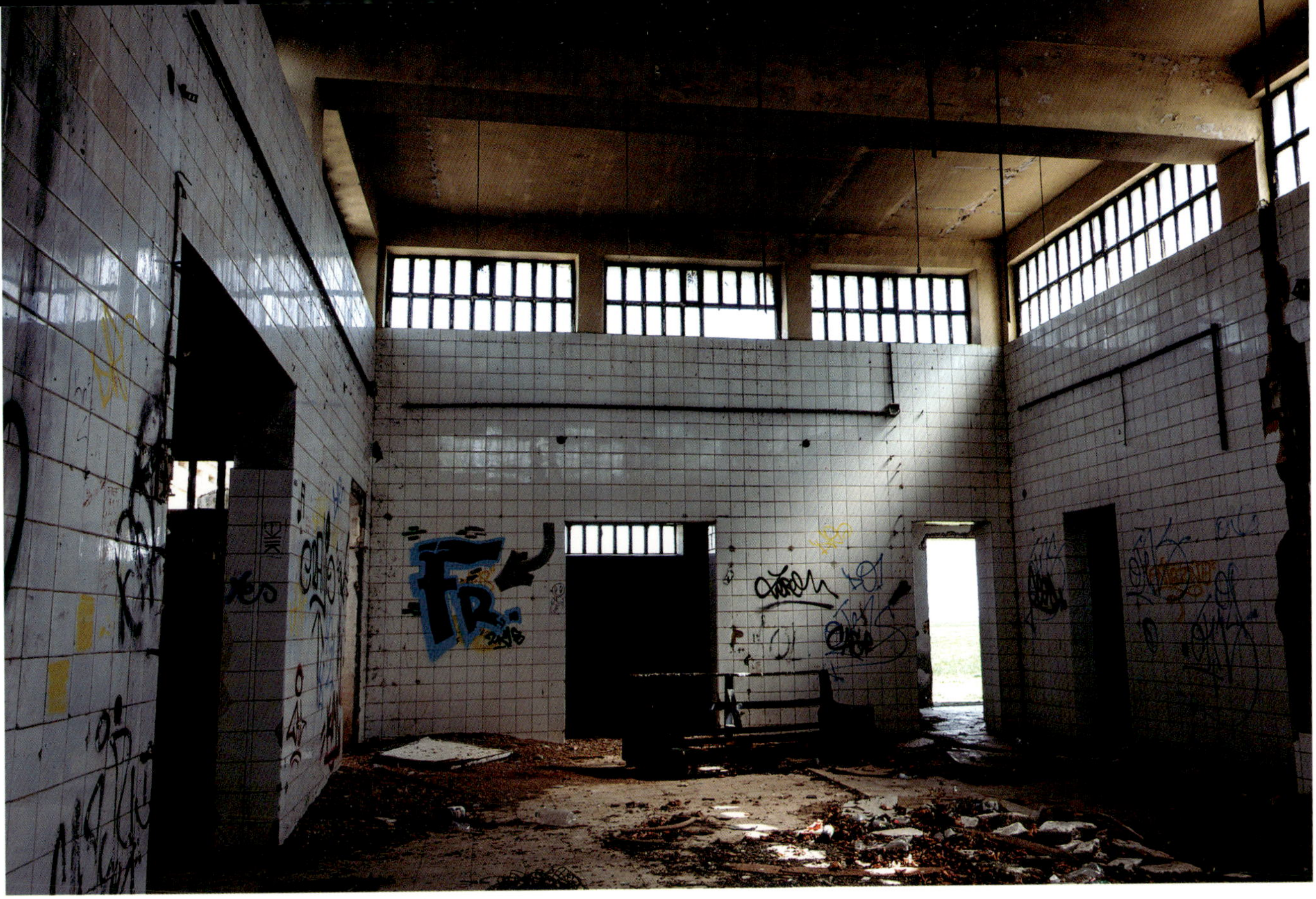

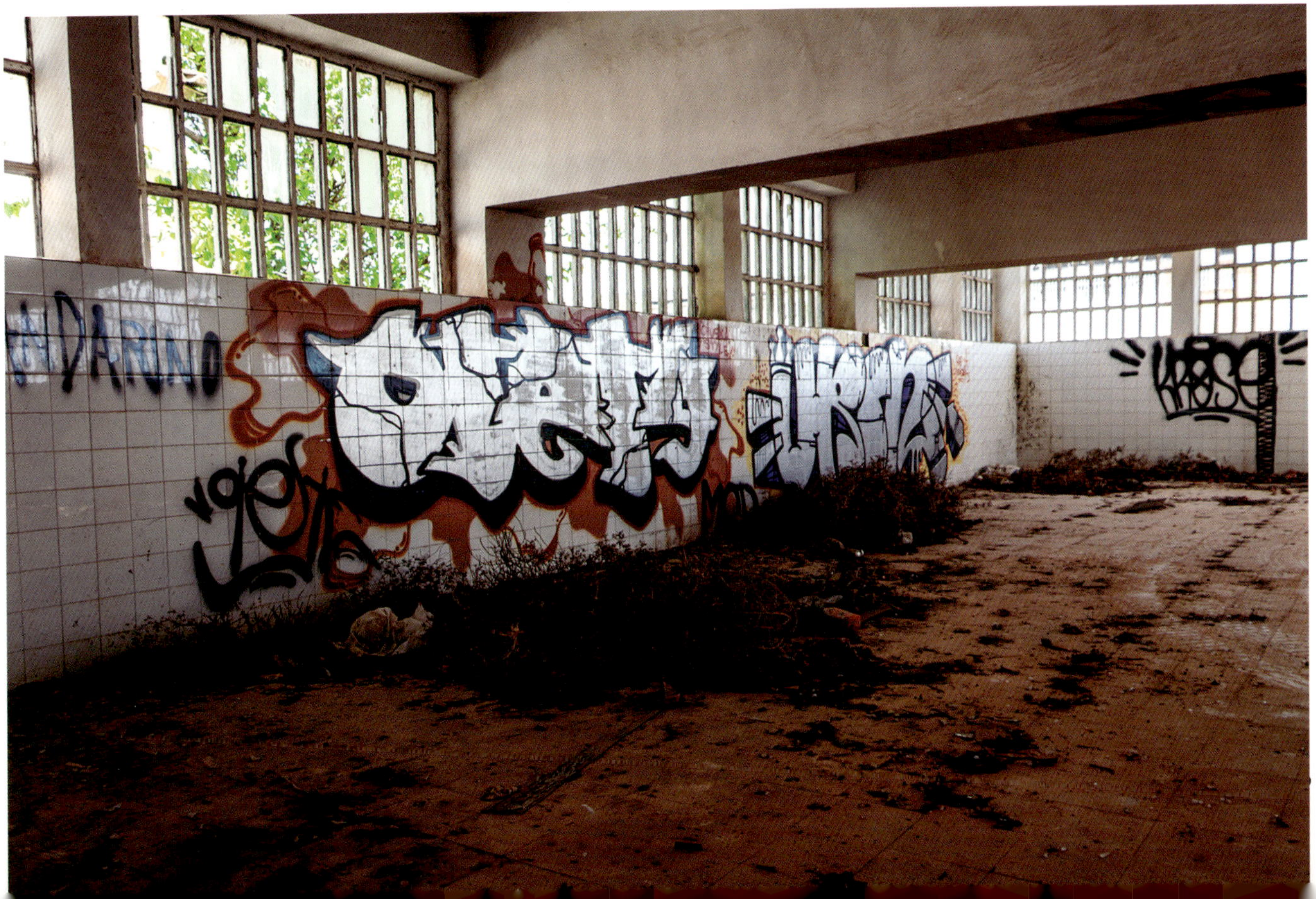

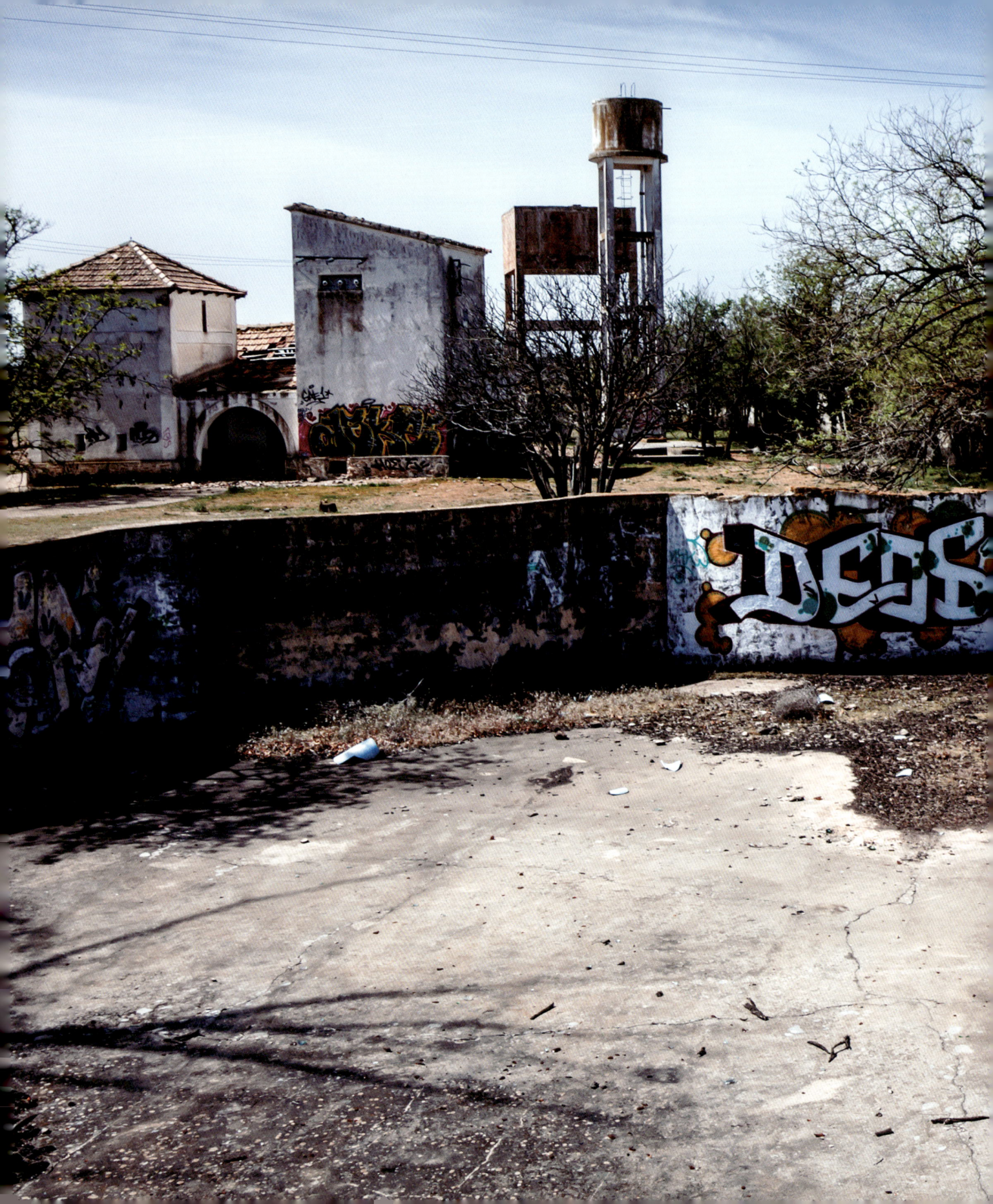

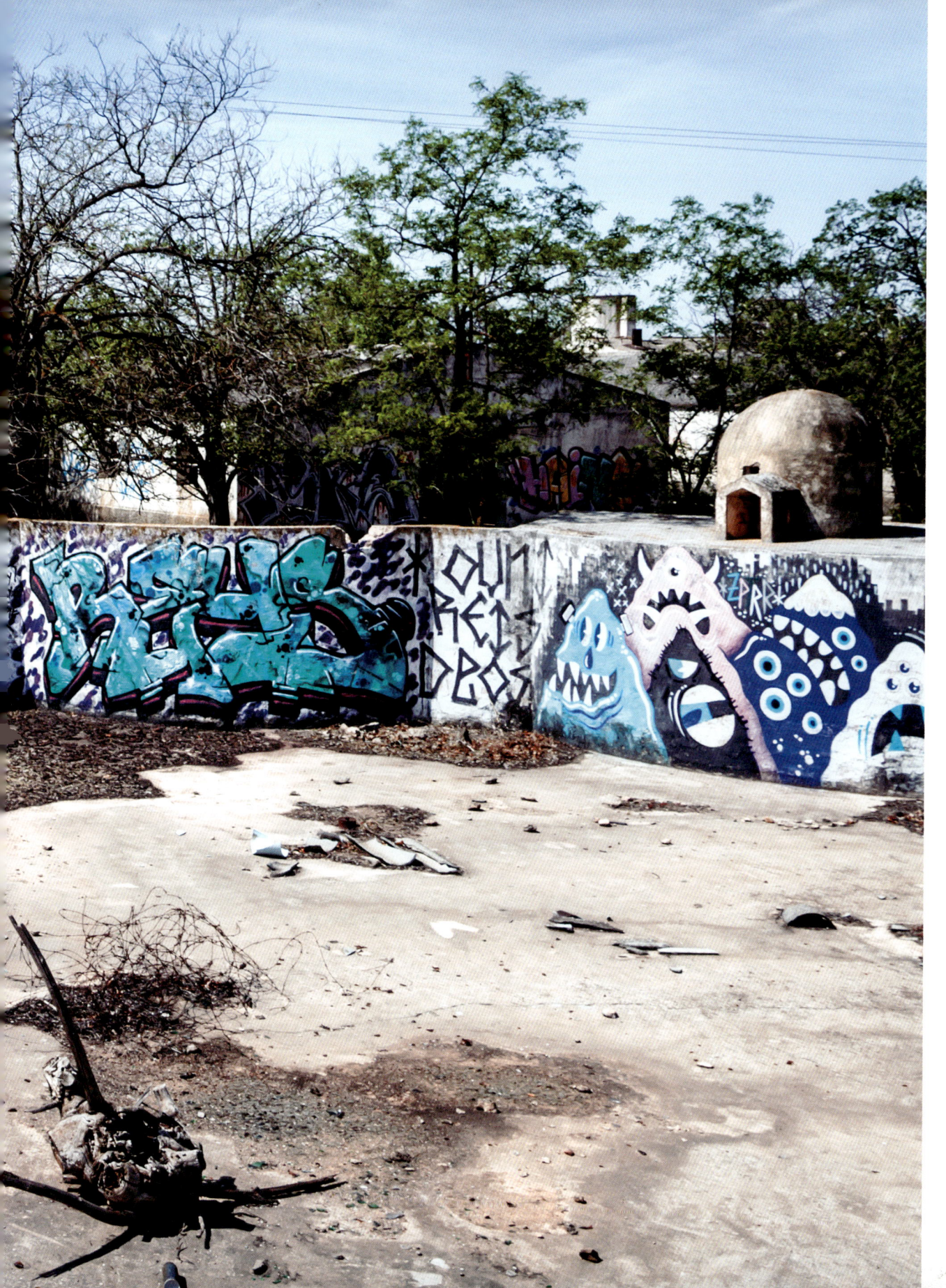

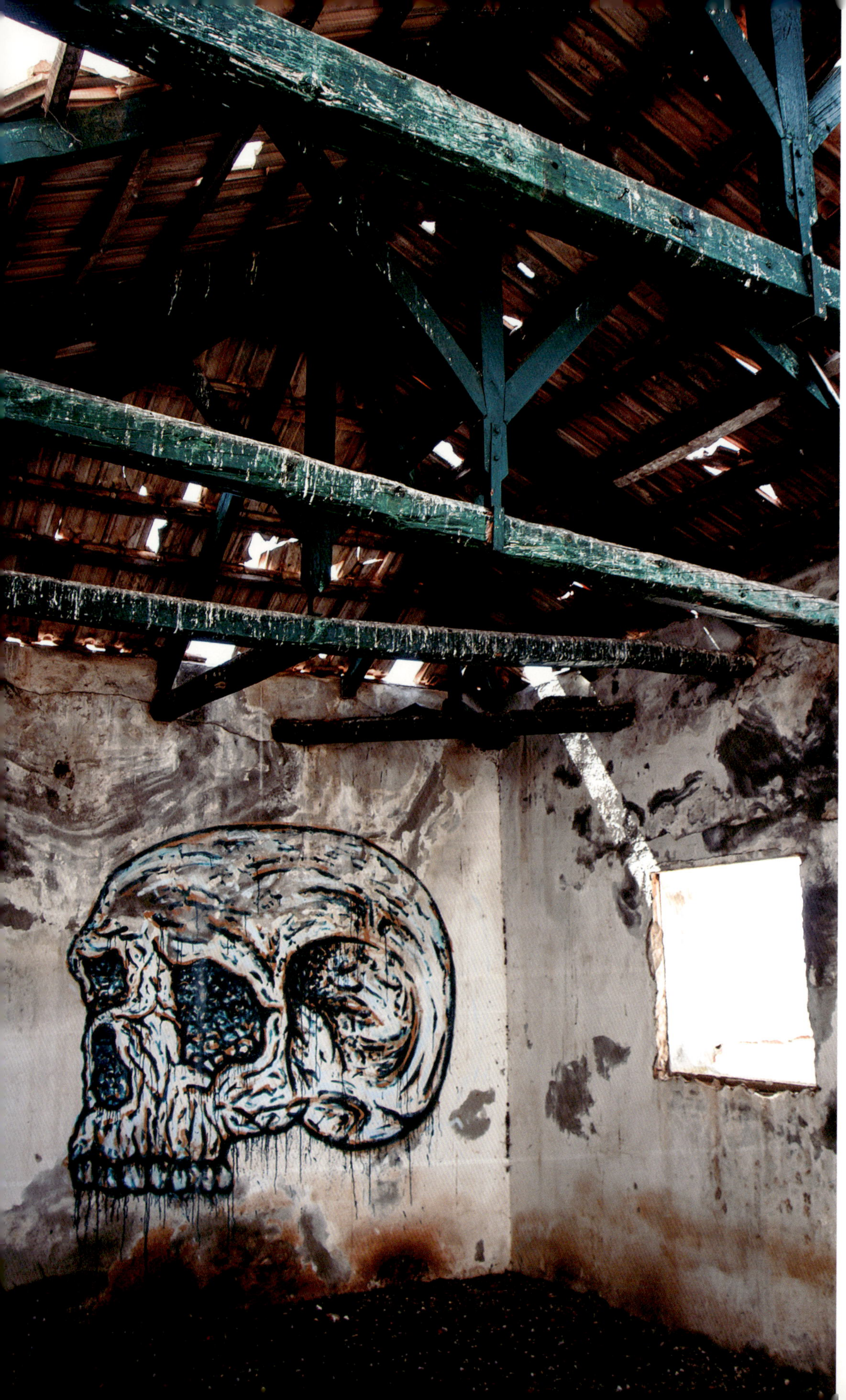

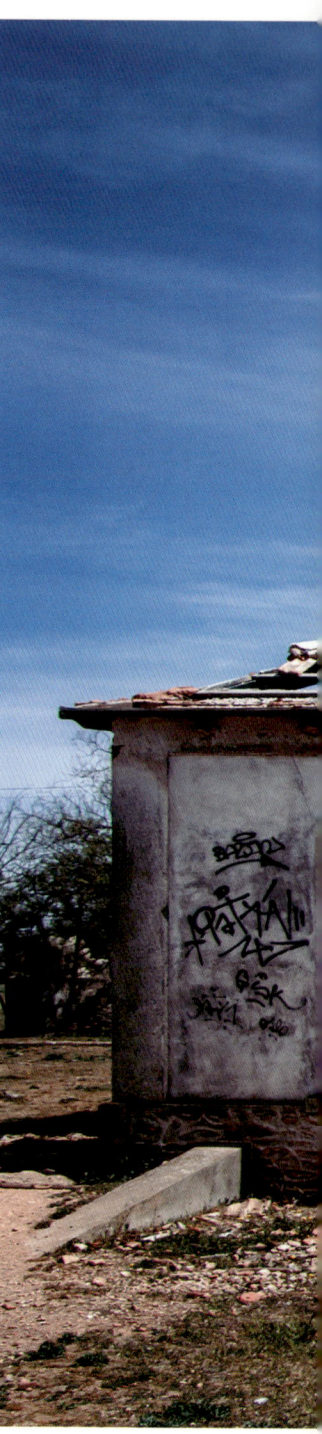

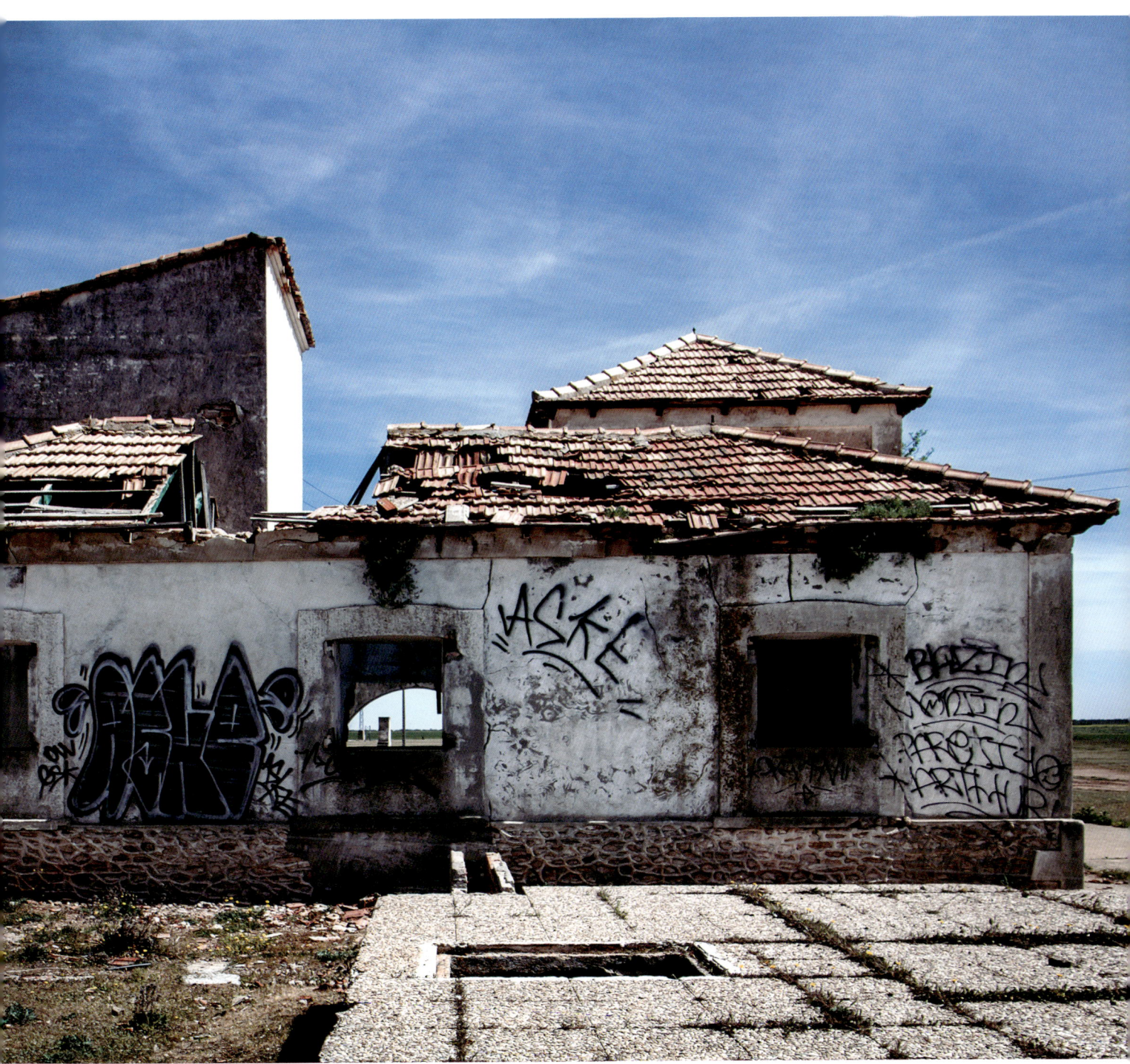

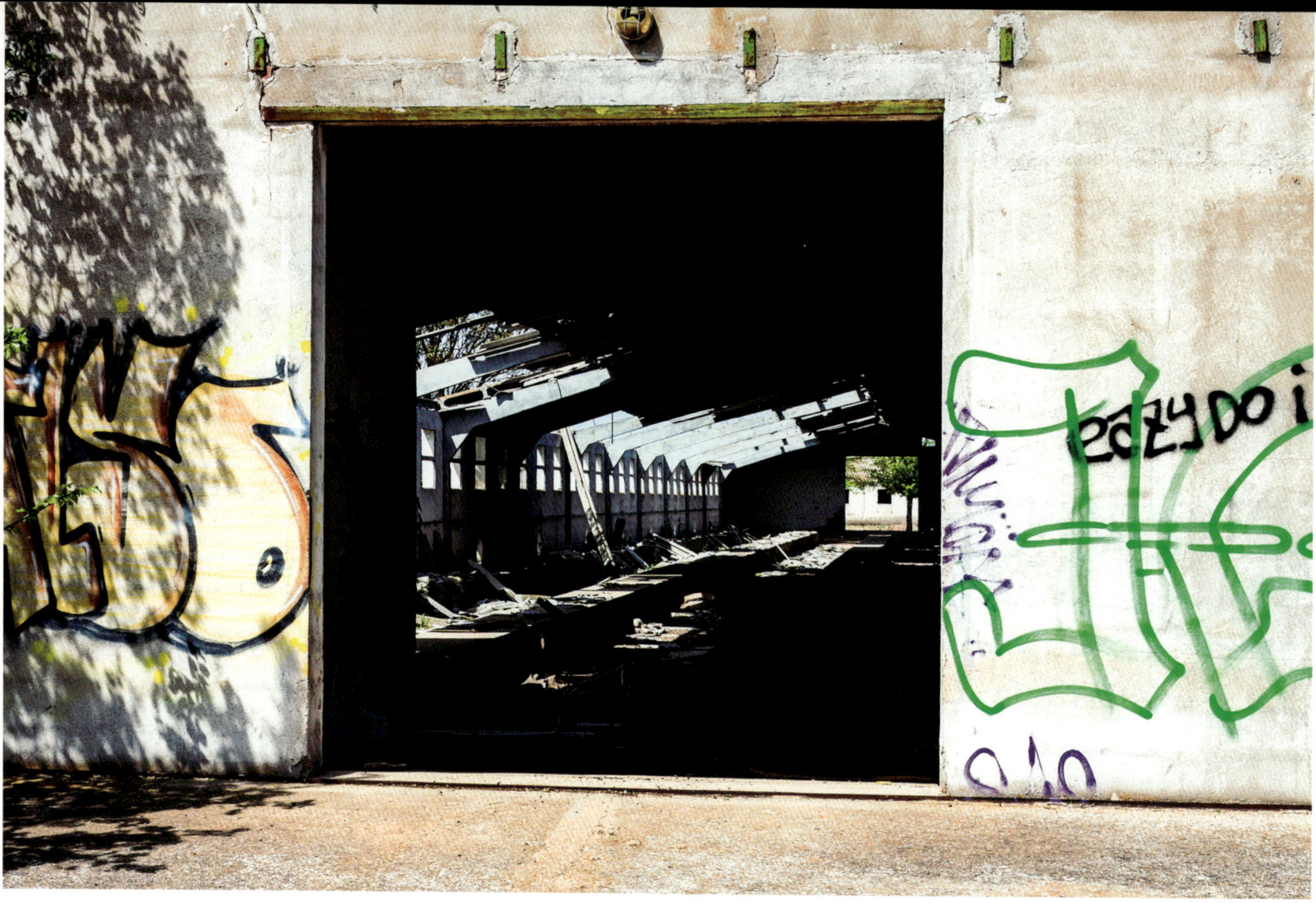

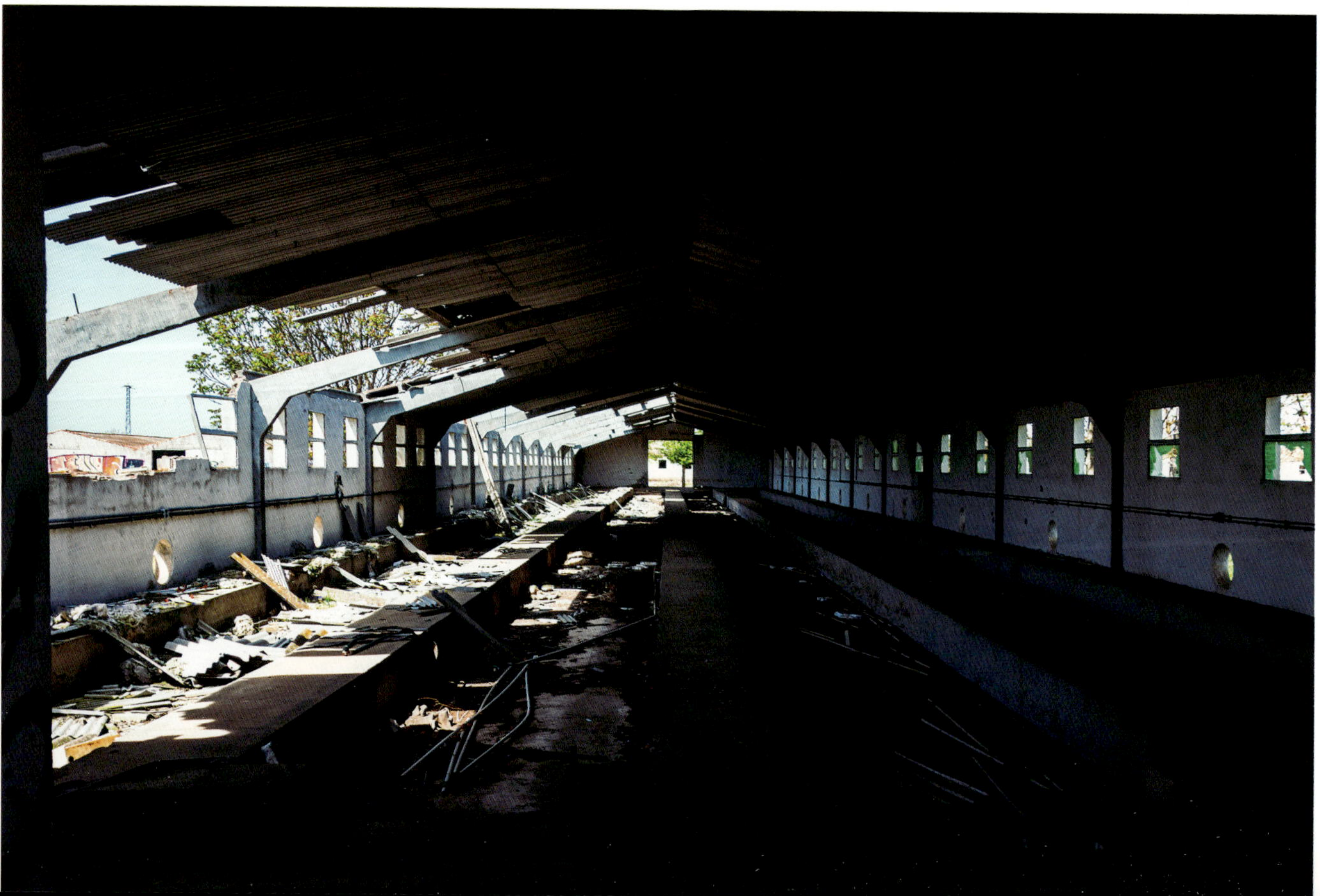

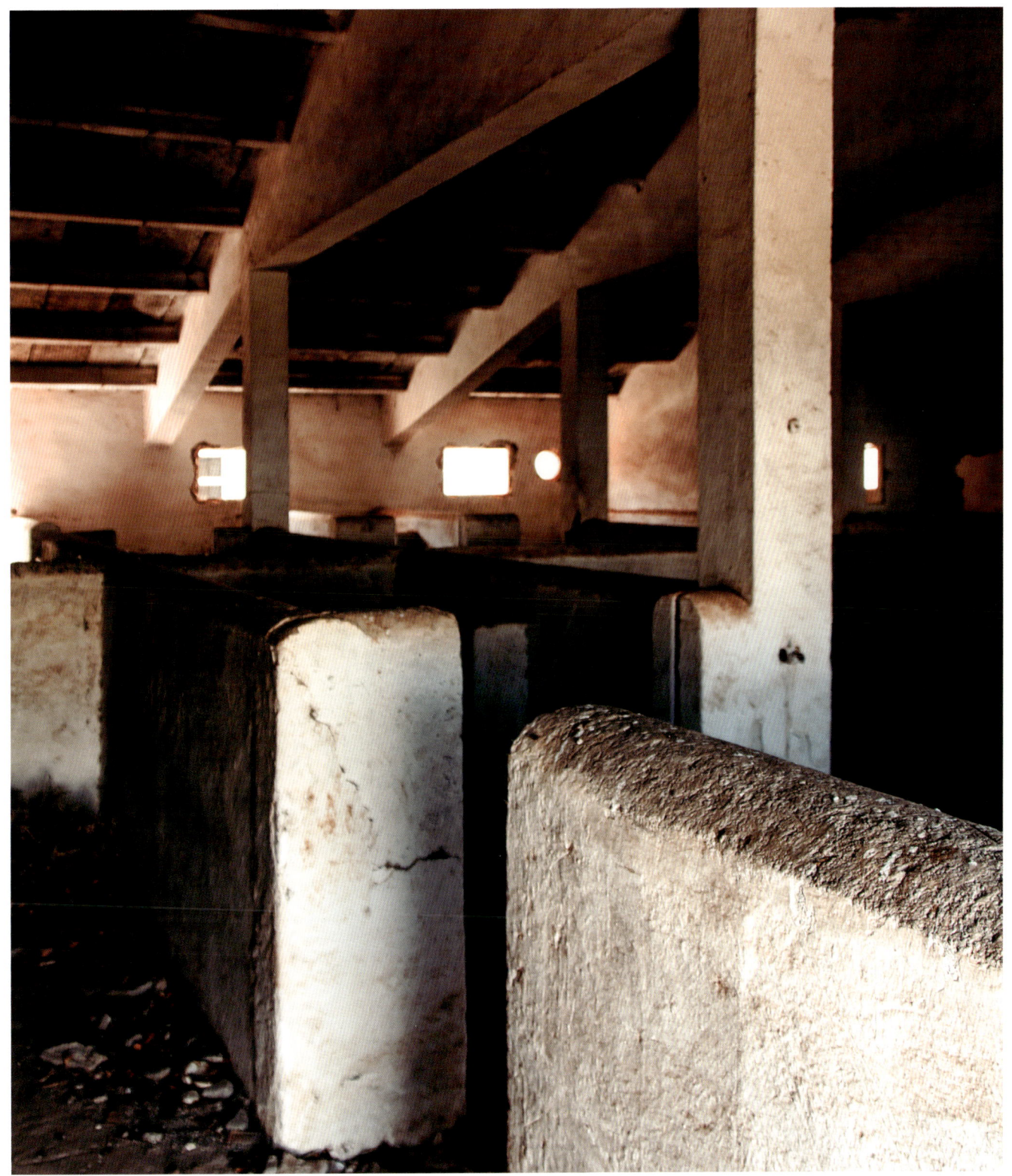

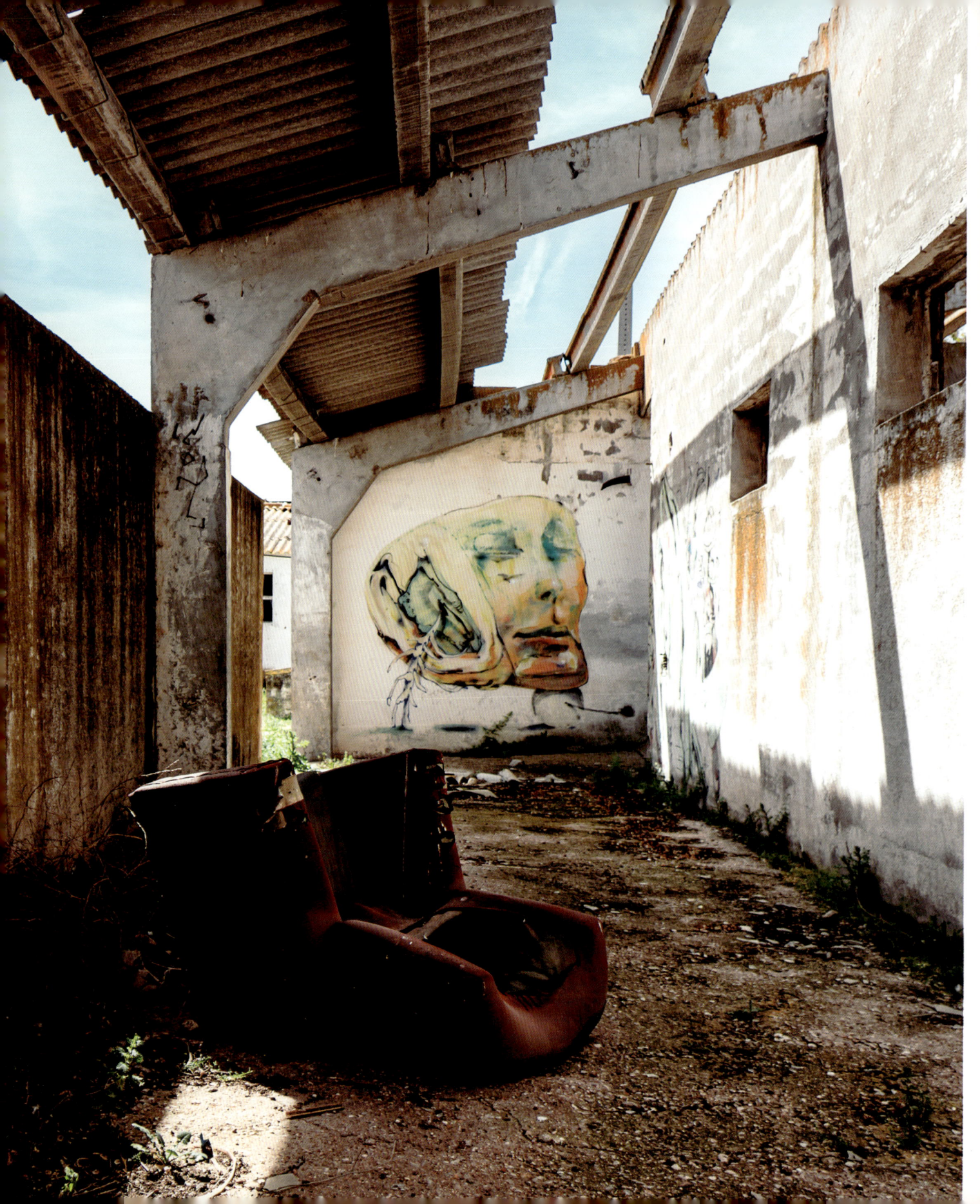

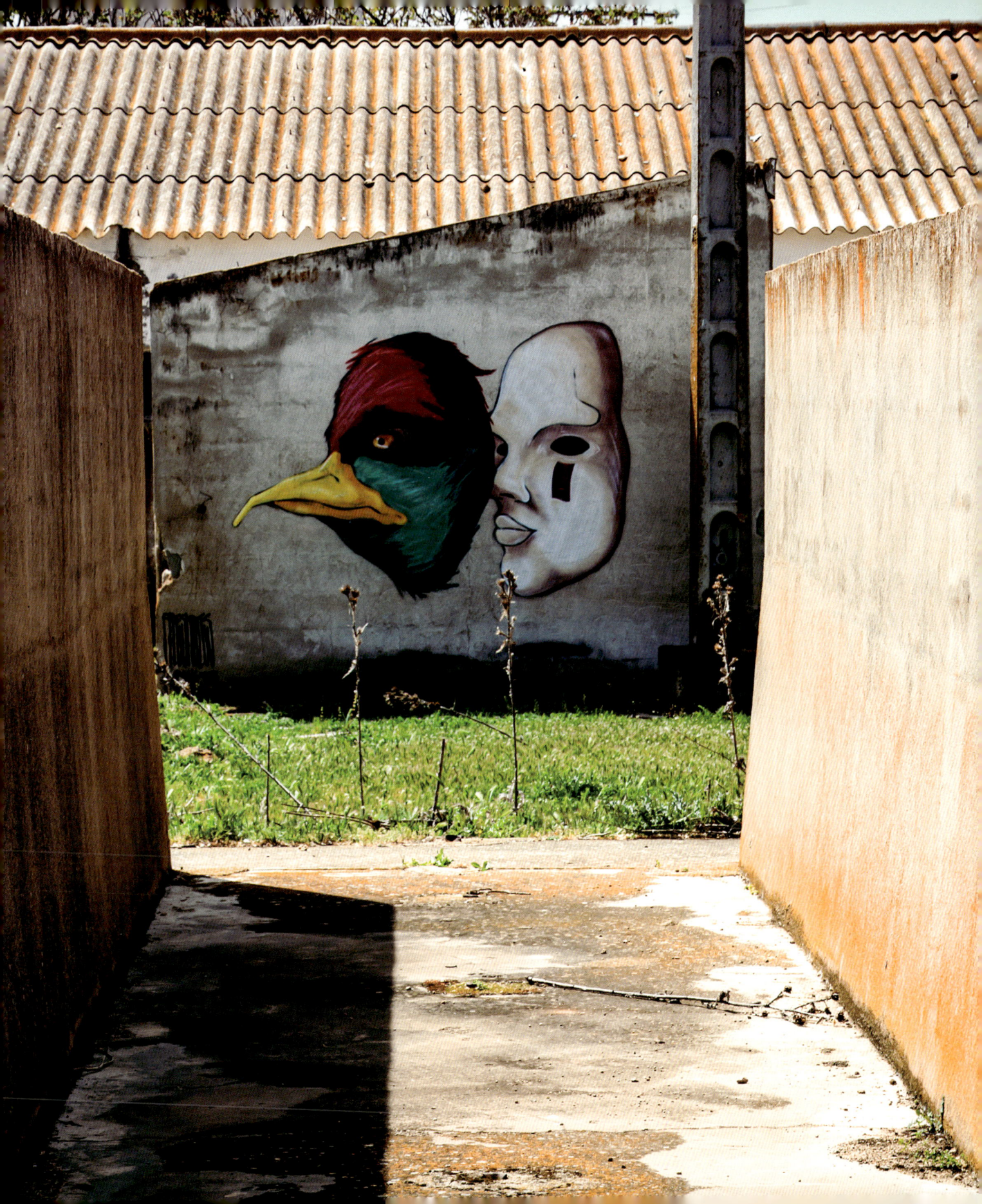

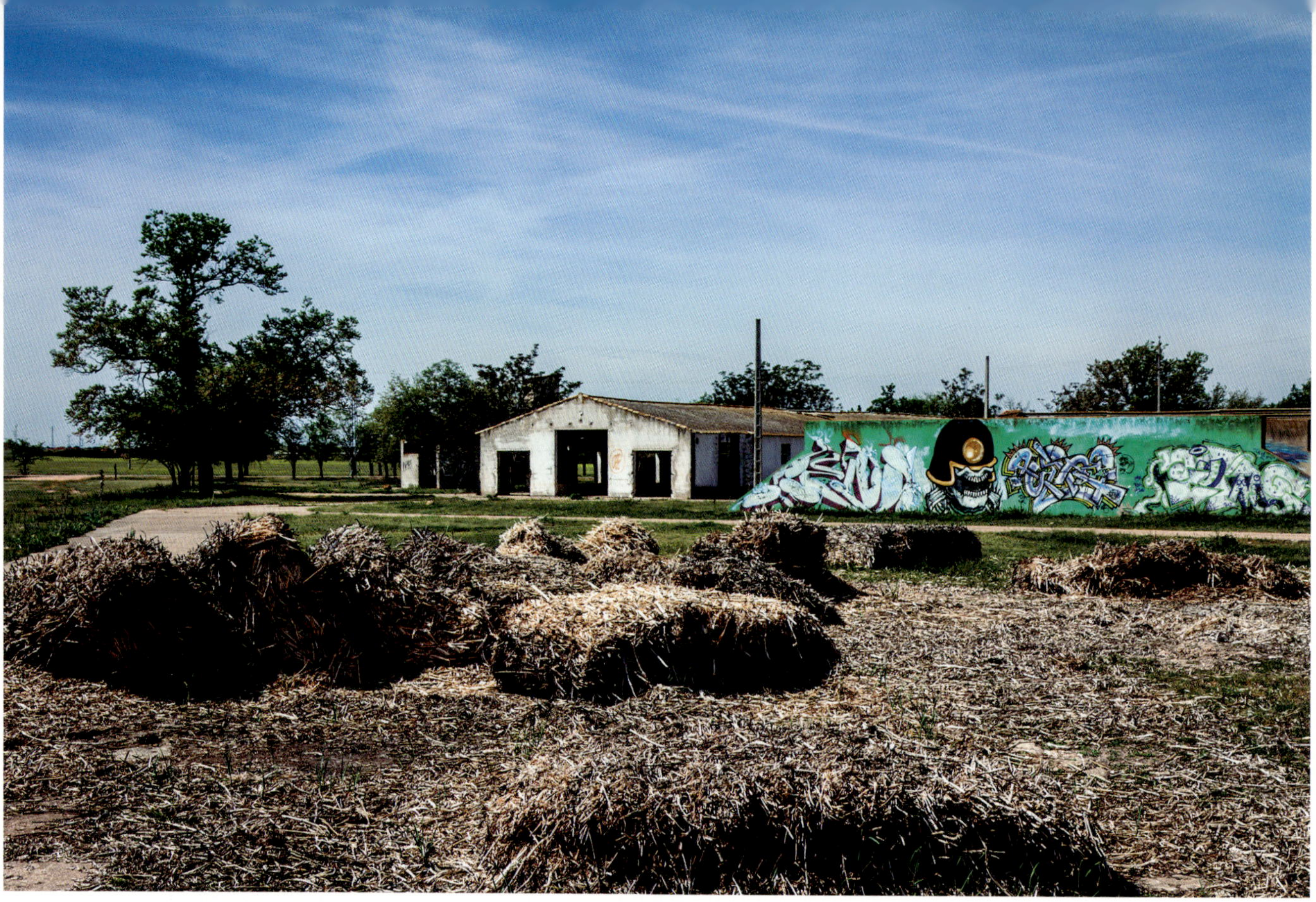

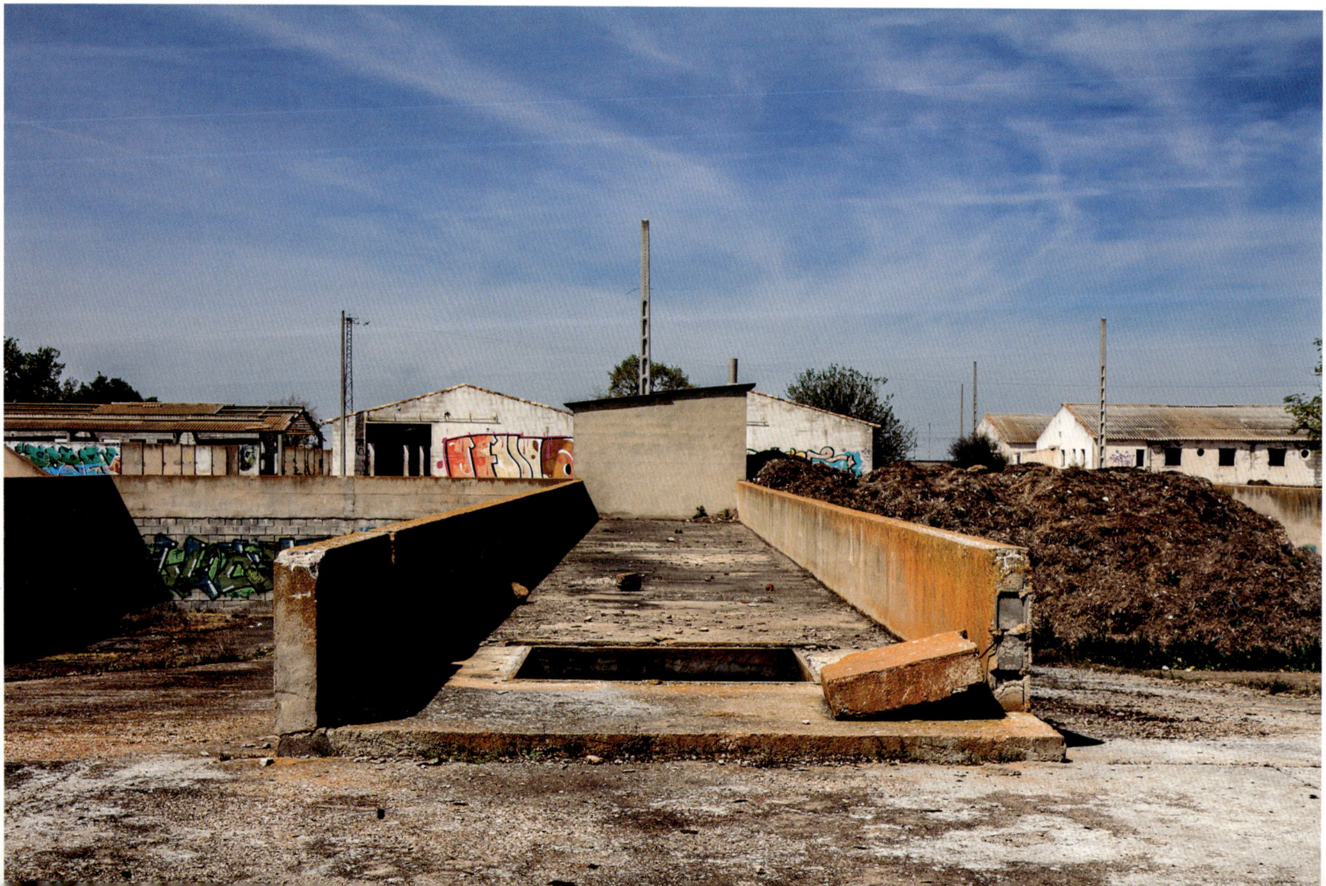

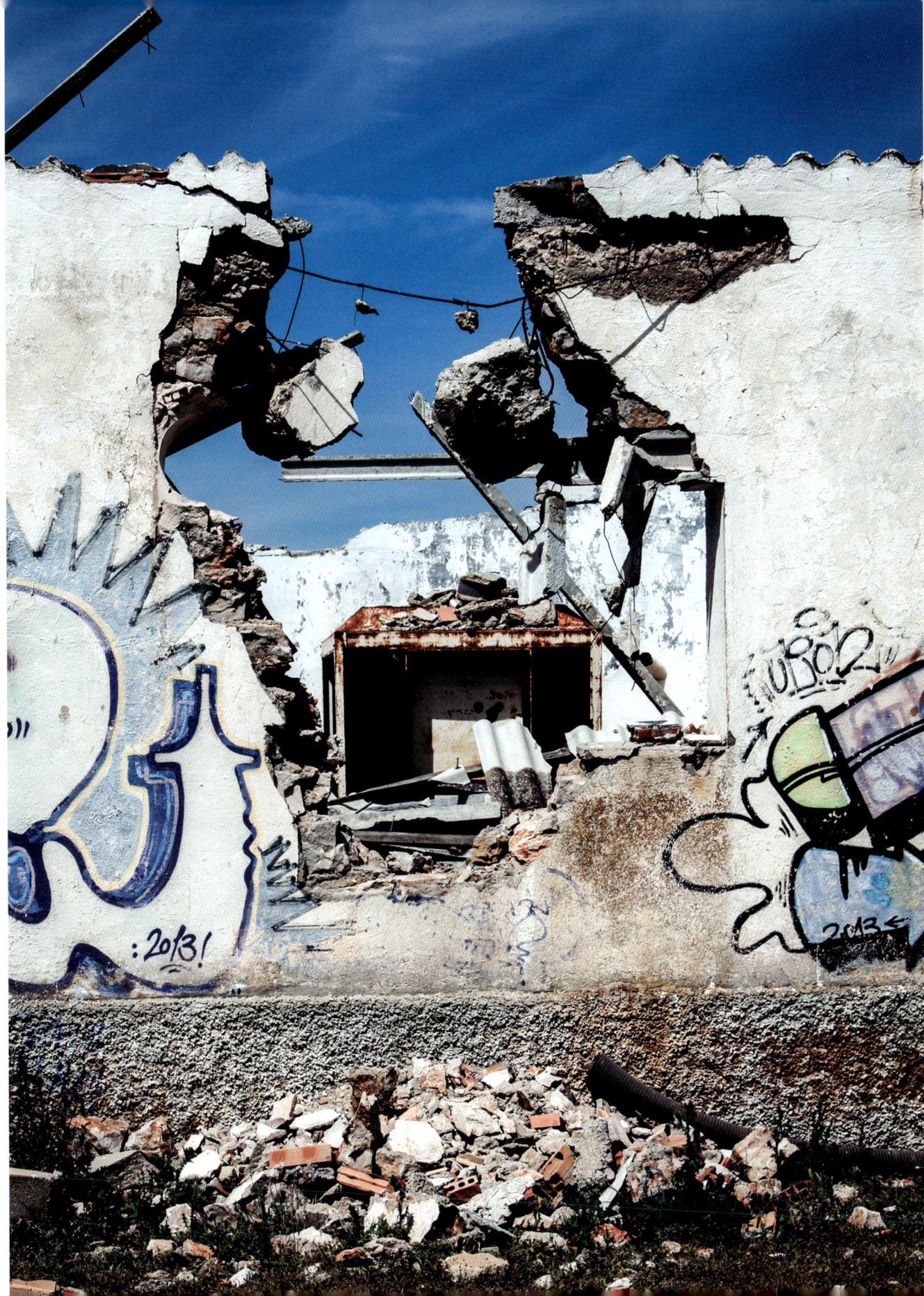

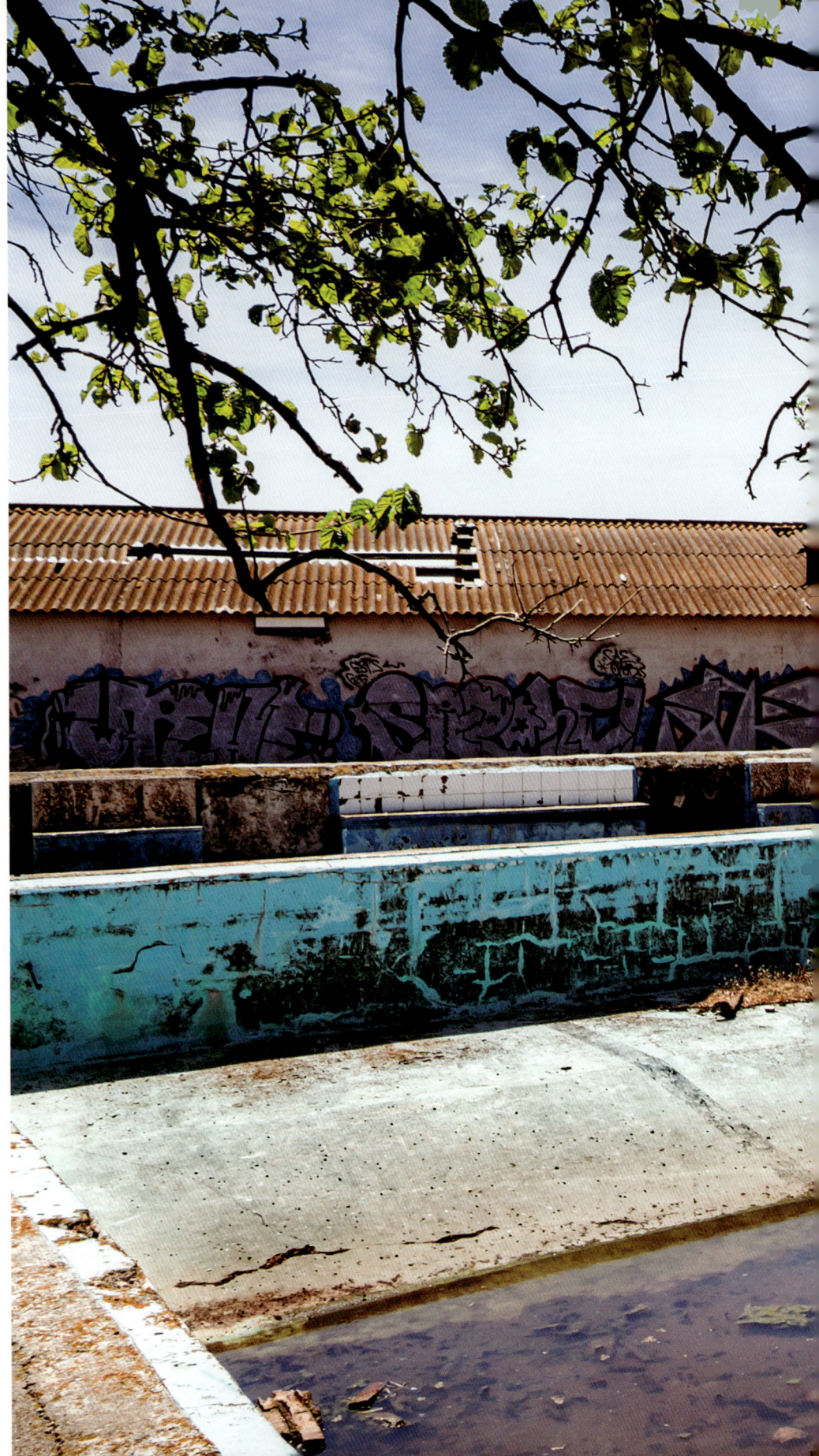

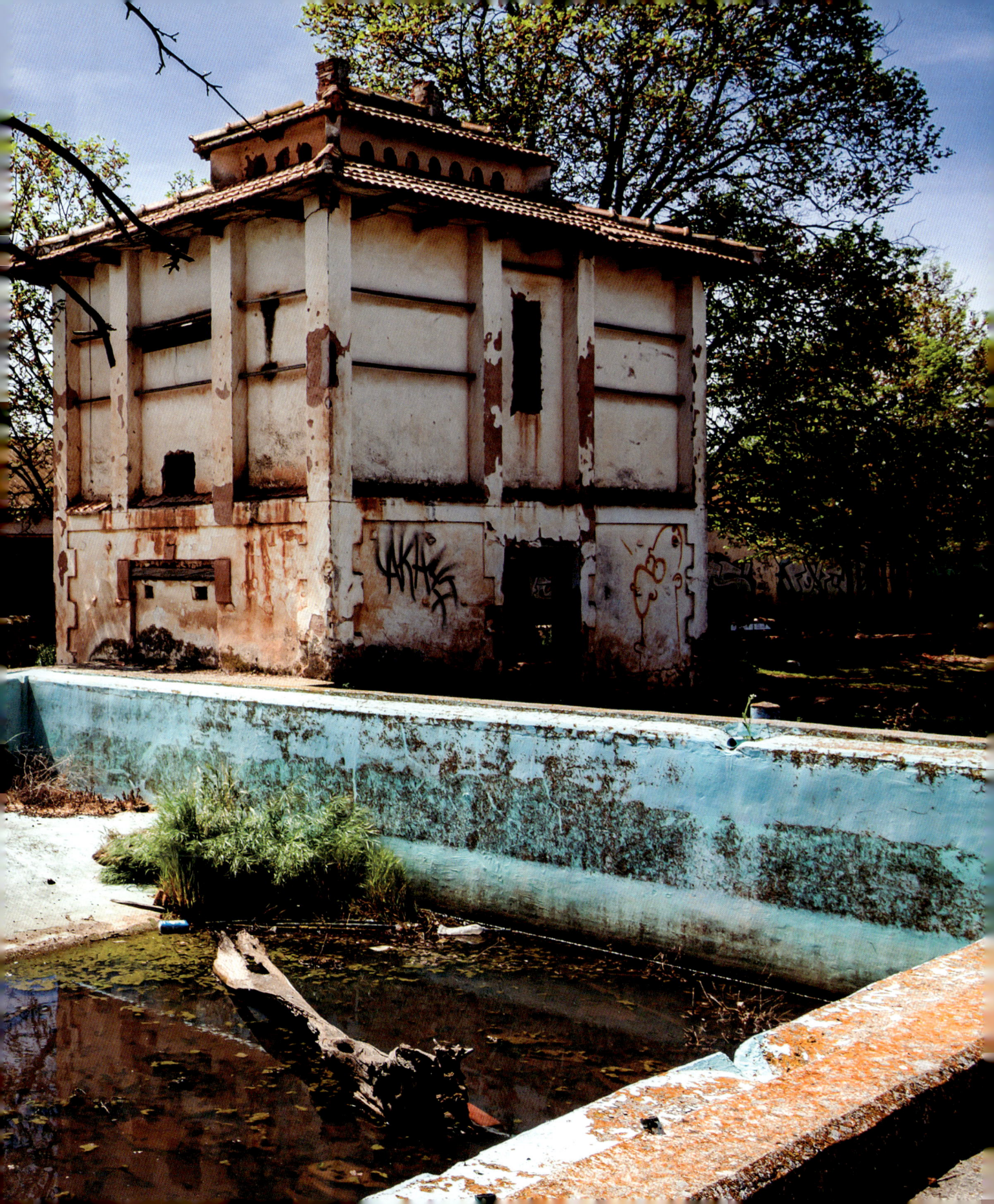

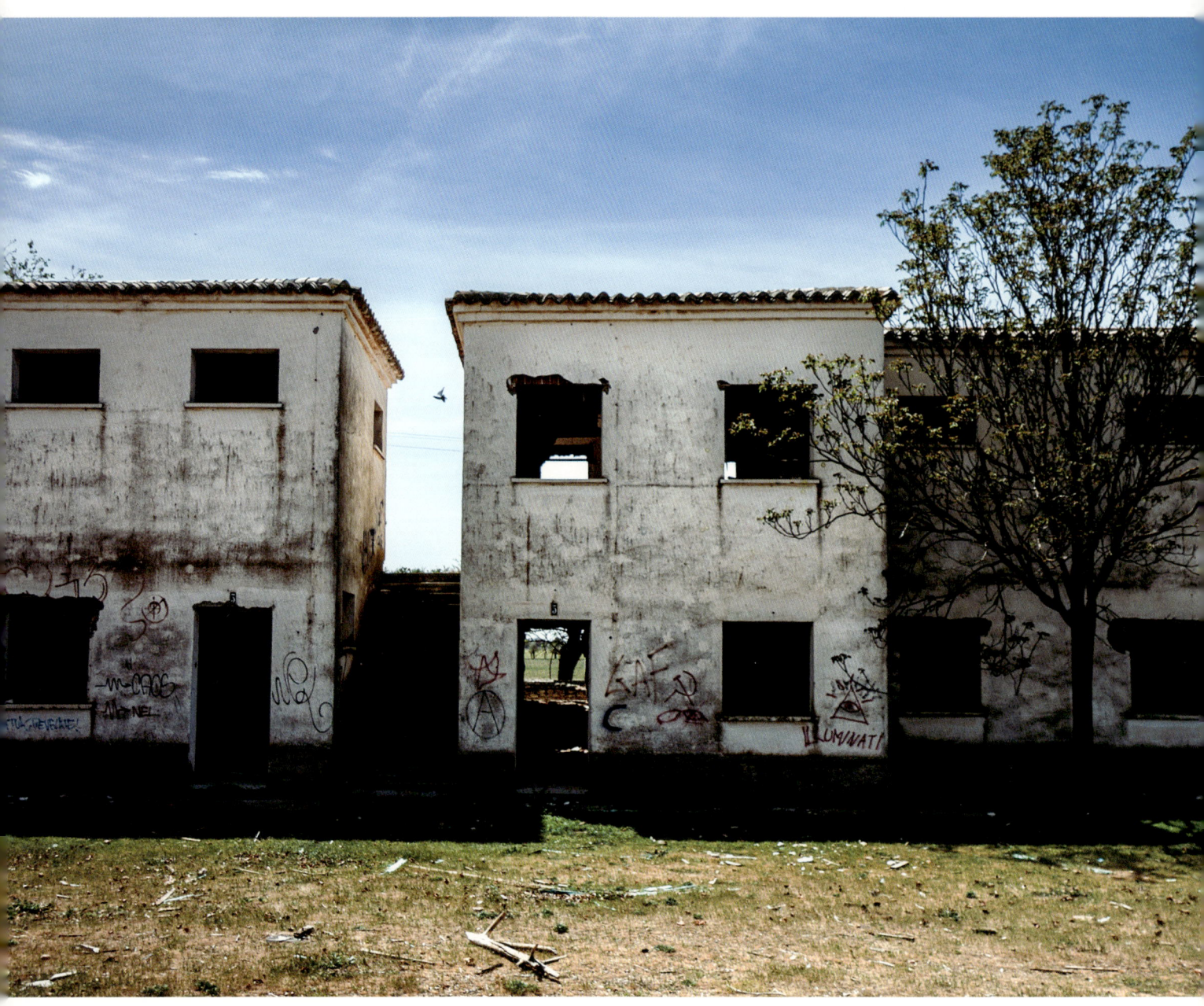

Finalmente, la zona donde se ubicaban las viviendas para funcionarios y la Guardia Civil, con varias zonas demolidas intencionalmente y combinadas con más pintura en espray, con resultados sorprendentes en algunos sitios puntuales.

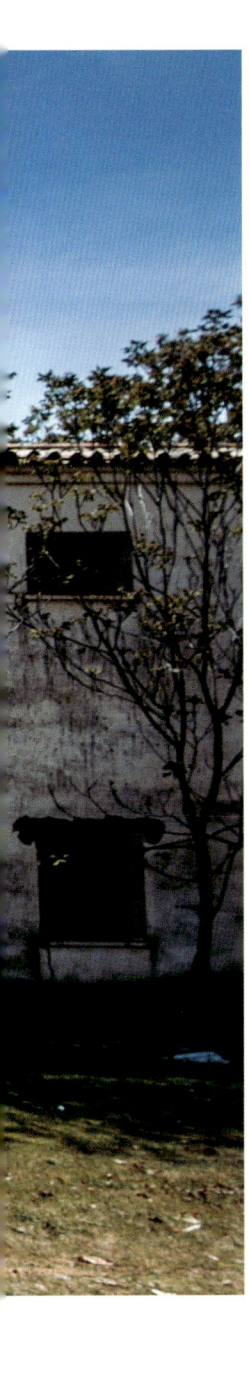

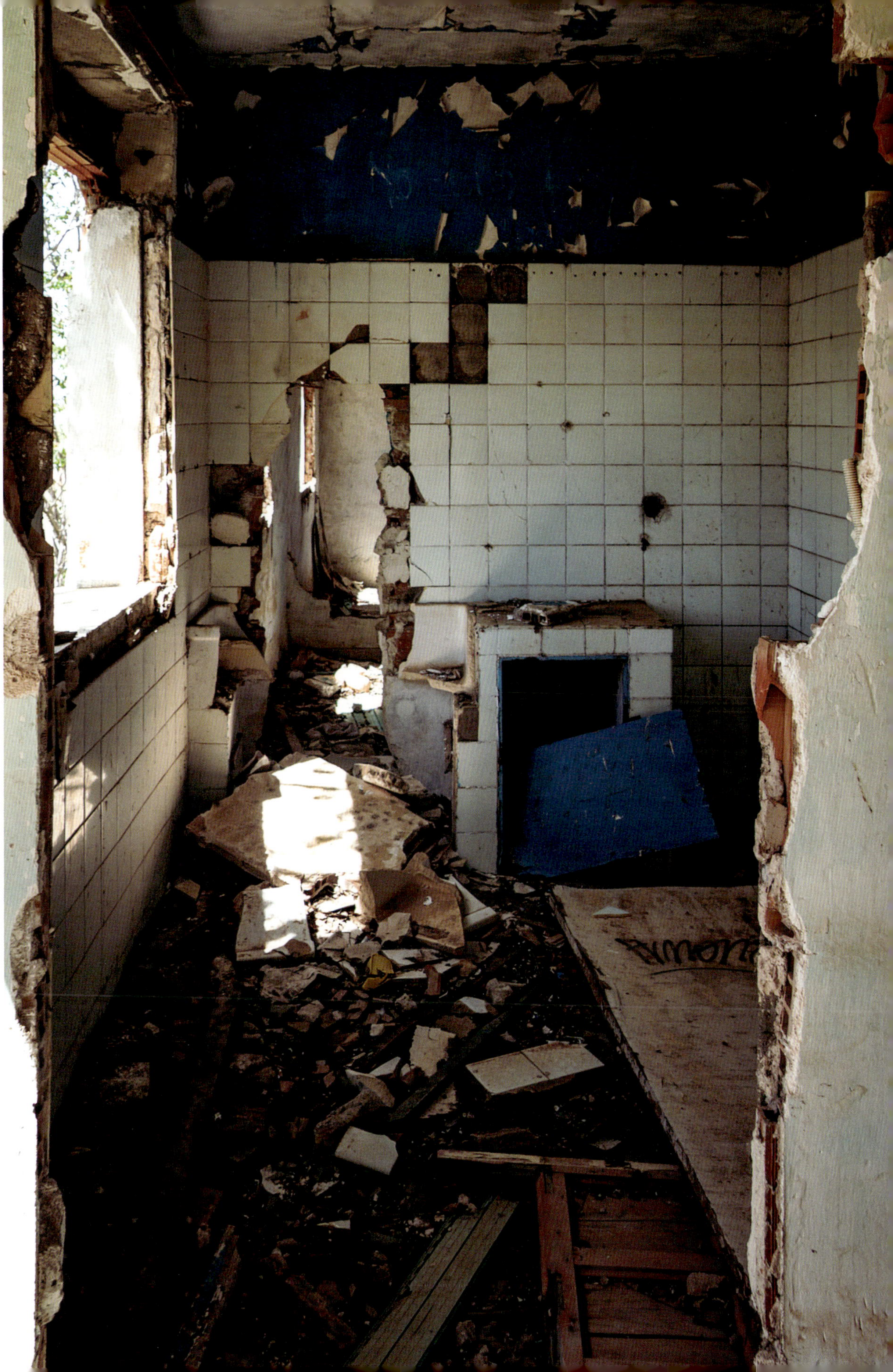

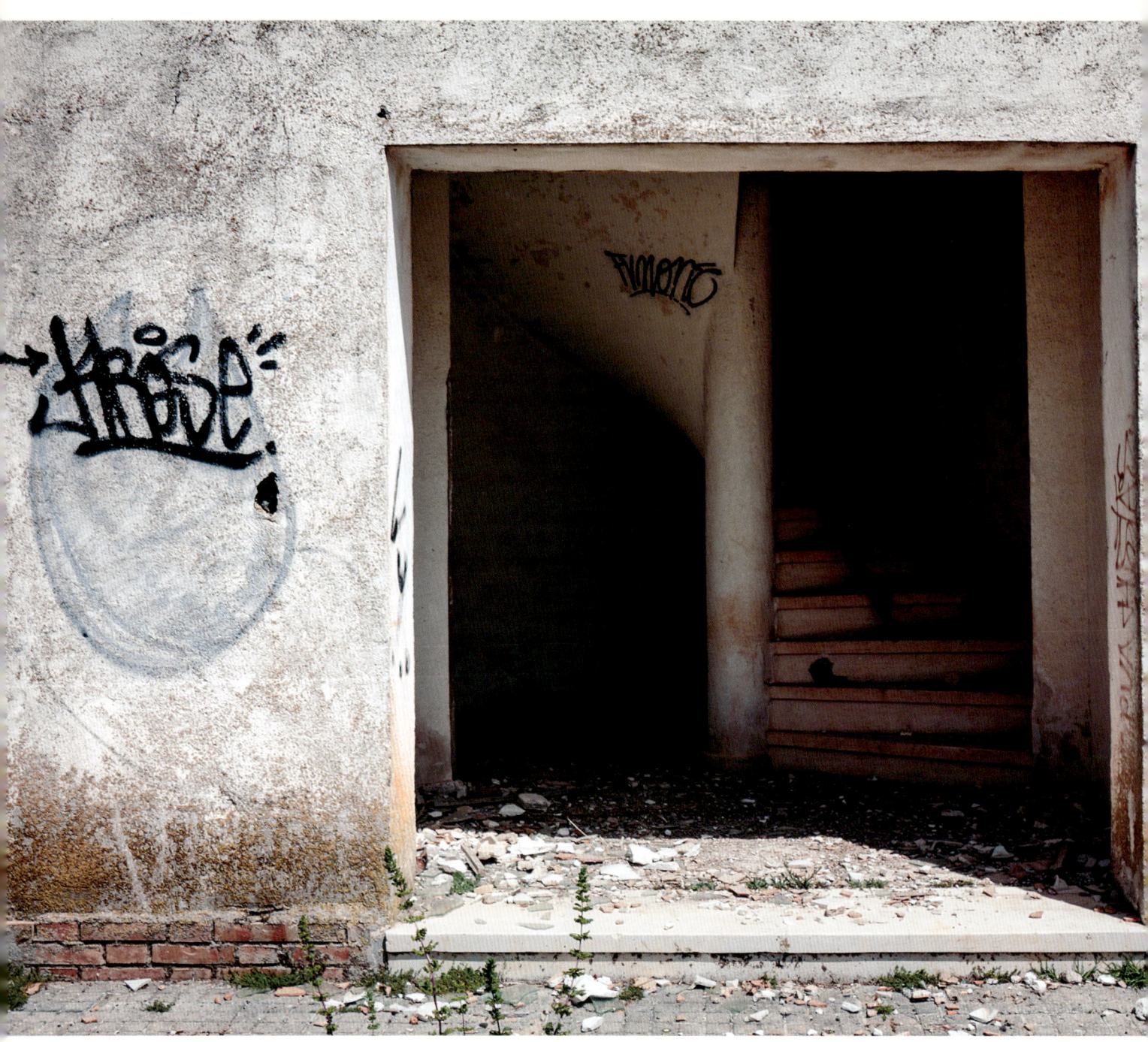

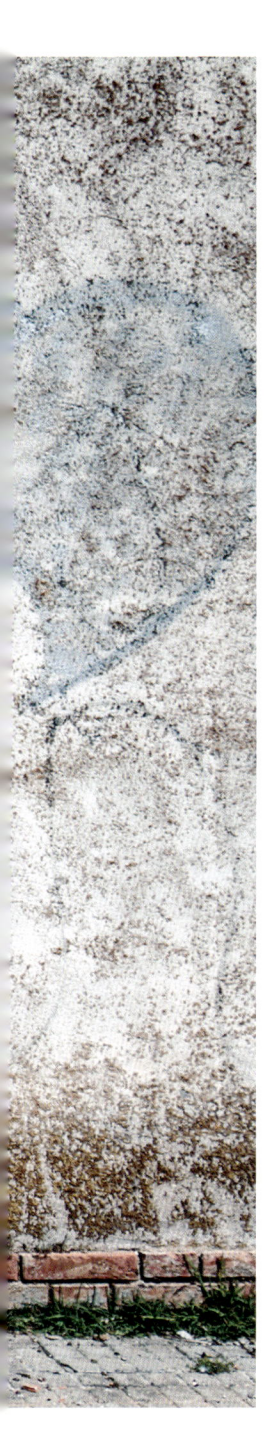

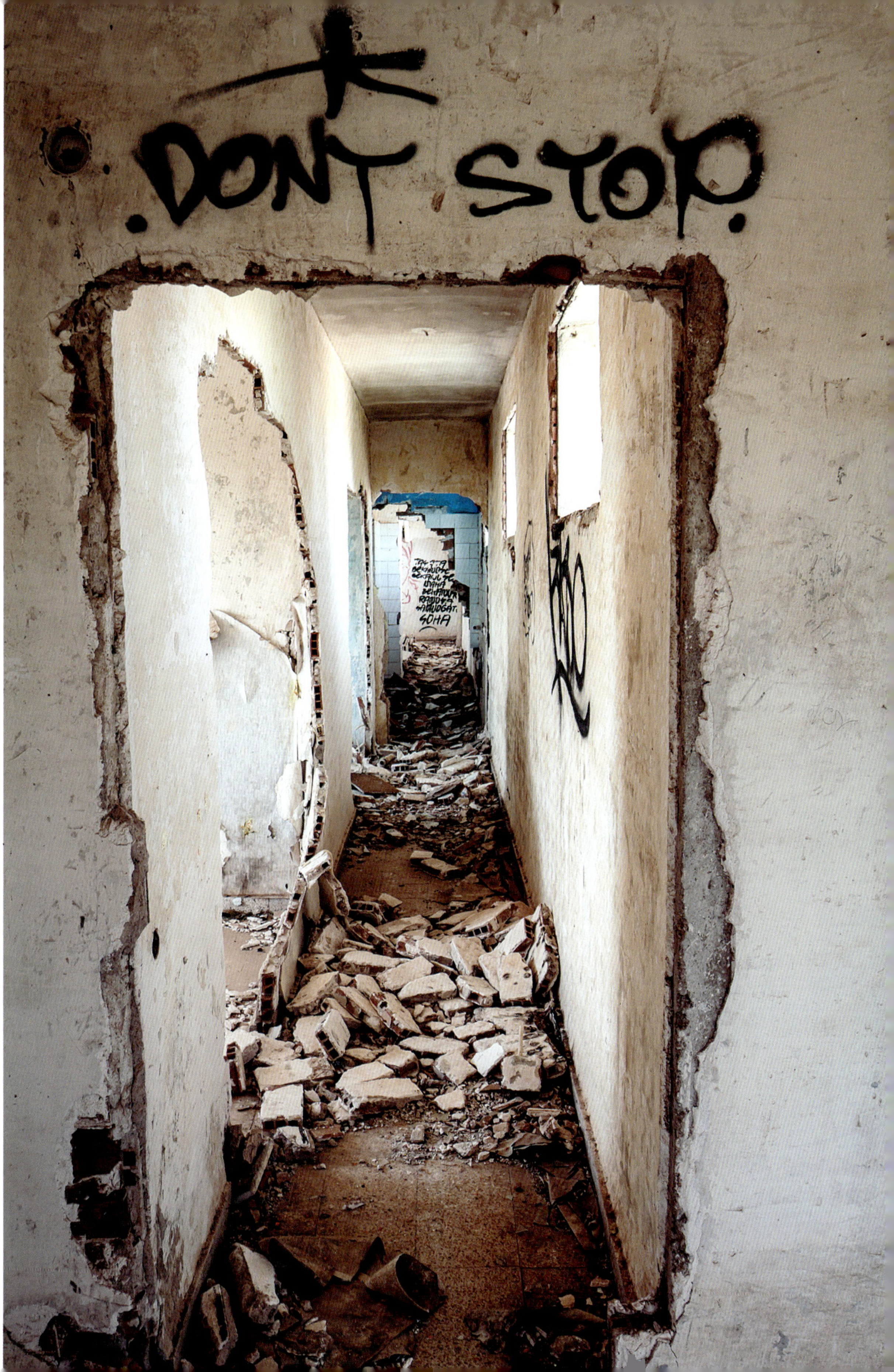

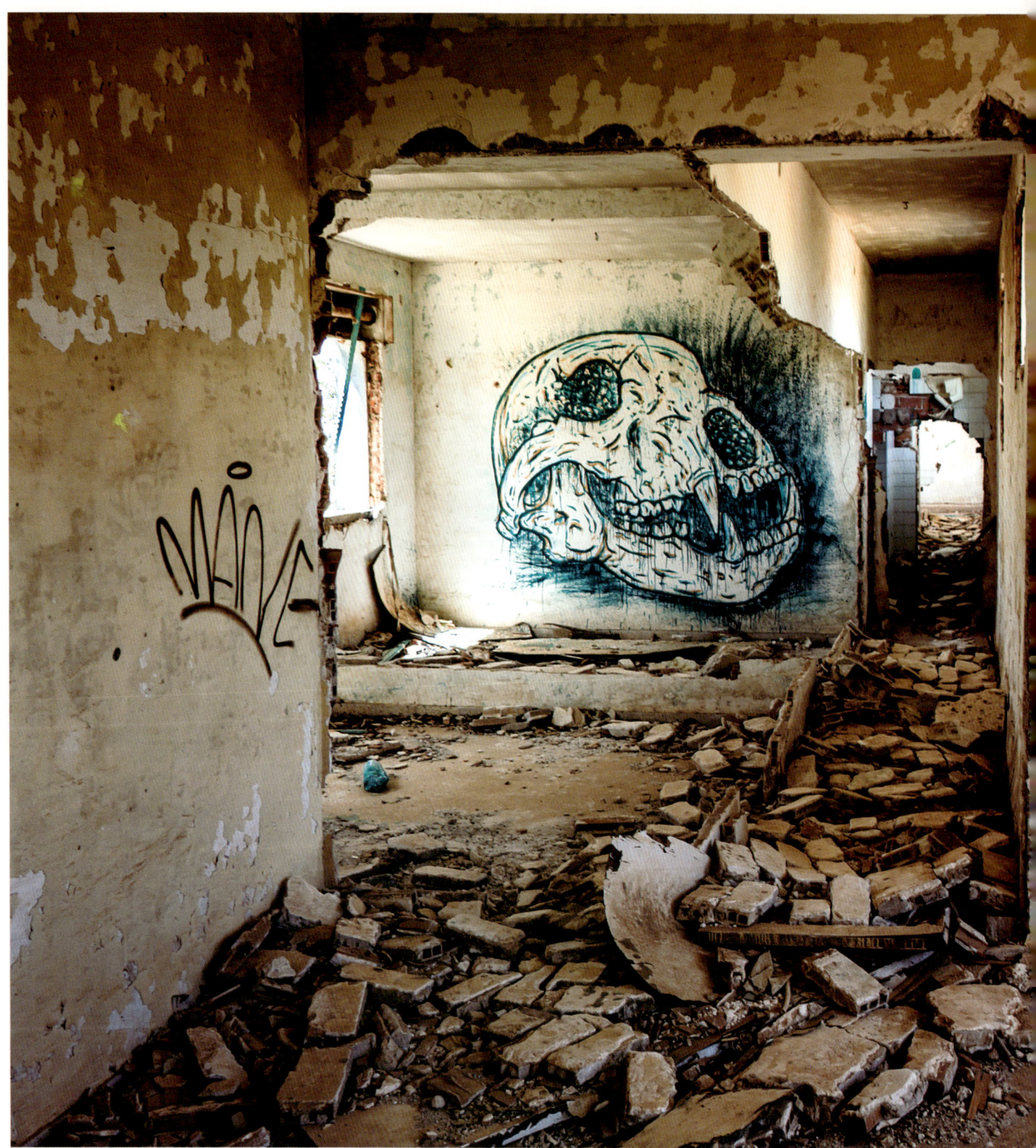

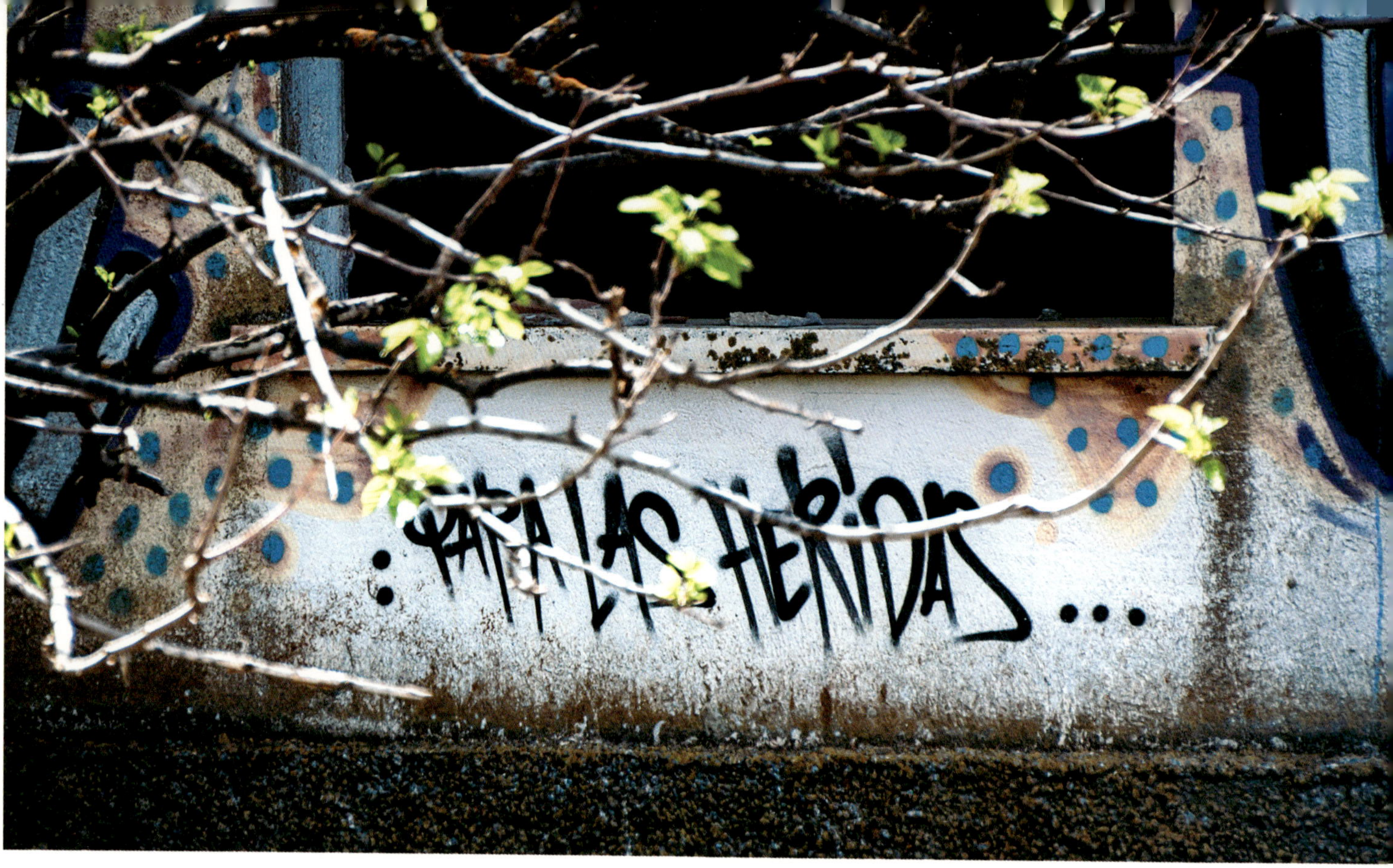

: PARA LAS HERIDAS ...

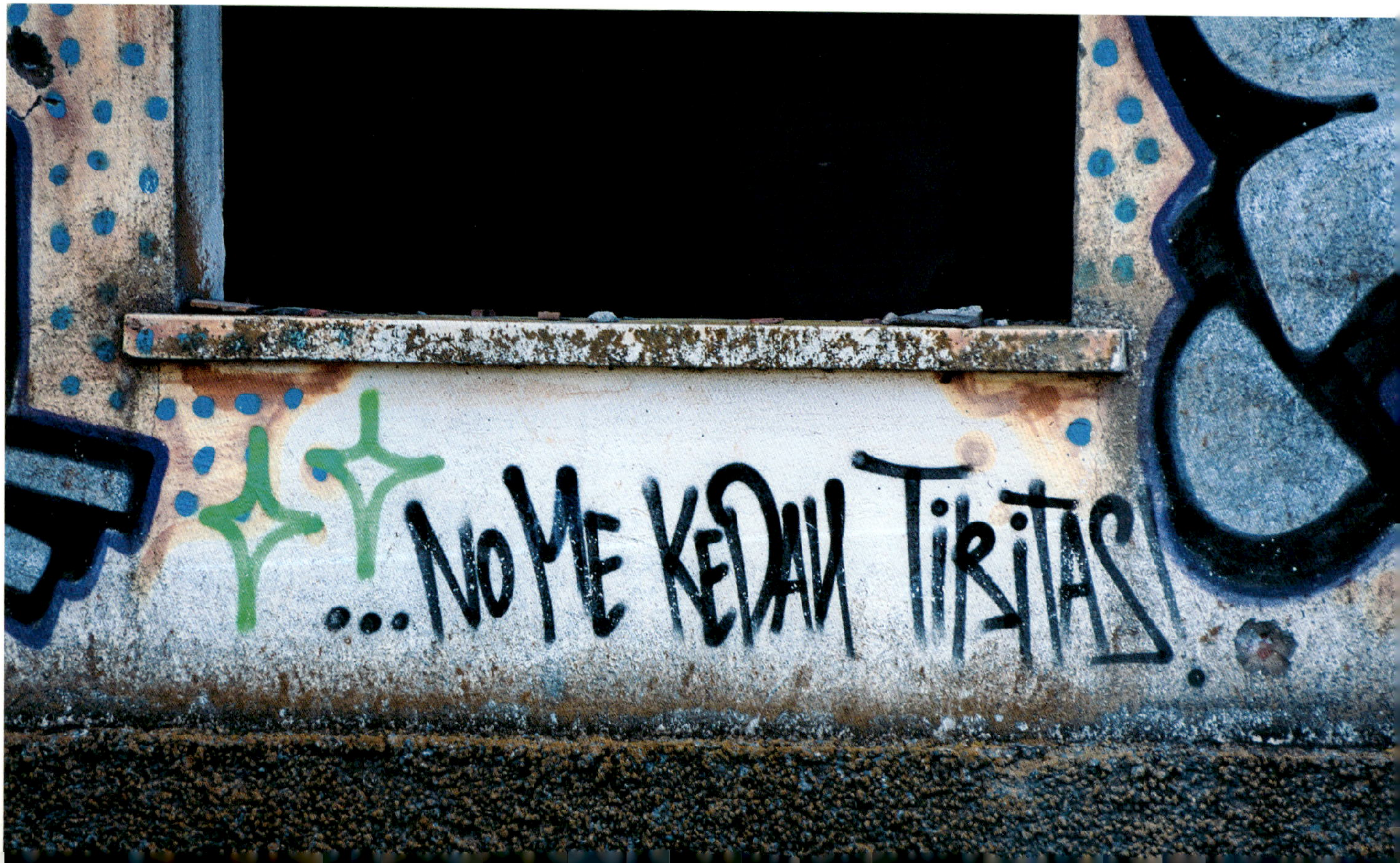

... NO ME KEDAN TIRITAS!

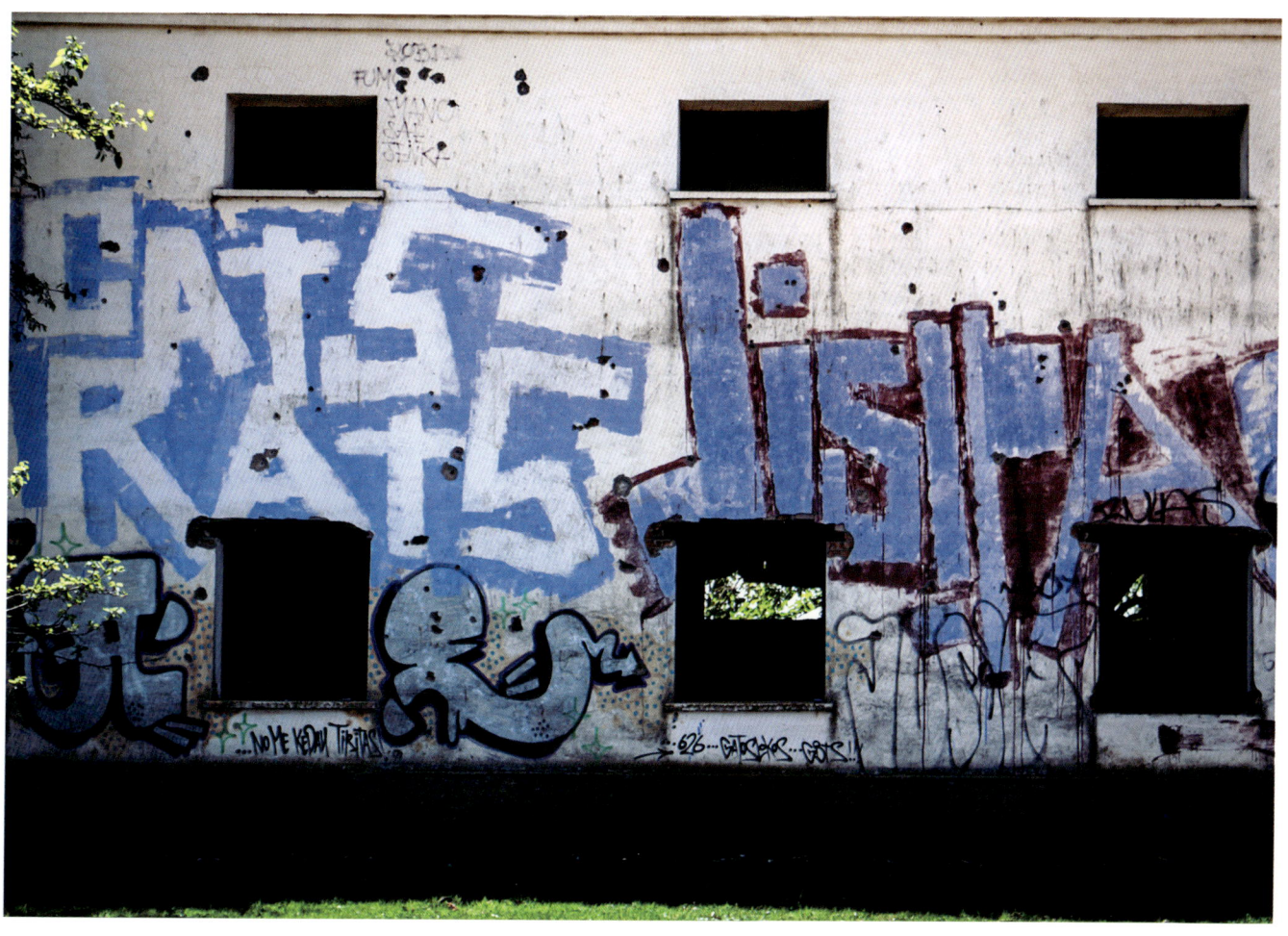

Termina aquí el recorrido por las distintas zonas que componían la Antigua Cárcel de Herrera de la Mancha.

Las fotografías fueron tomadas en abril de 2017.

En octubre de 2018 todos los edificios del recinto fueron demolidos y treinta años de reclusión más otros treinta de abandono fueron eliminados por completo. Desde entonces, solo las fotografías y los testimonios y recuerdos de quienes por allí pasaron (funcionarios, presos, saqueadores, grafiteros, jóvenes buscando fiesta, etc.) dan prueba de su existencia.

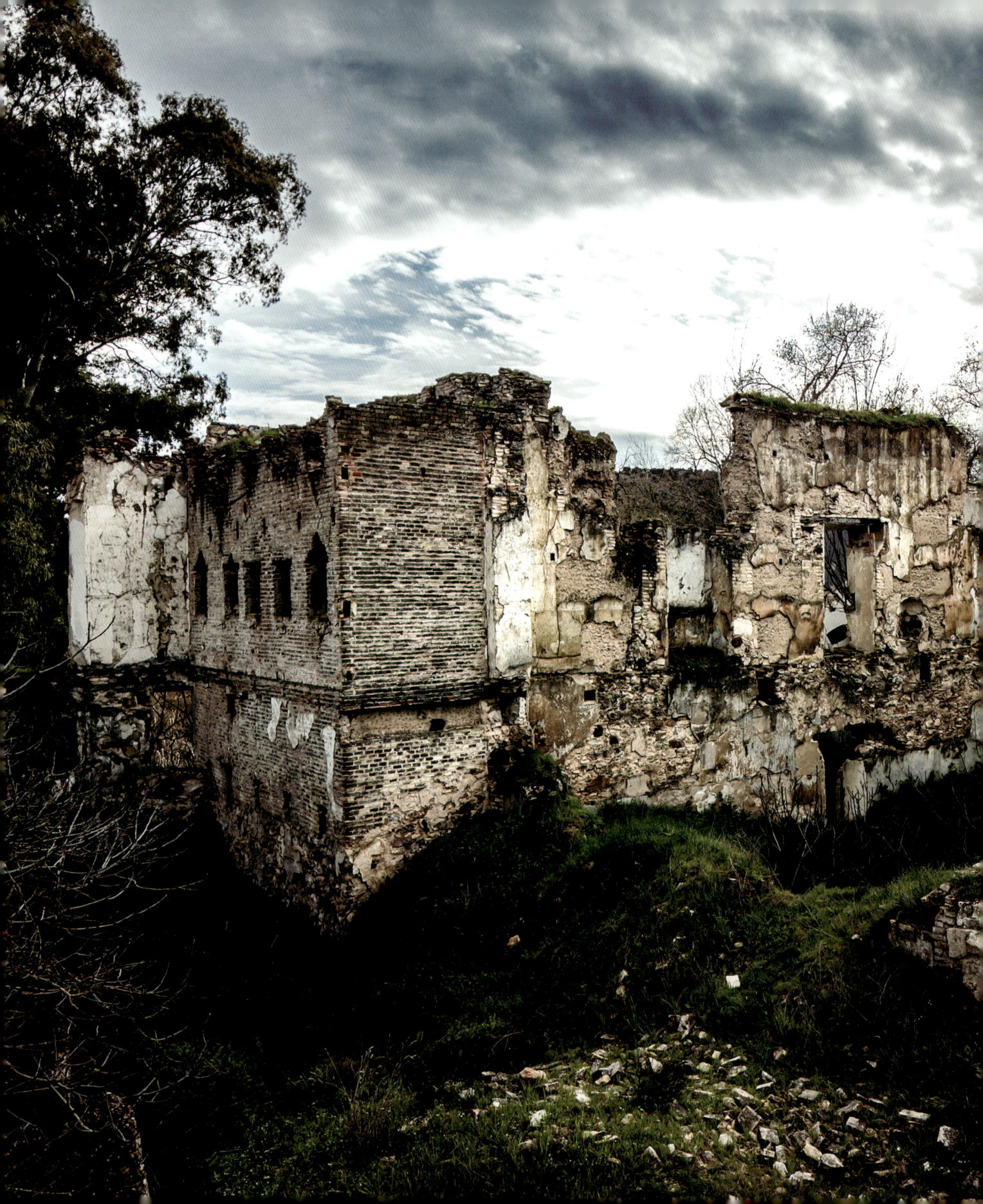

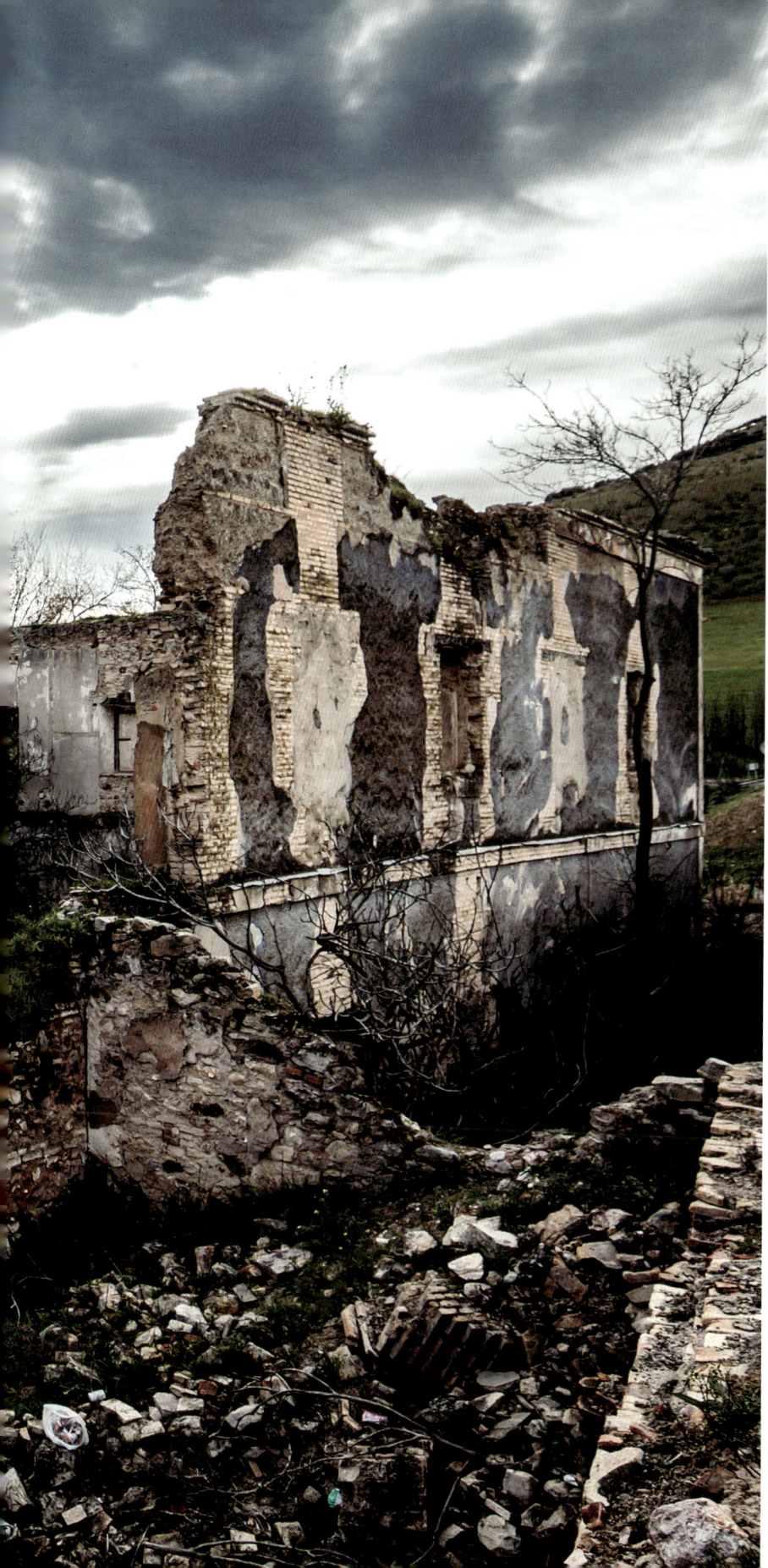

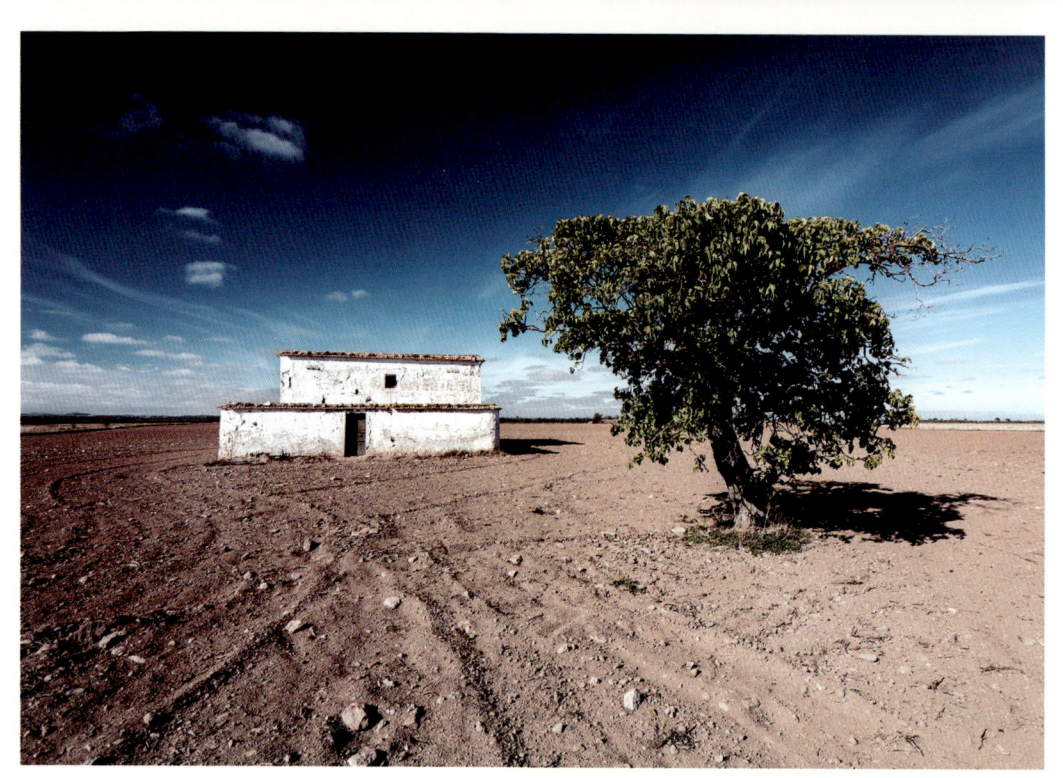

Fotografía y tiempo son dos conceptos que van cogidos de la mano. Una captura fotográfica de un paraje representa un único instante en el tiempo, donde antecedieron miles de ellos y donde hay otros tantos más aún por devenir.

Aparte de en la antigua cárcel de Herrera de la Mancha, hay cientos de lugares en nuestro entorno donde, cámara en mano, es posible establecer interrogantes sobre lo que ese paraje pudo ser cuando estaba en uso y en qué estado se encuentra cuando es retratado mucho tiempo después. Incluso, si es posible, podemos observarlo en diversas ocasiones, para llegar a la conclusión de que el abandono no detiene el paso del tiempo, solo lo ralentiza levemente.

Caserones, molinos, antiguas ventas, bodegas en desuso, fábricas, talleres y hasta restos de fortalezas medievales se encuentran en nuestras inmediaciones y nos cuentan su historia, la que fue, pero también la que está siendo en el momento actual de su abandono, manifestándose en algunas ocasiones como algo distinto, insólito y sorprendente.

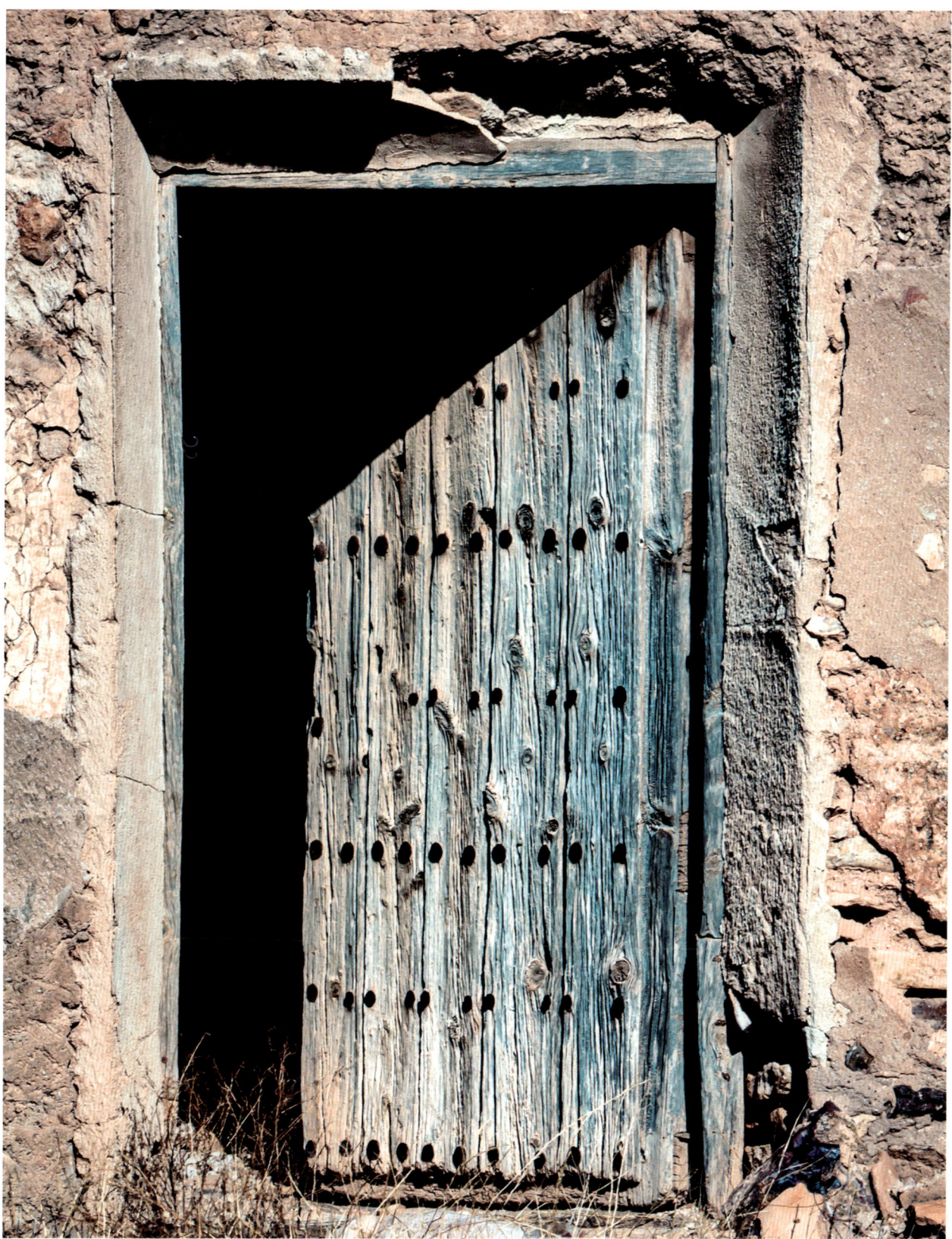

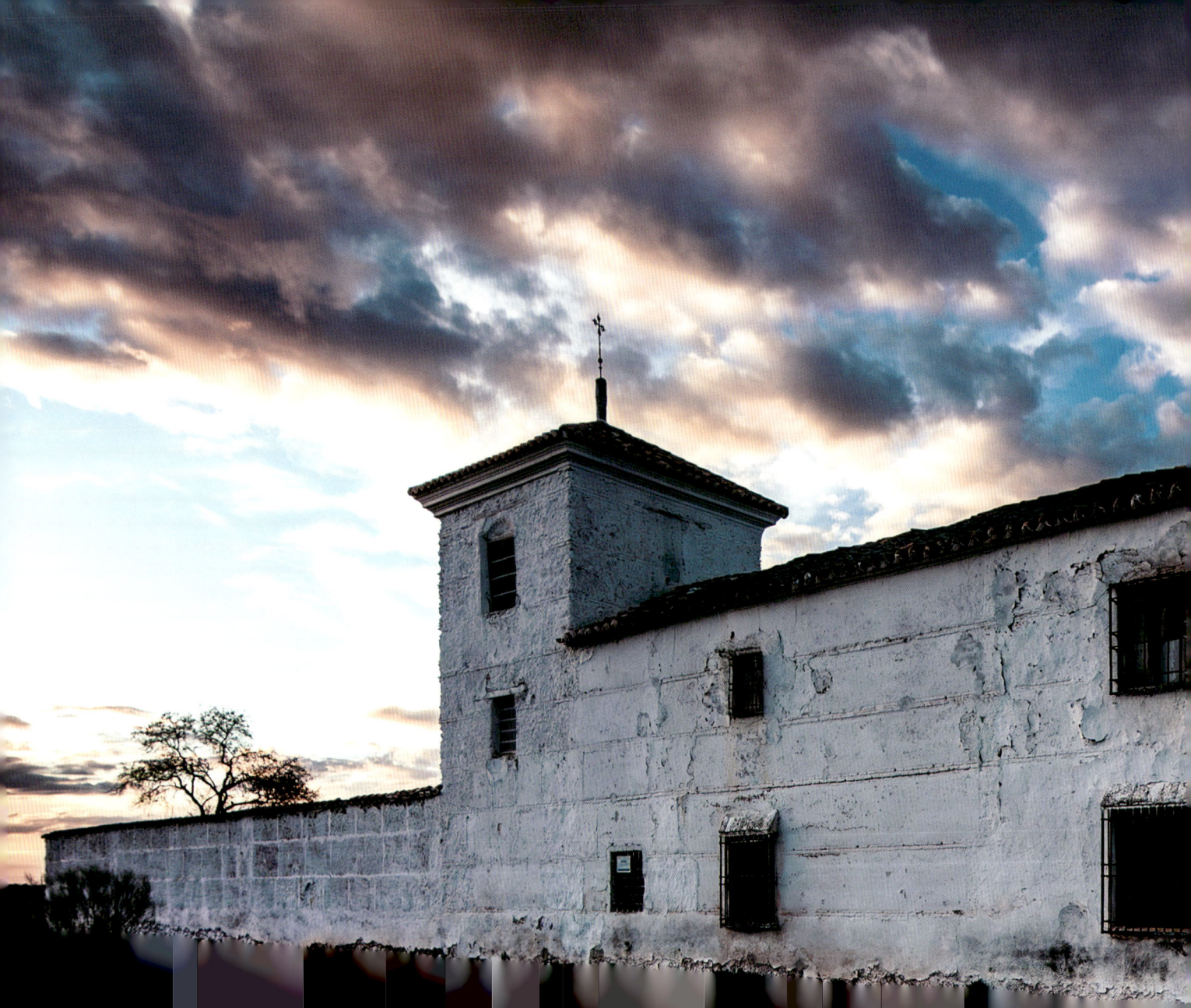

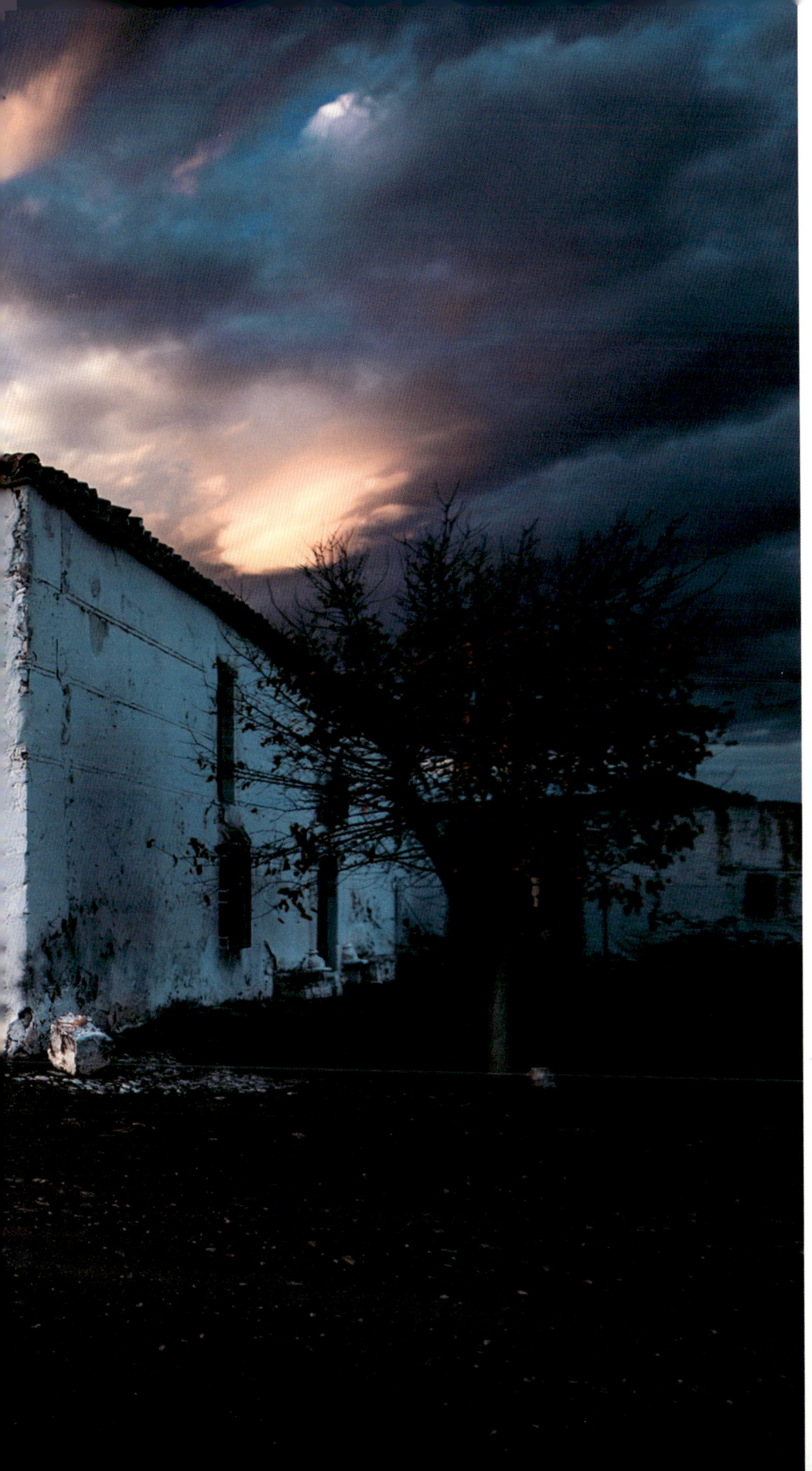

Venta de Borondo, vestigio de los antiguos caminos que cruzaban La Mancha y que inspiraron la pluma de Cervantes.

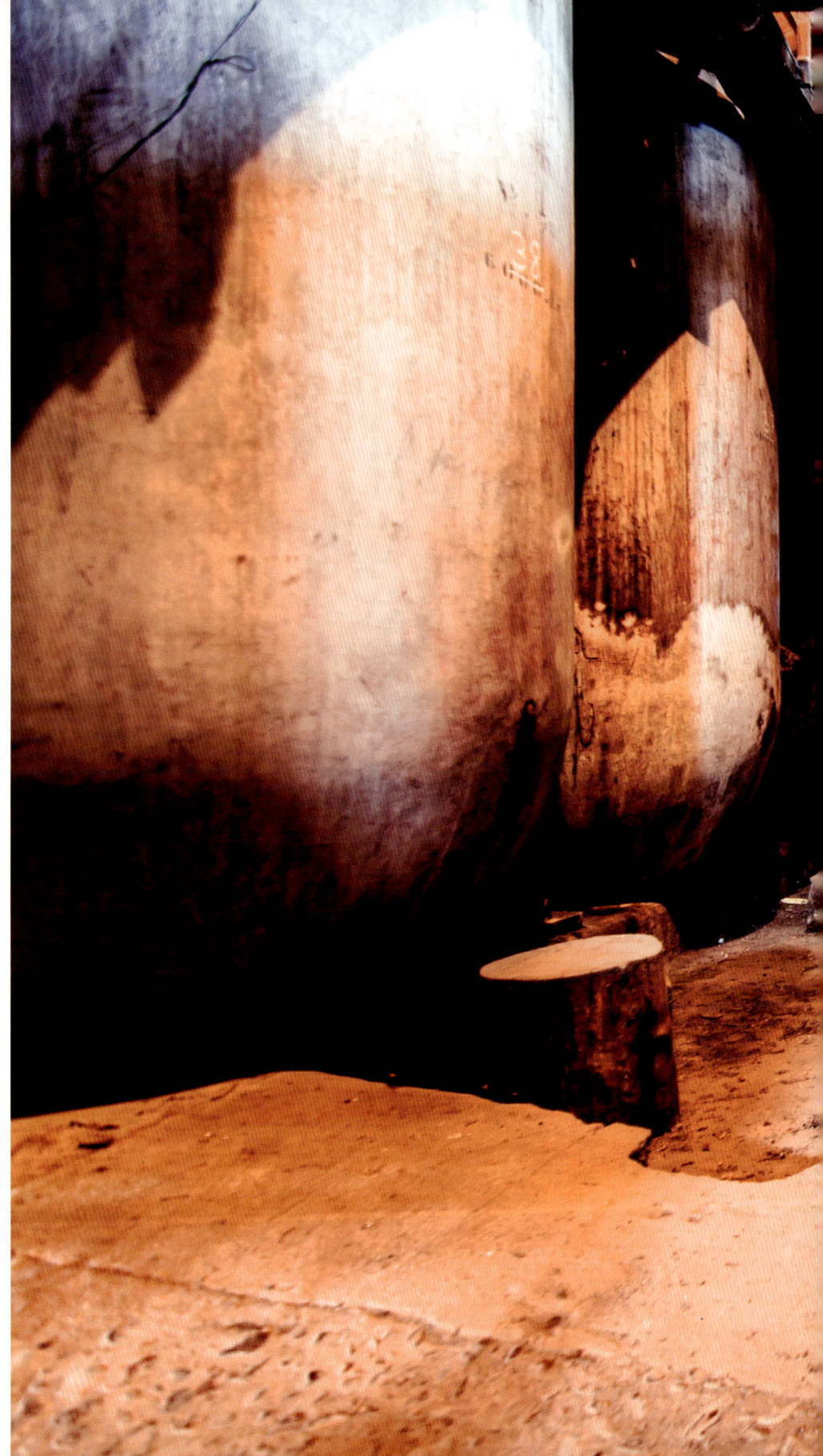

Antigua bodega ya sin uso en Fernán Caballero, recuerdos de otros tiempos en la producción de vino manchego.

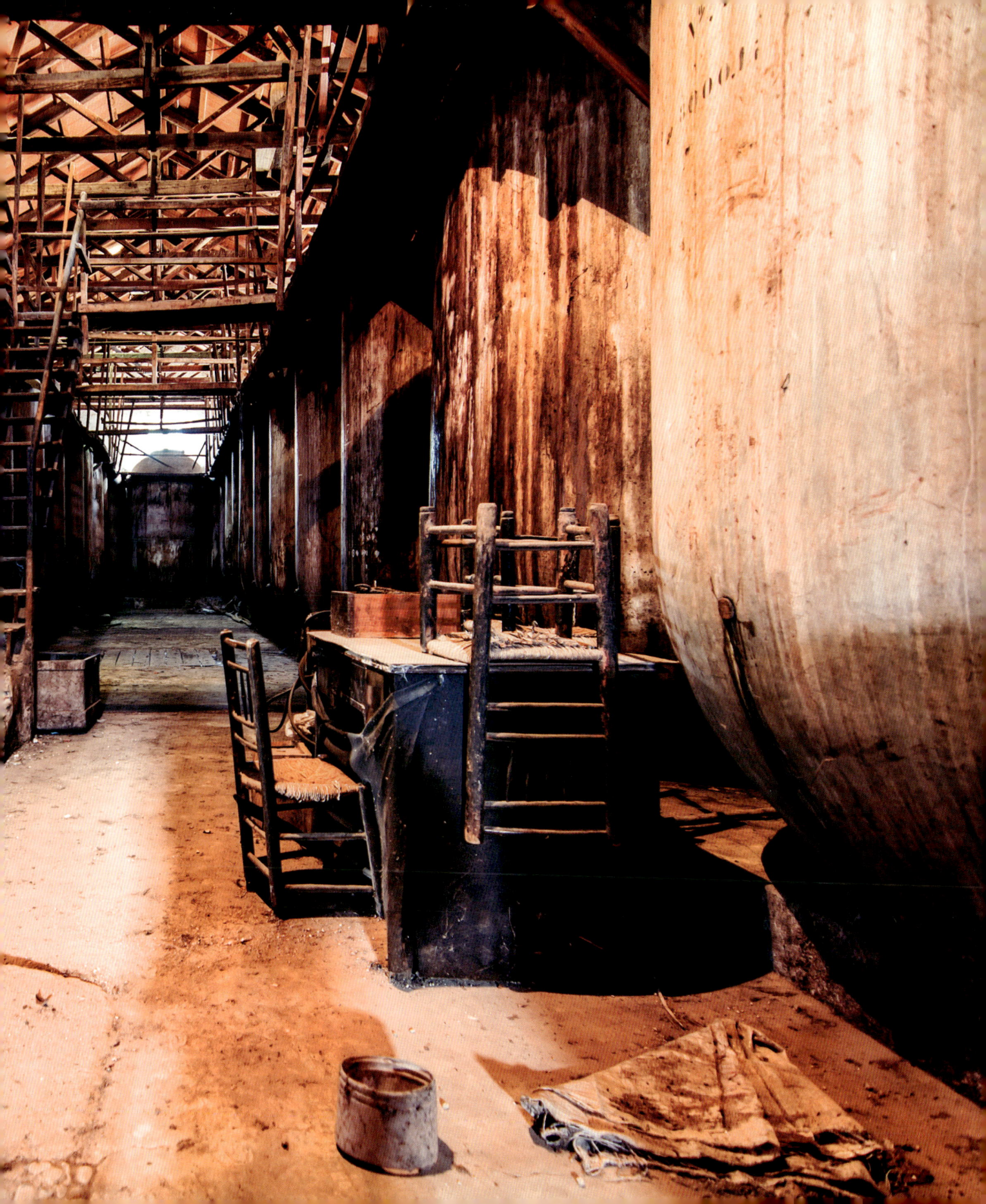

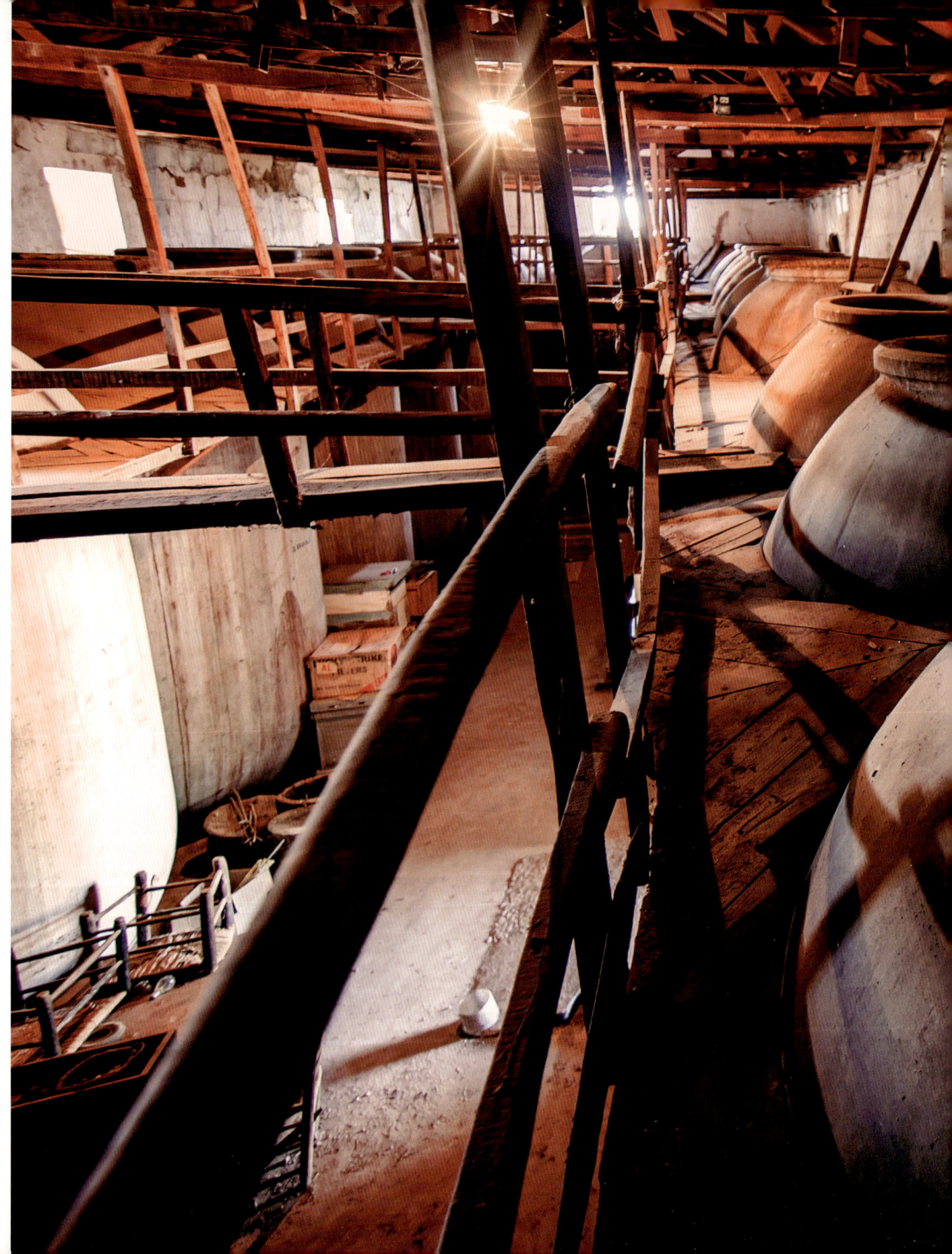

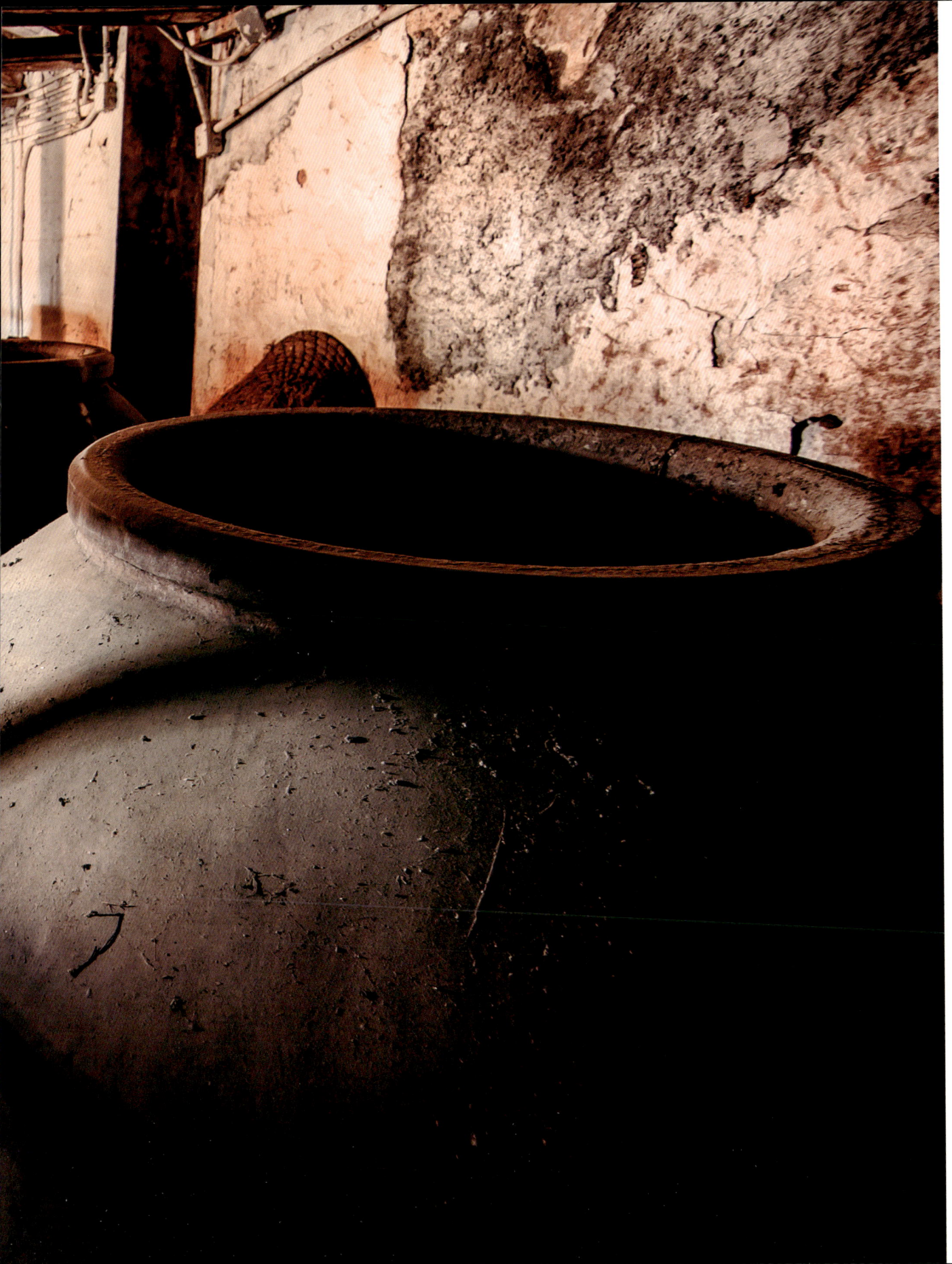

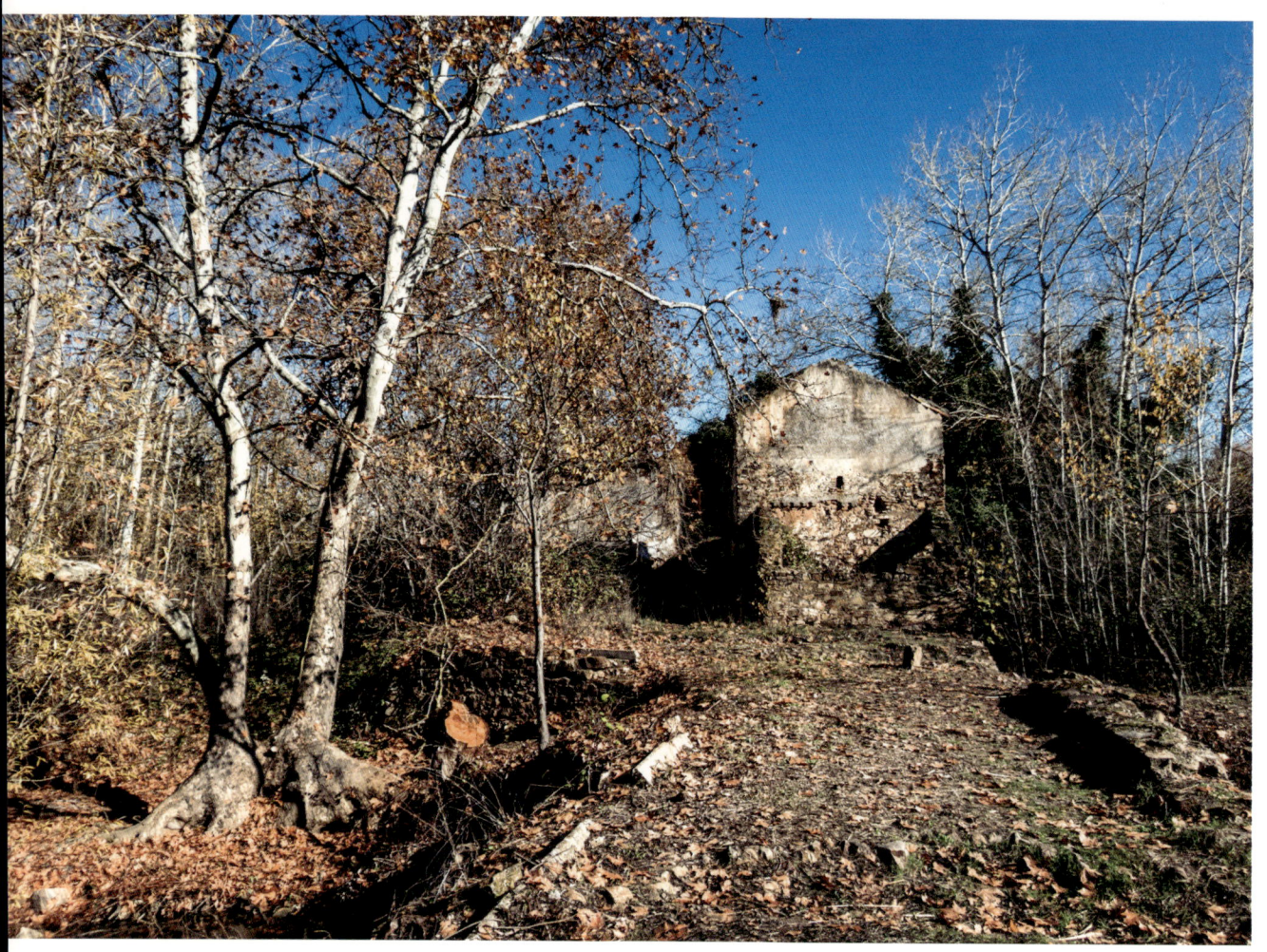

Restos del molino hidráulico de Valbuena, en Corral de Calatrava. En sus muros se ha escrito una declaración de amor moderna de la que no tenemos más detalles.

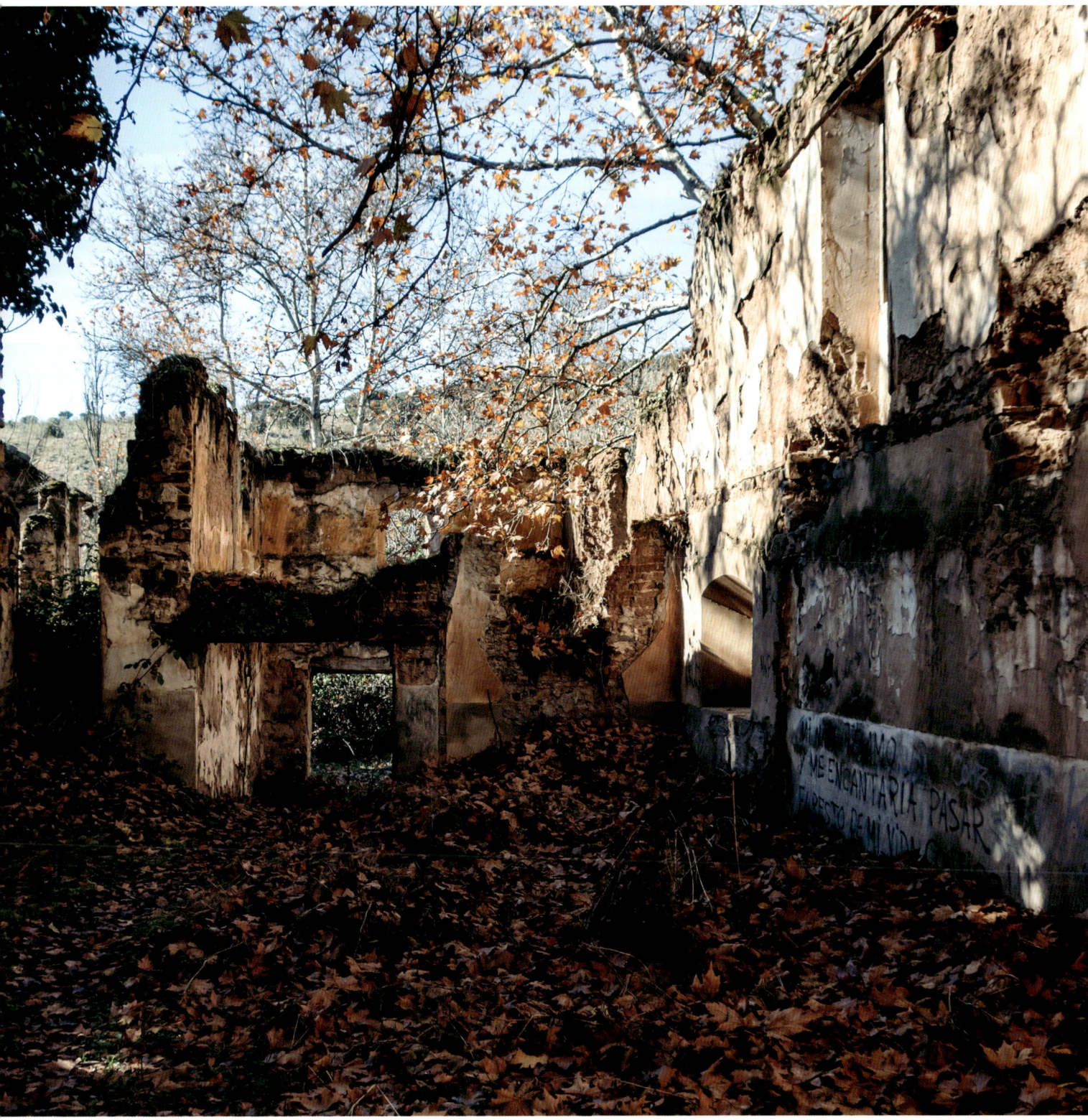

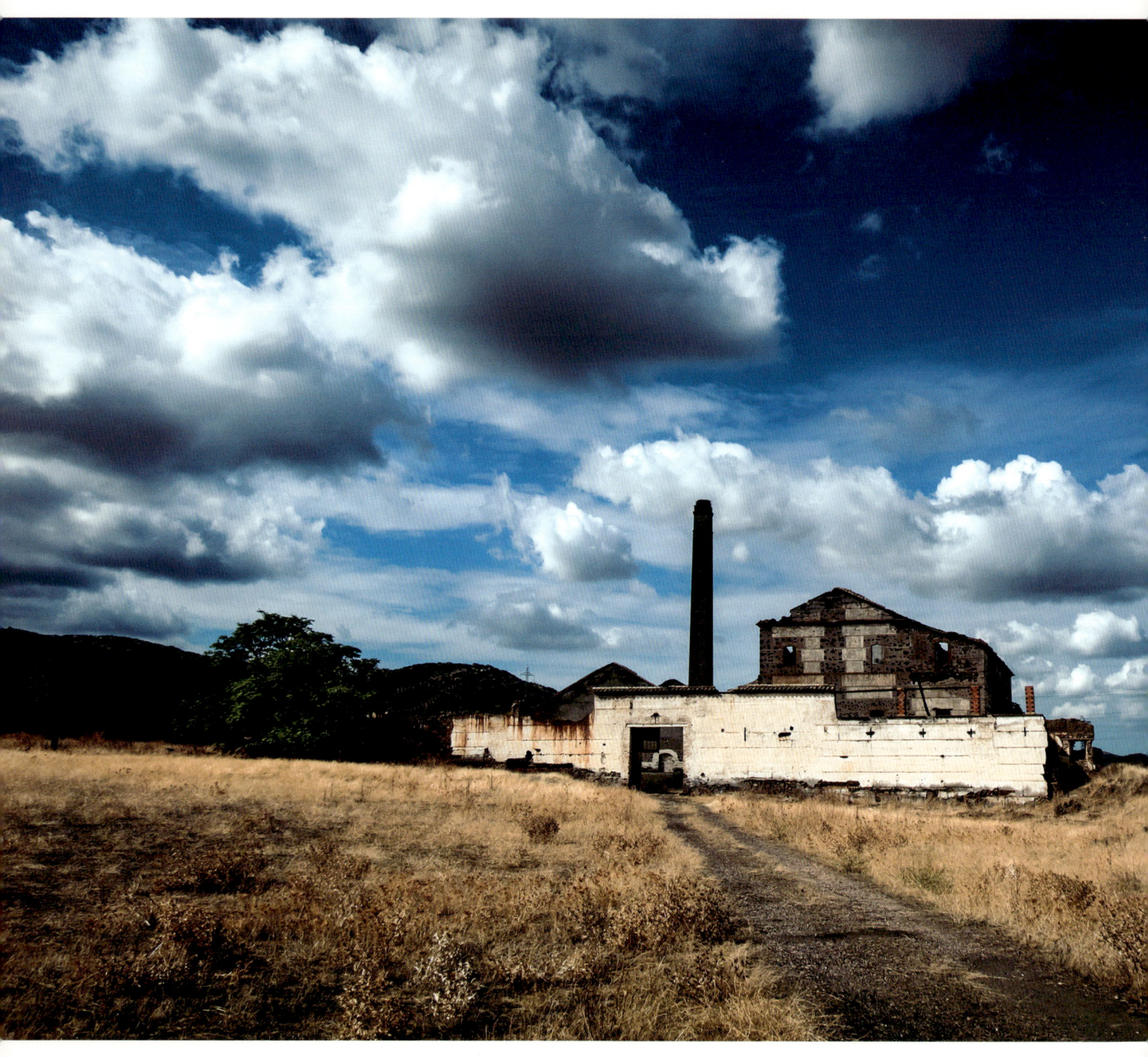

En la fábrica de harinas "La Aurora", en Almodóvar del Campo, apenas las paredes quedan ya en pie.

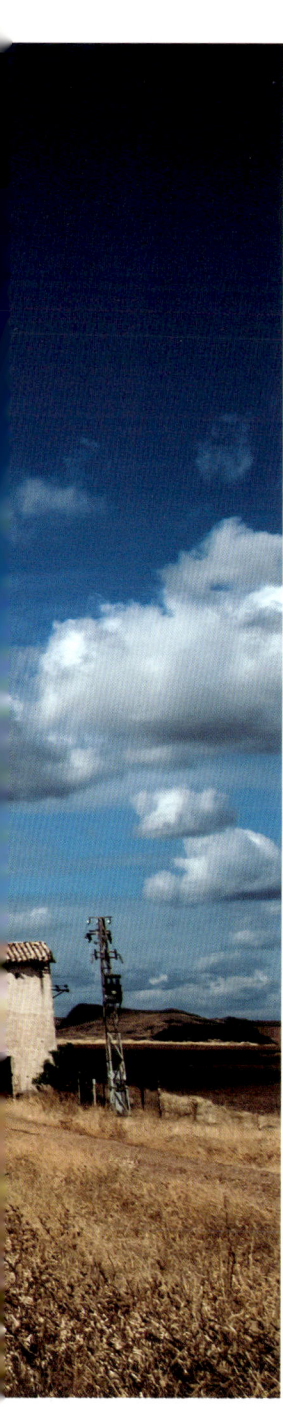

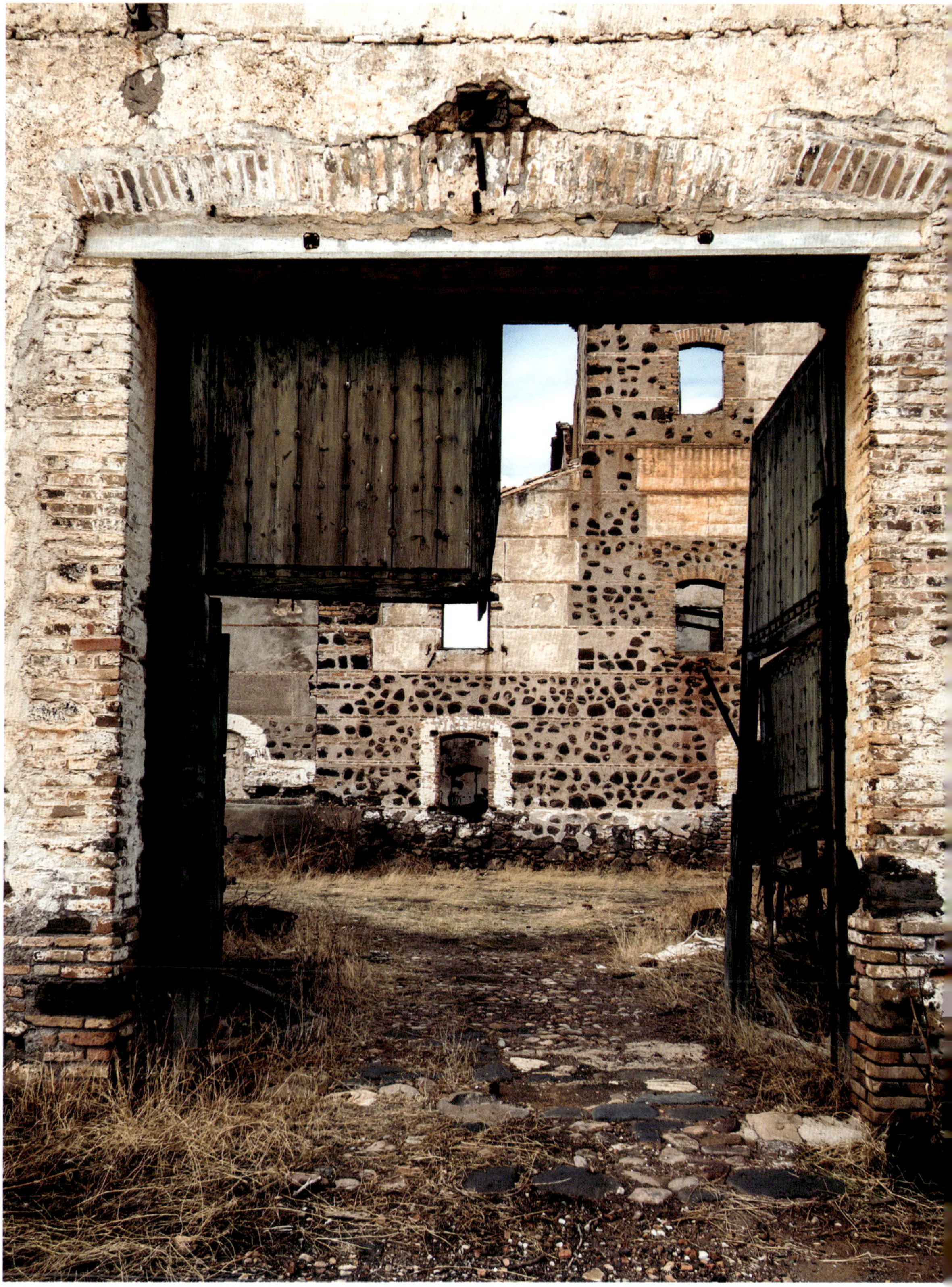

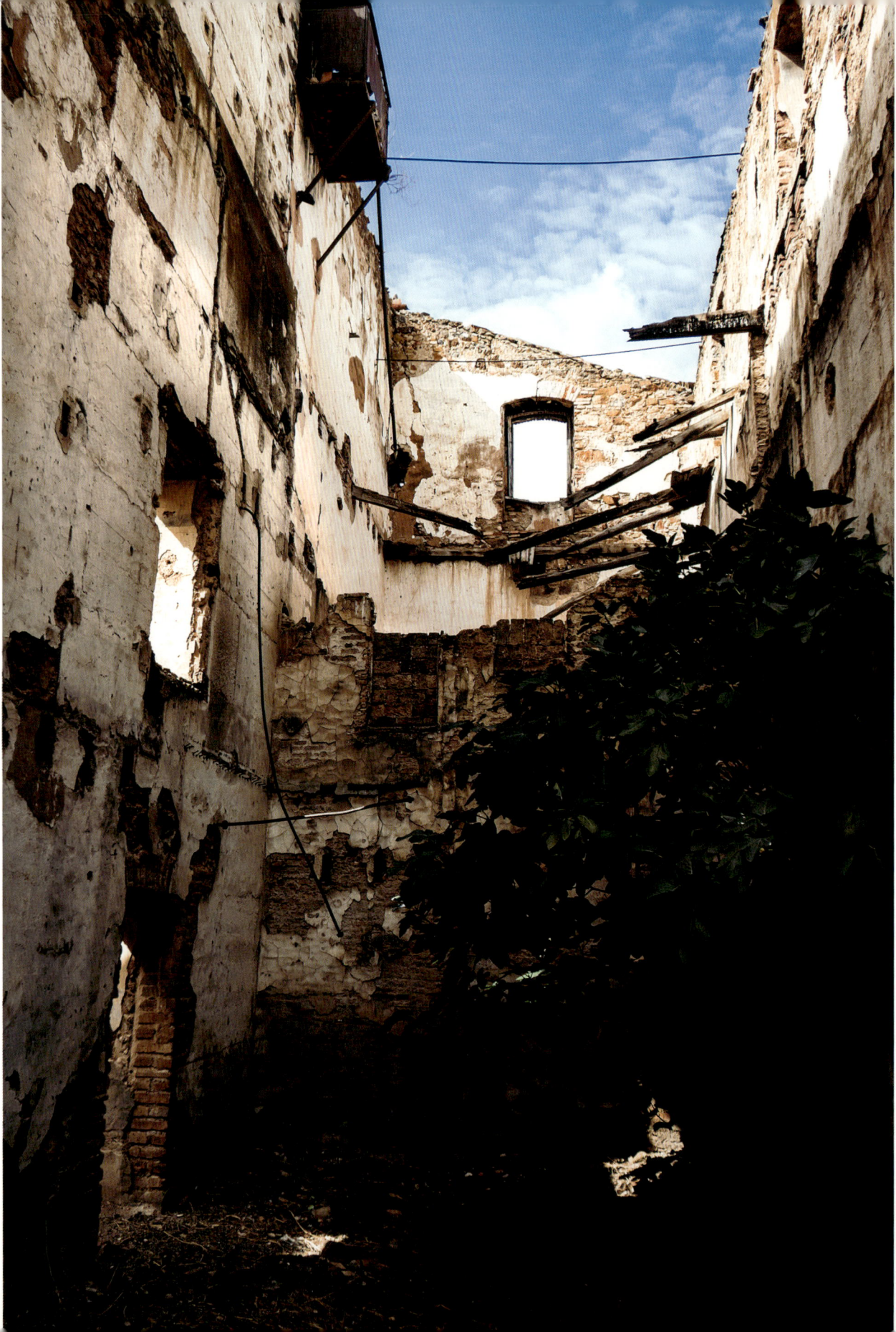

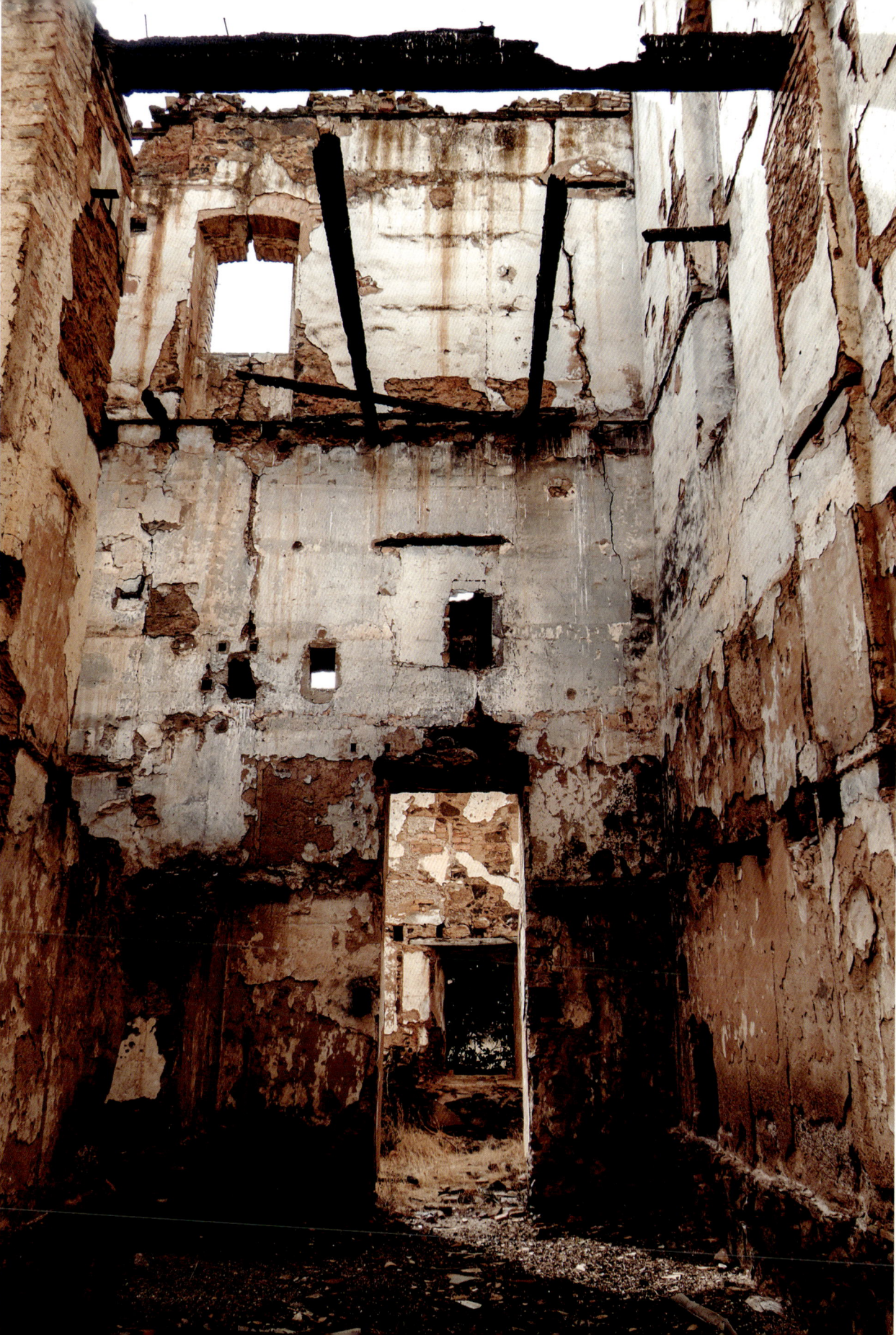

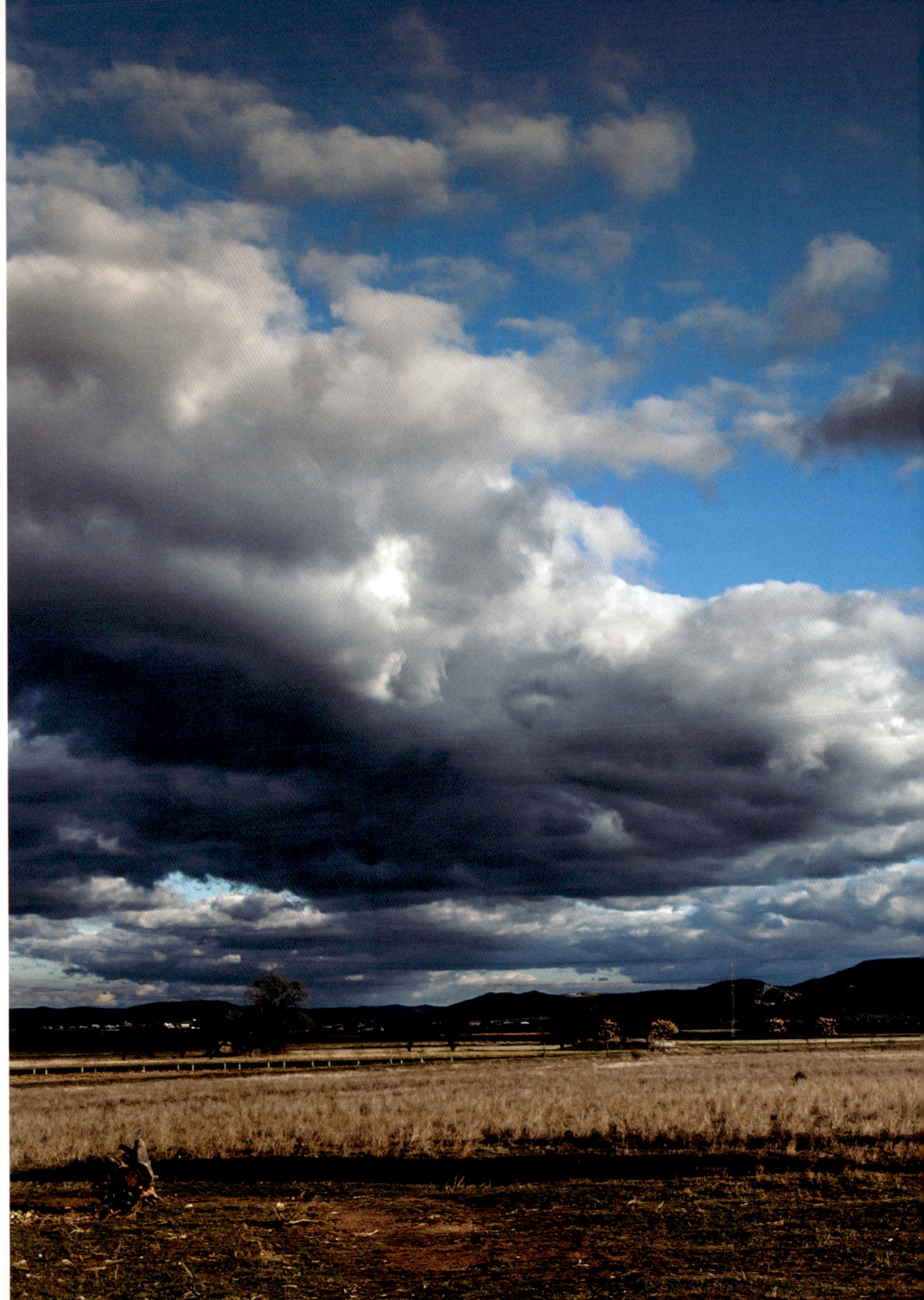

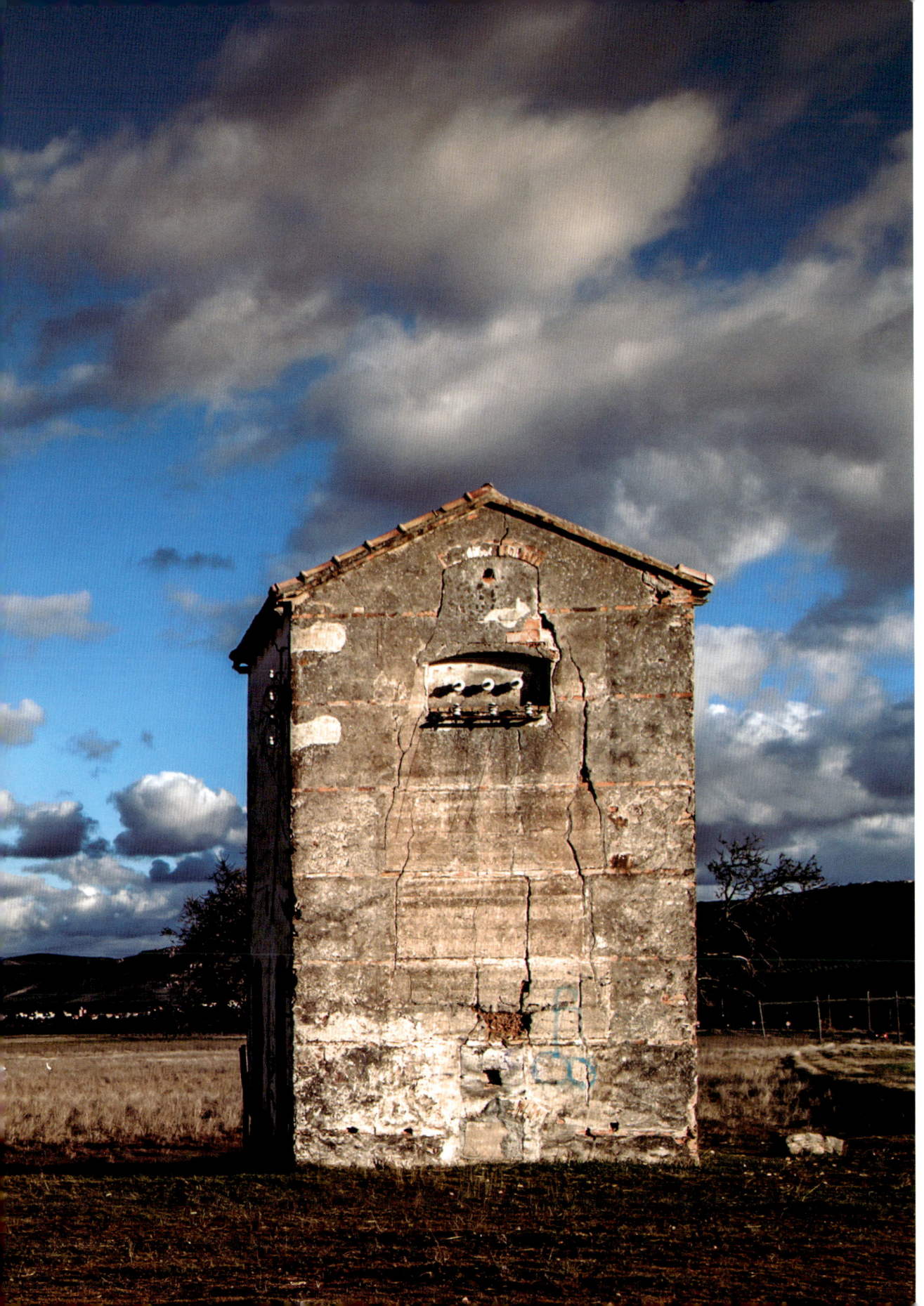

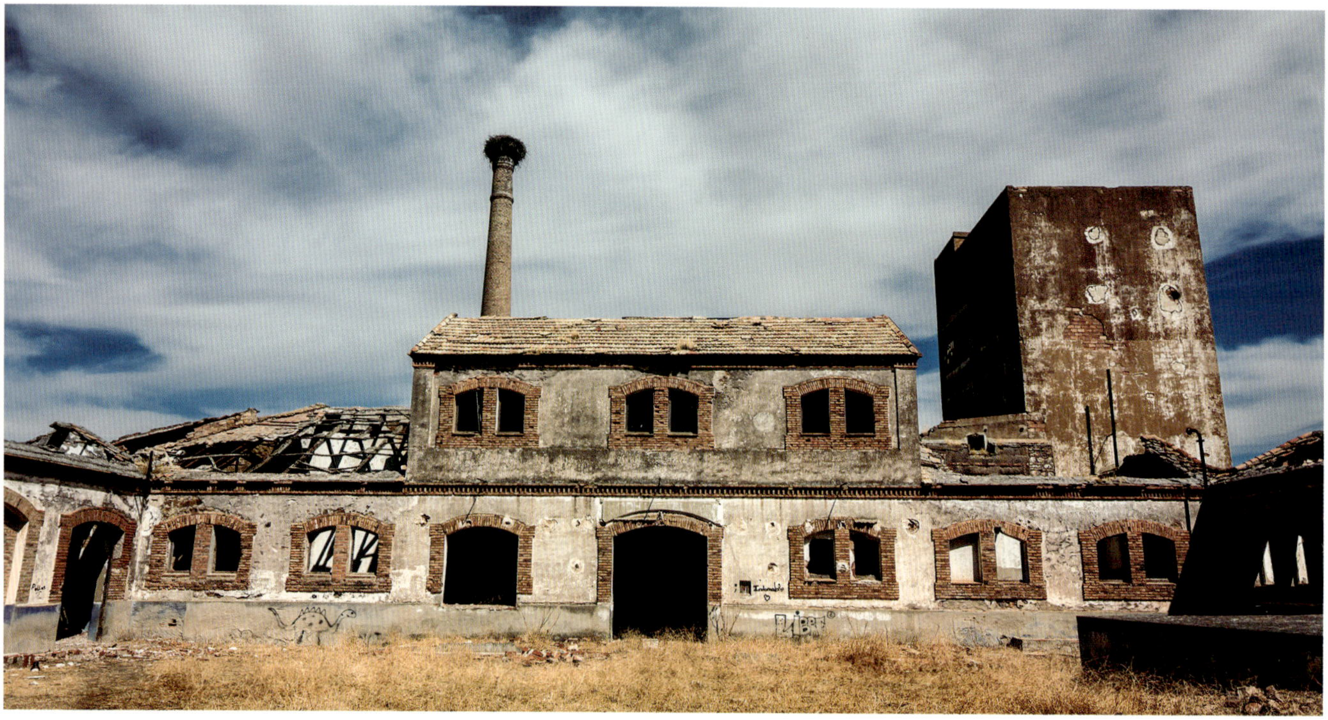

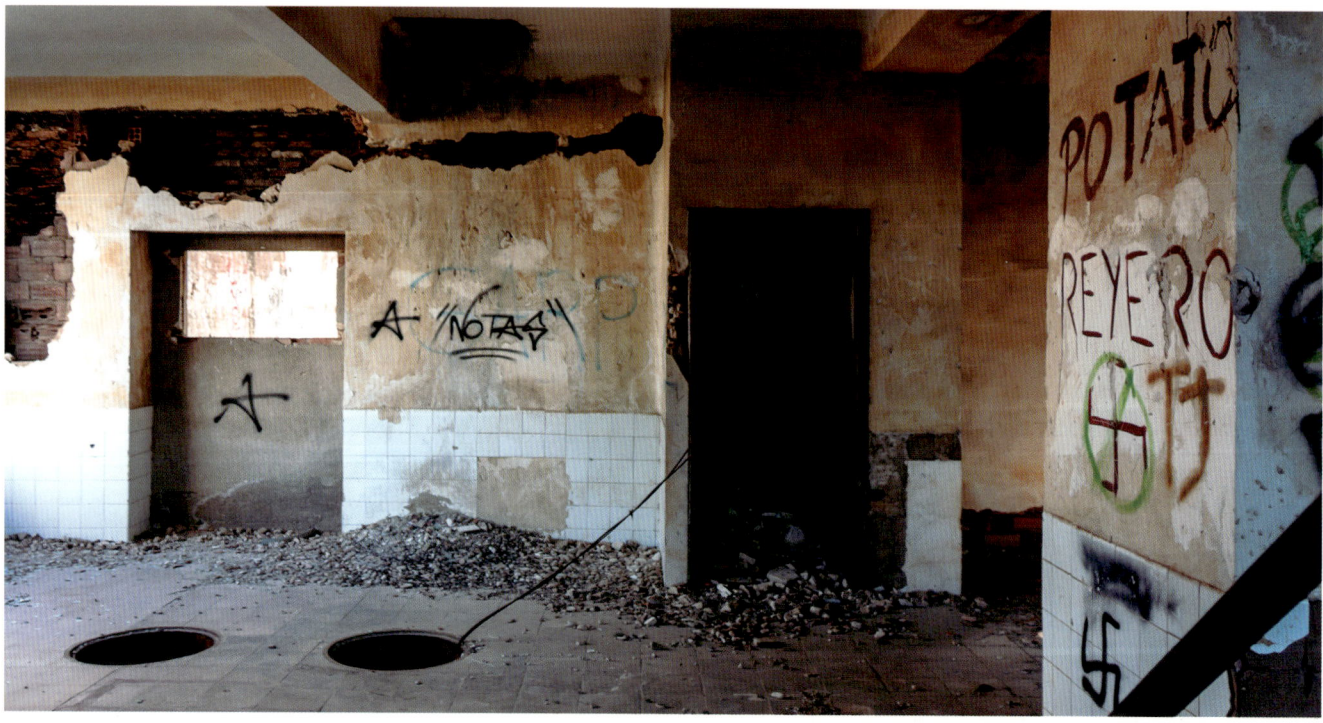

También en Almodóvar del Campo, a las afueras de la localidad, otra fábrica abandonada aguanta a su manera el paso del tiempo.

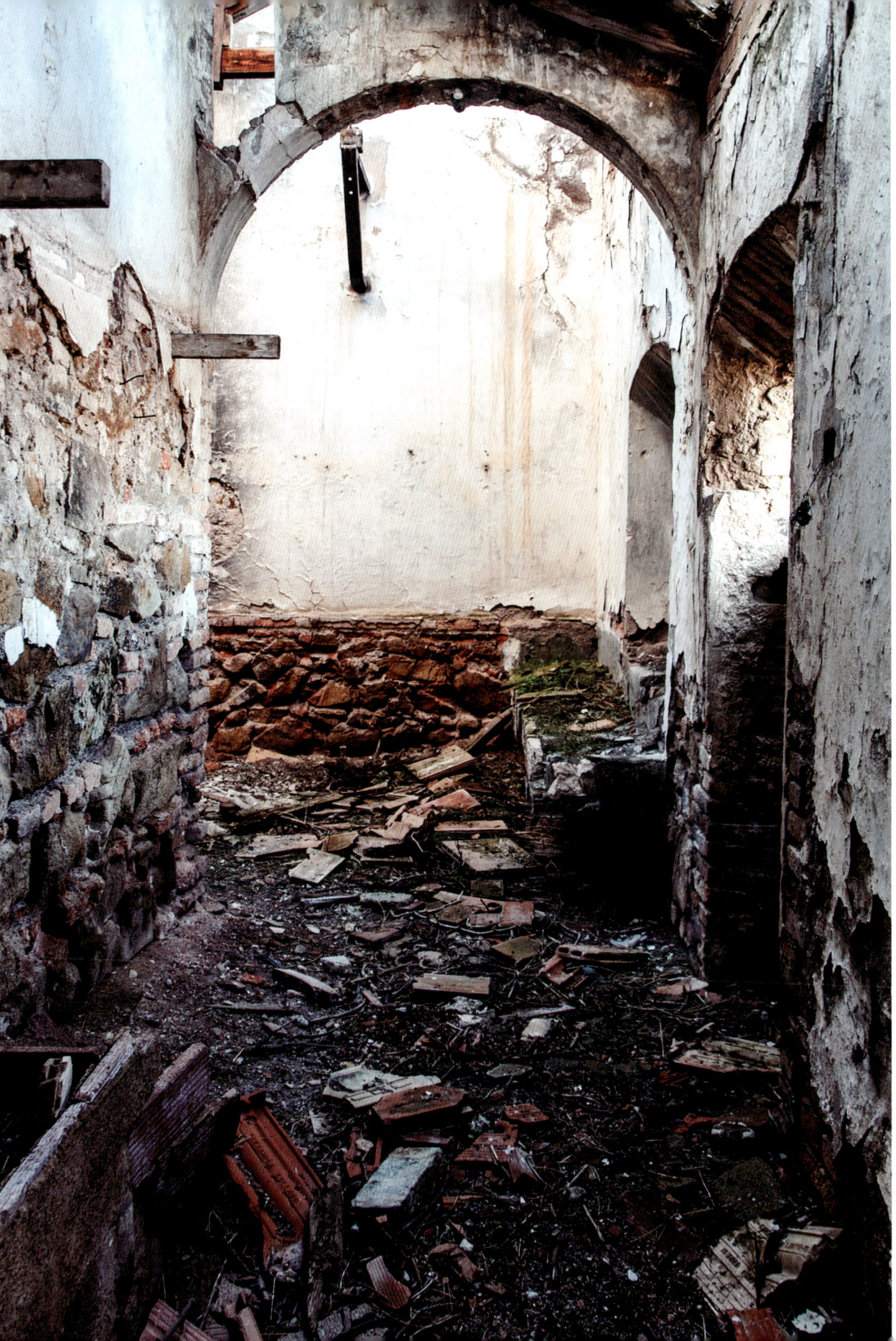

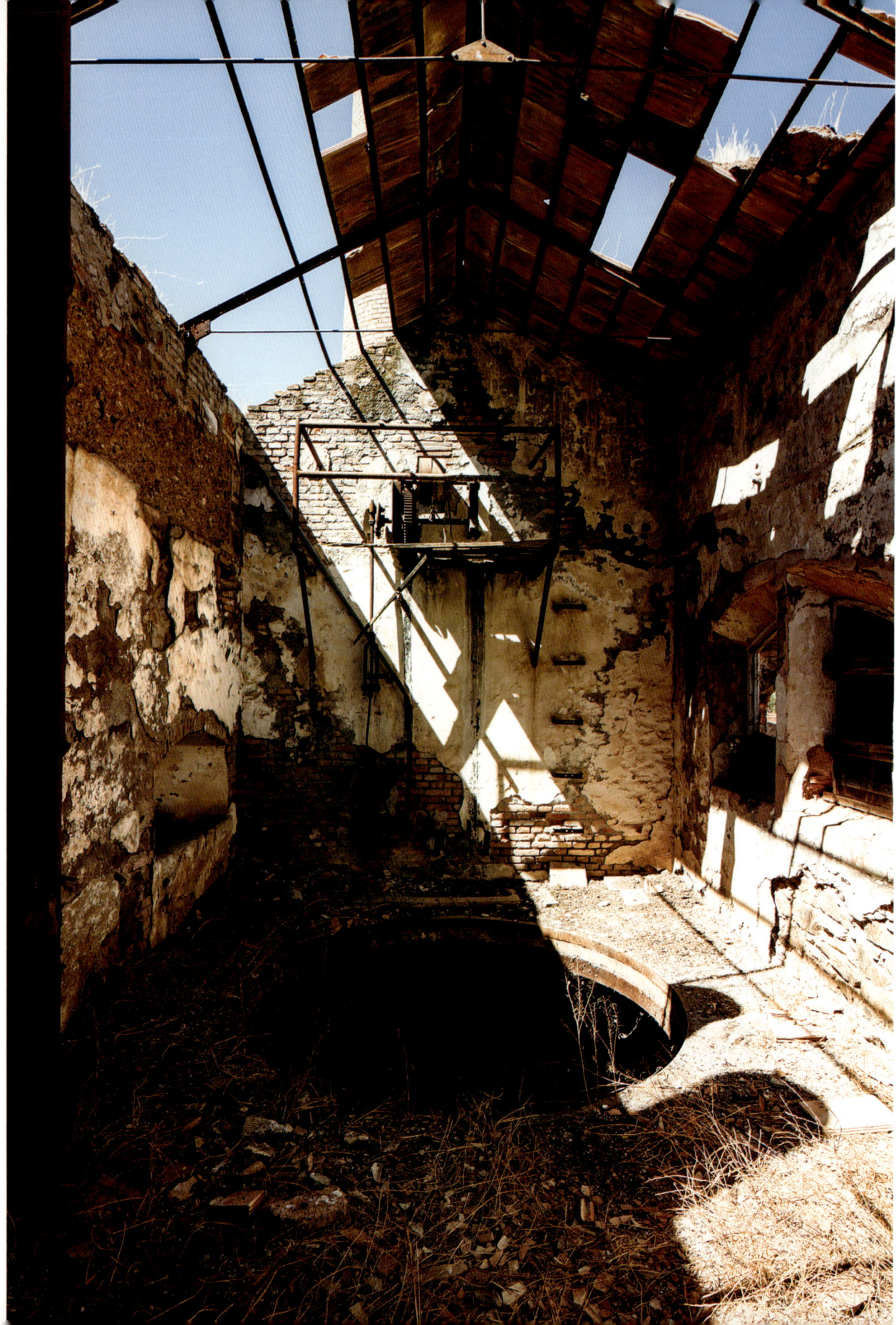

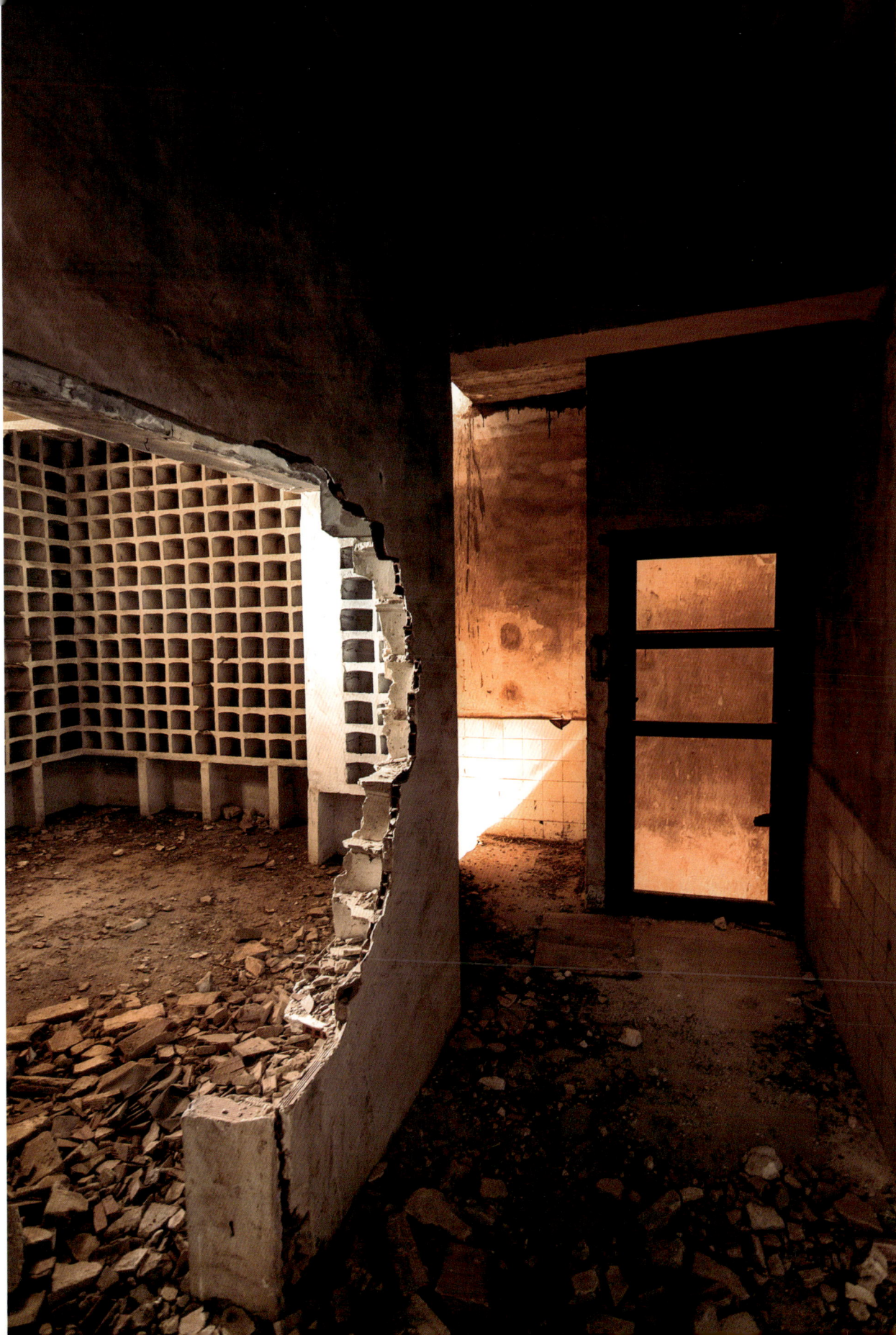

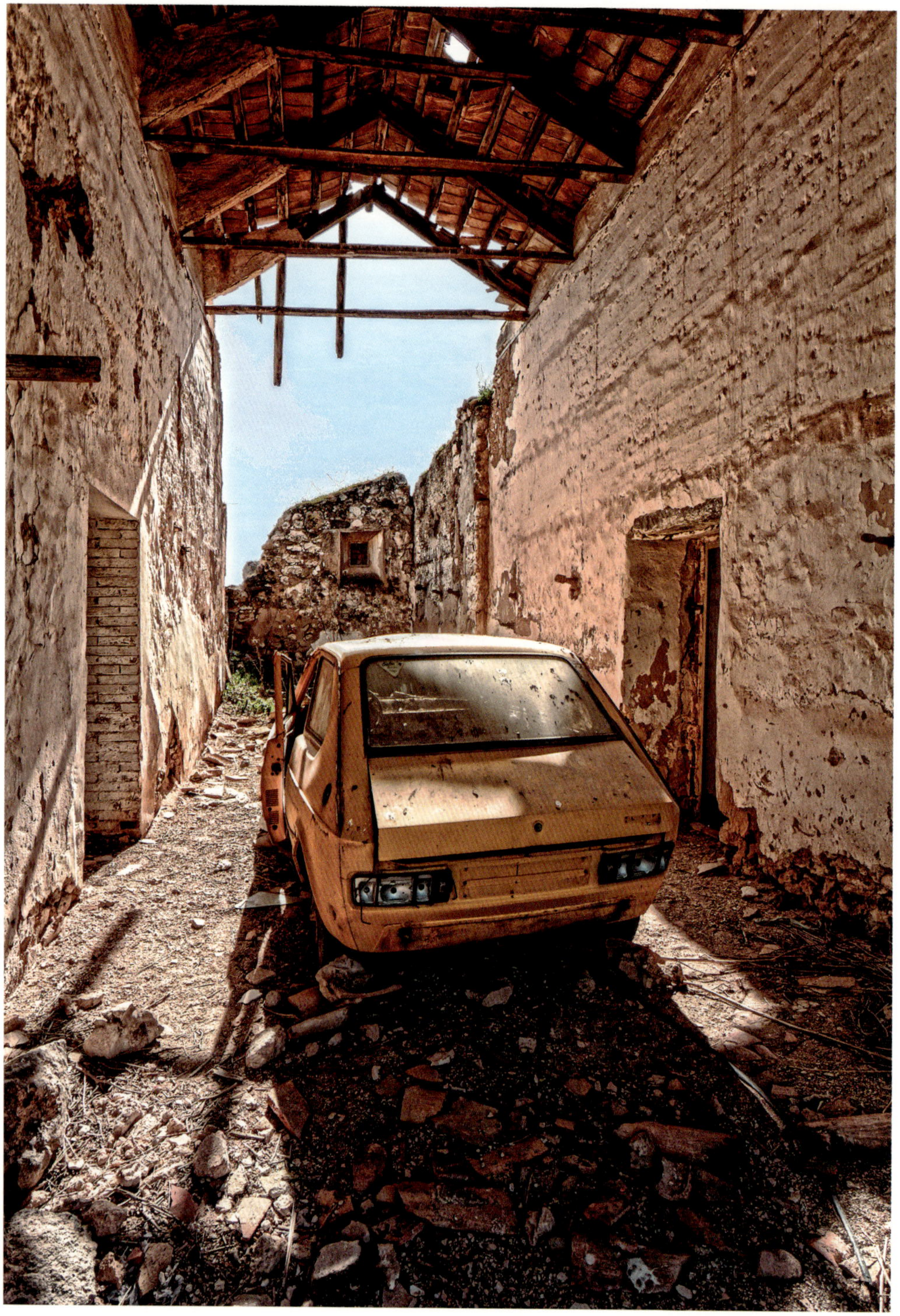

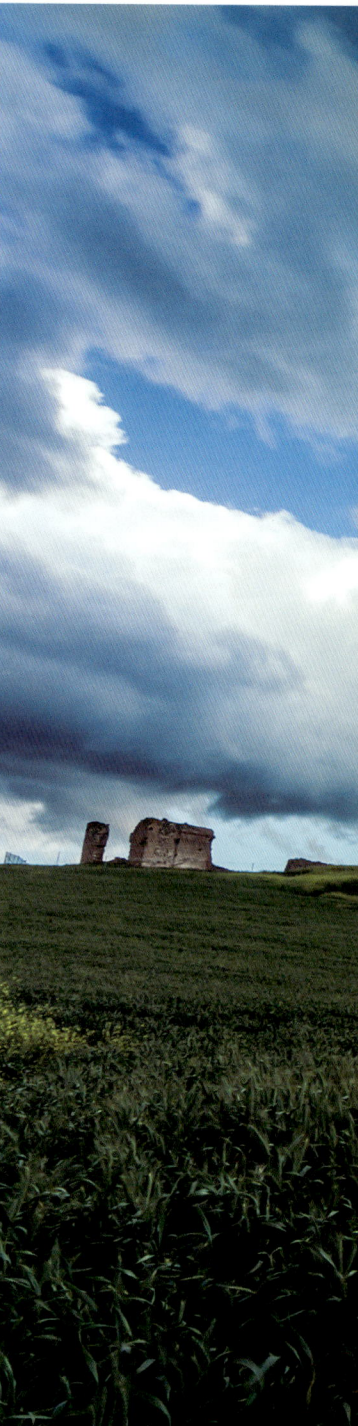

Nubes sobre los restos del castillo de Ciruela y otras sorpresas escondidas en los caseríos abandonados del paraje.

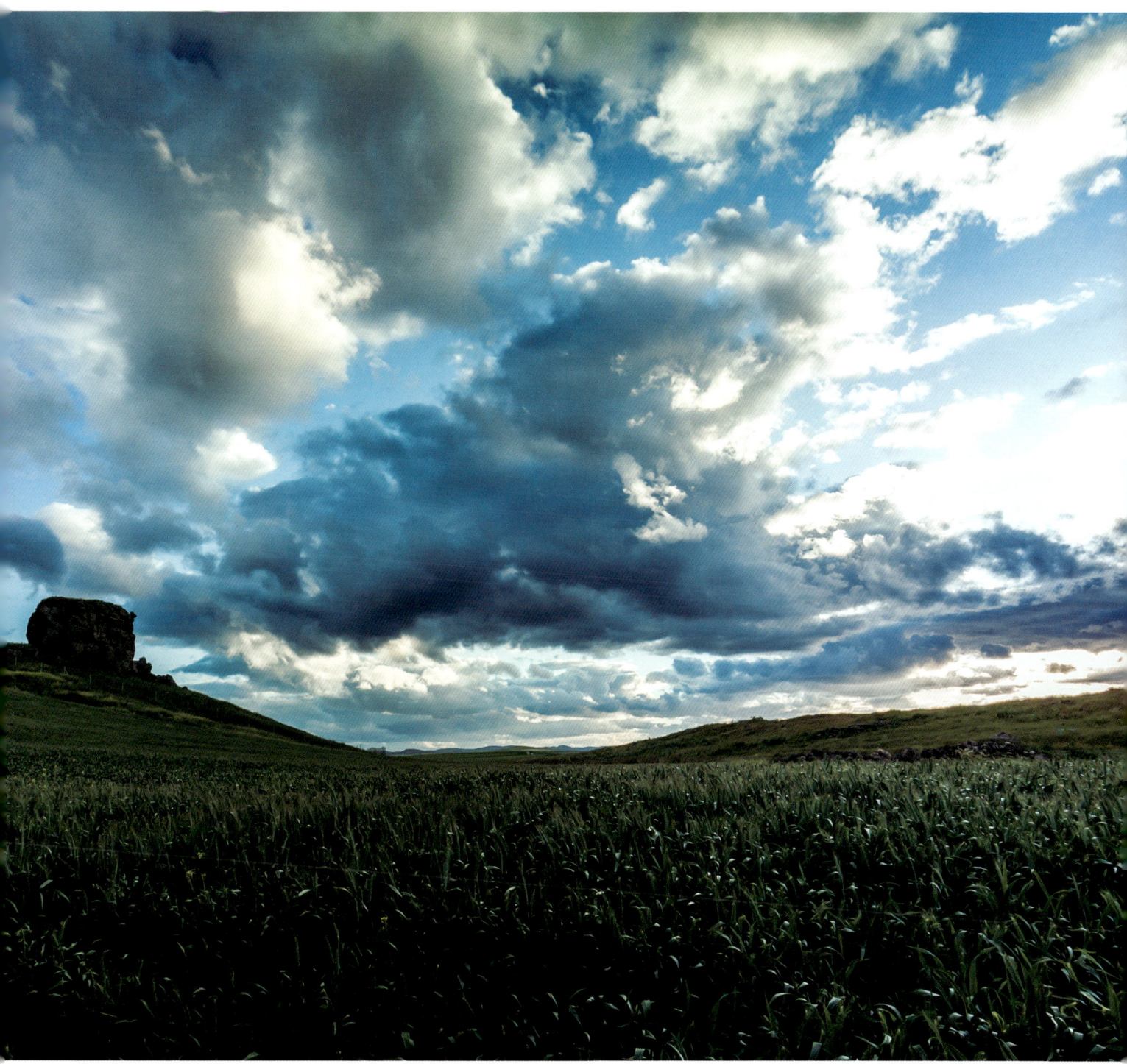

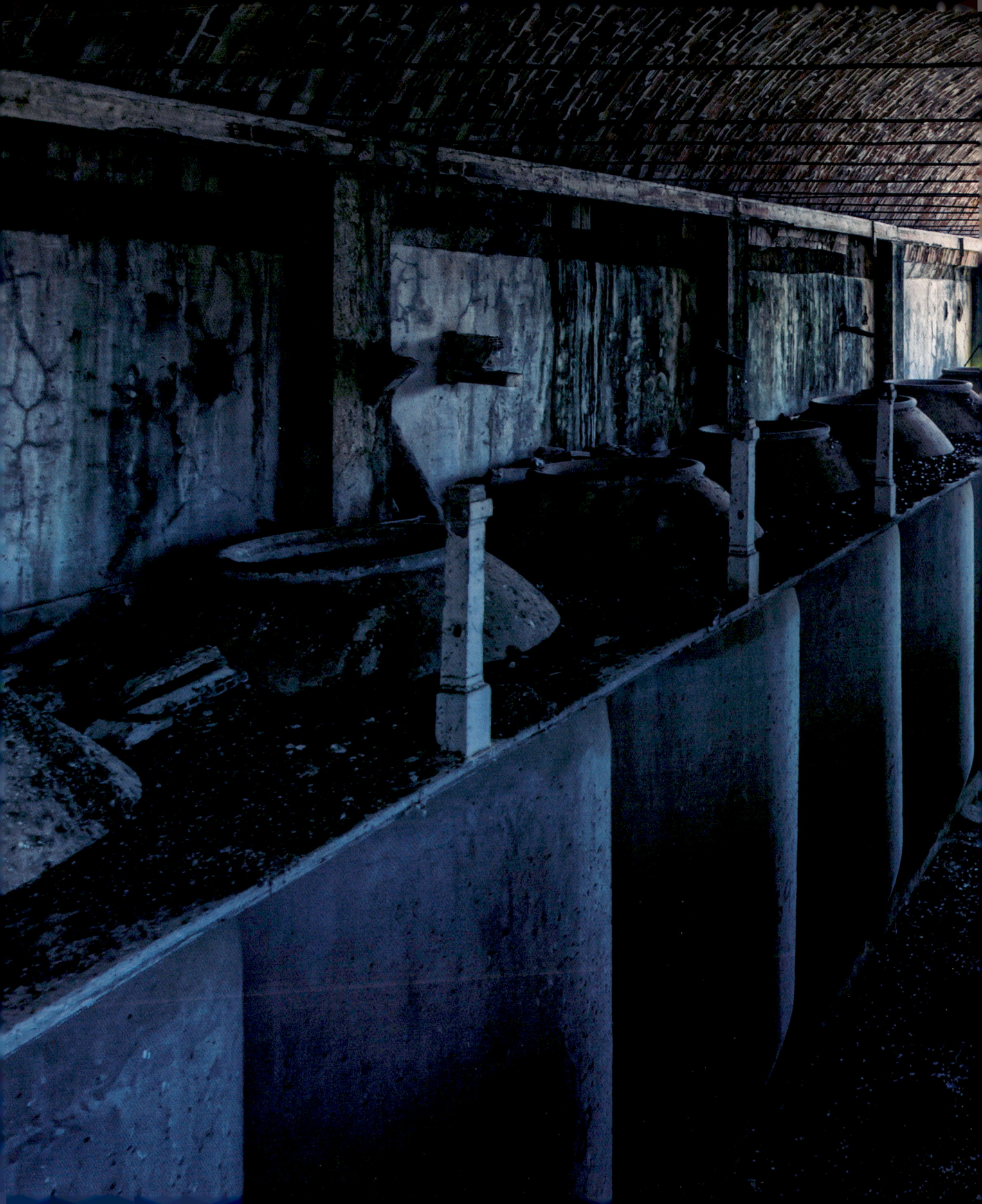

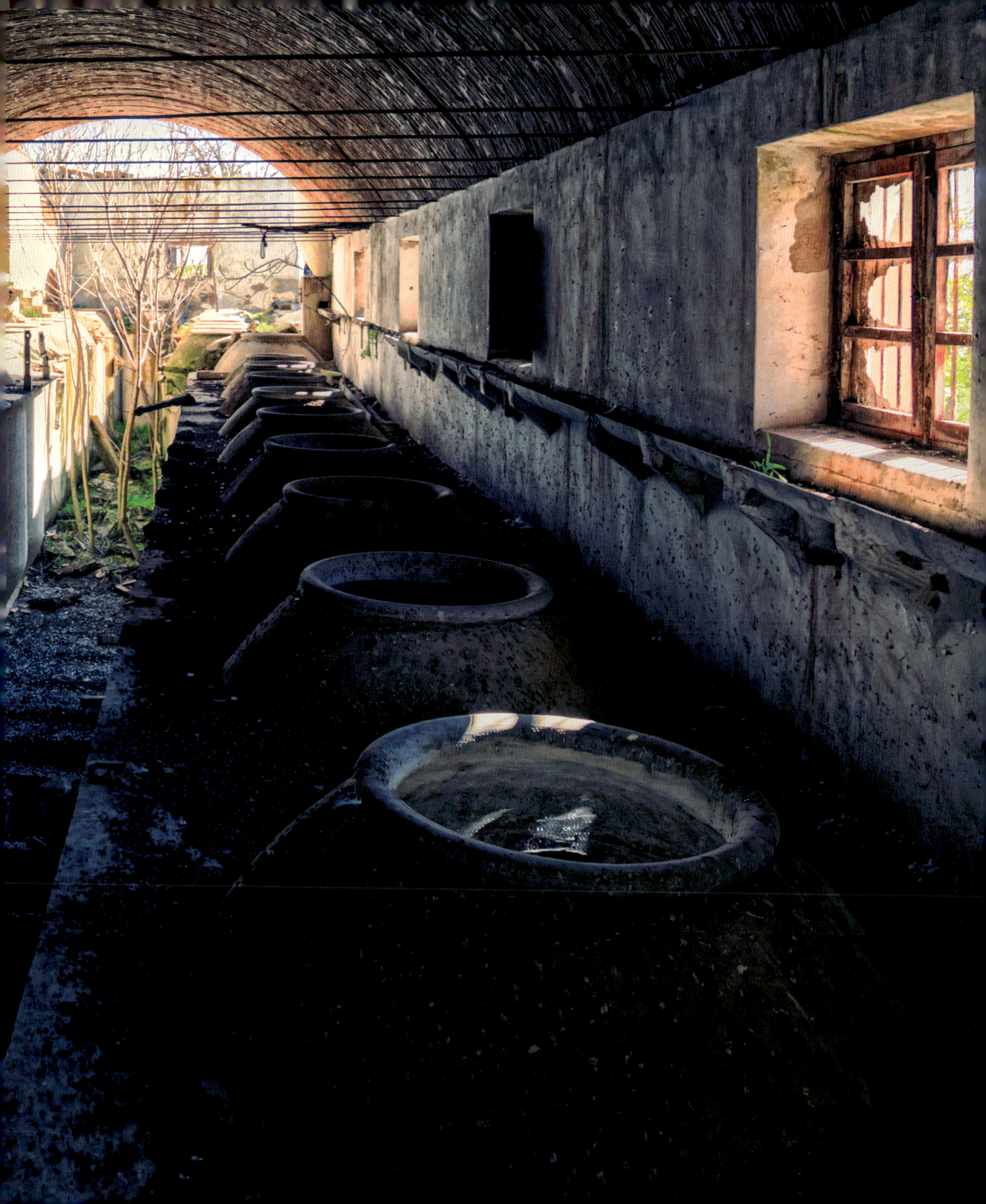

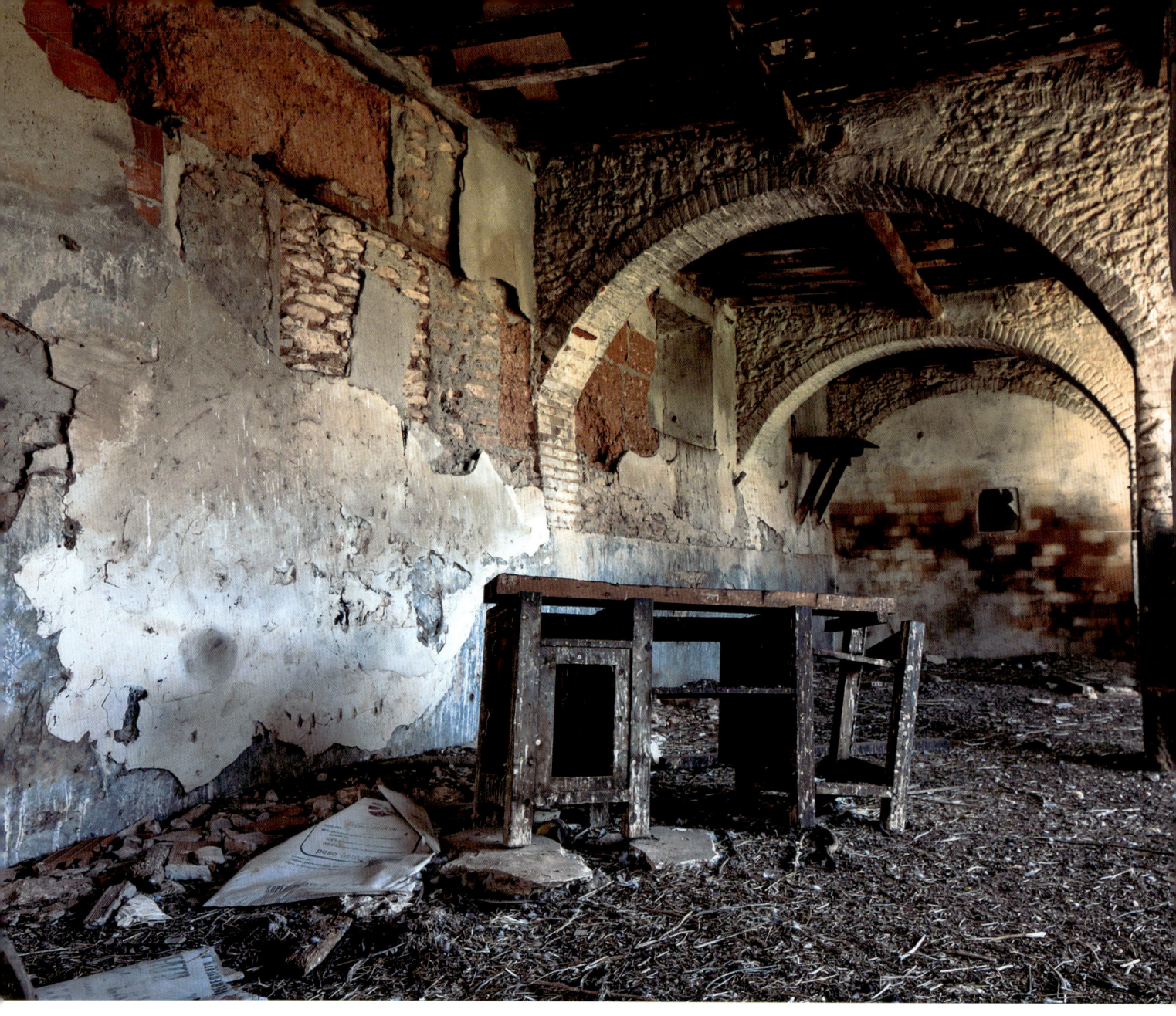

El progreso hizo que las quinterías, donde los mozos residían durante varios días en el lugar de trabajo para no perder el tiempo en traslados, dejaran de tener sentido y fueron también abandonadas. En Casablanca, cerca de la localidad de Daimiel, quedaron los restos de una enorme bodega con decenas de tinajas y otras estancias para animales y cultivos. La maleza lentamente va recuperando el terreno y algún grafiti puede verse.

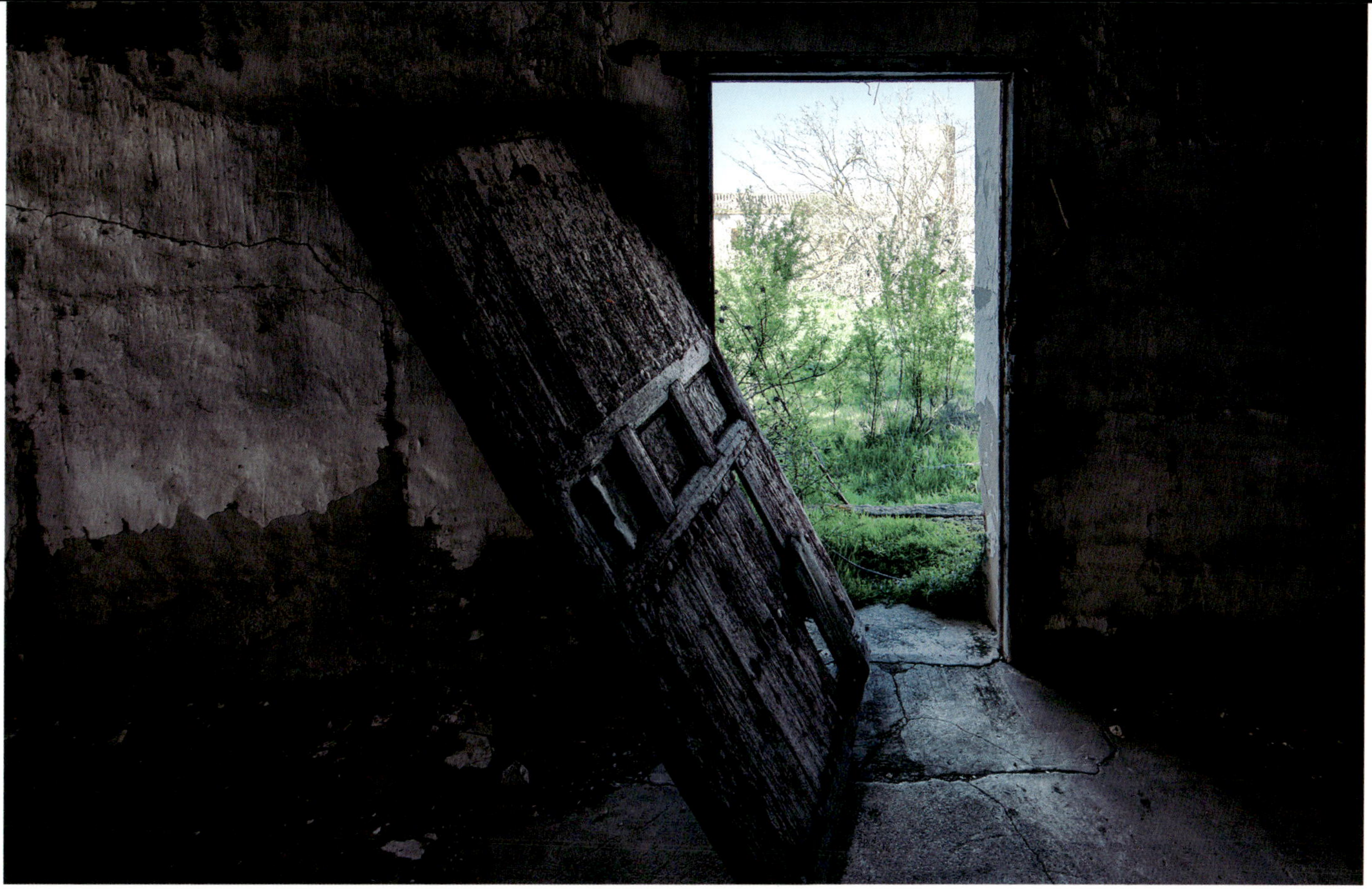

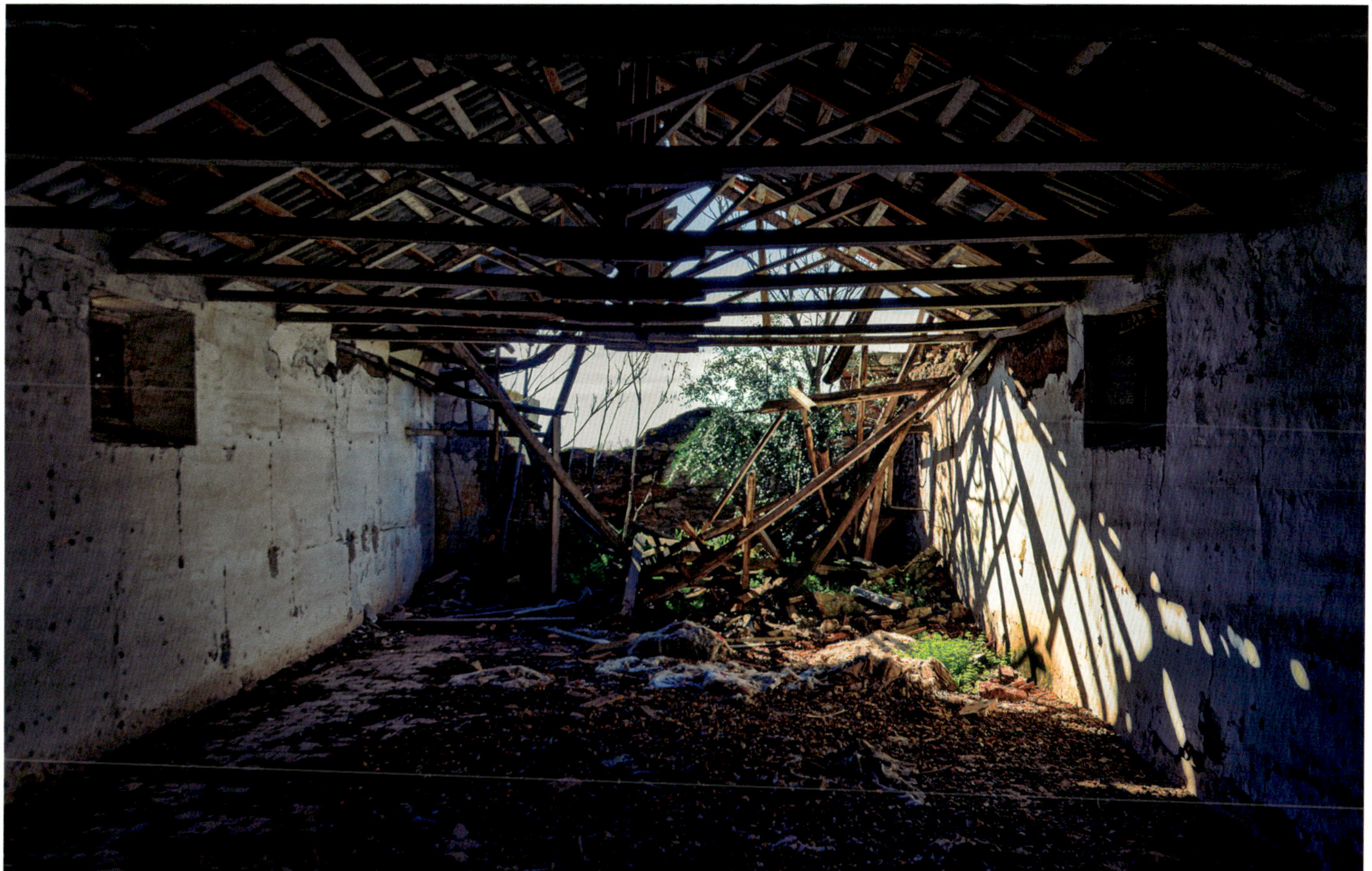

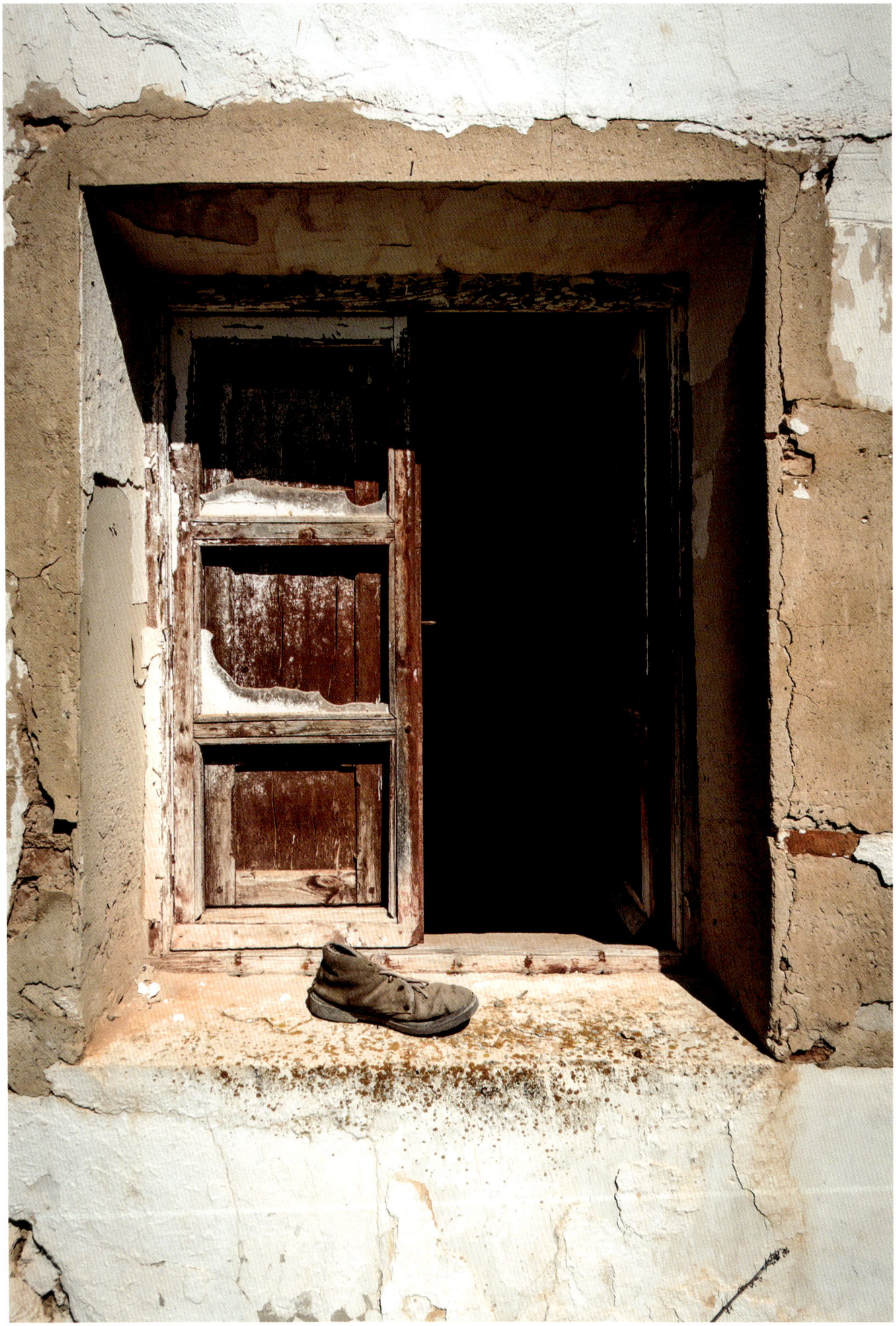

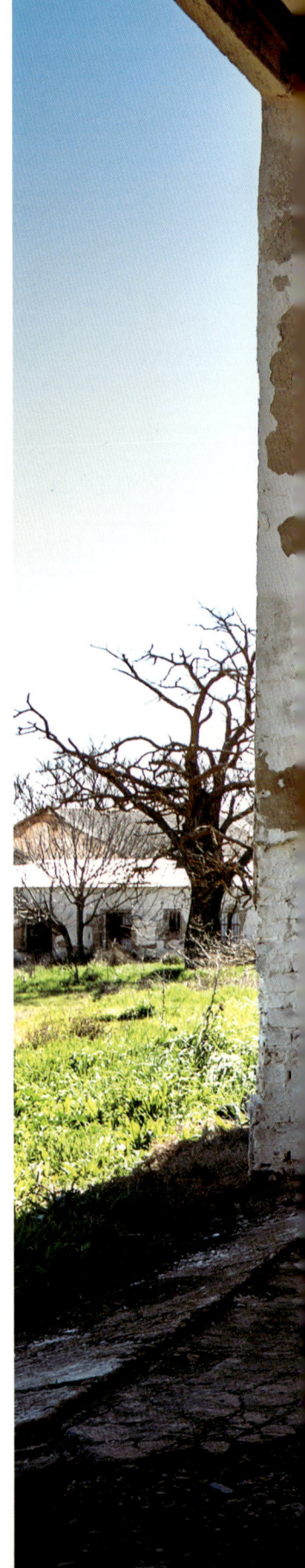

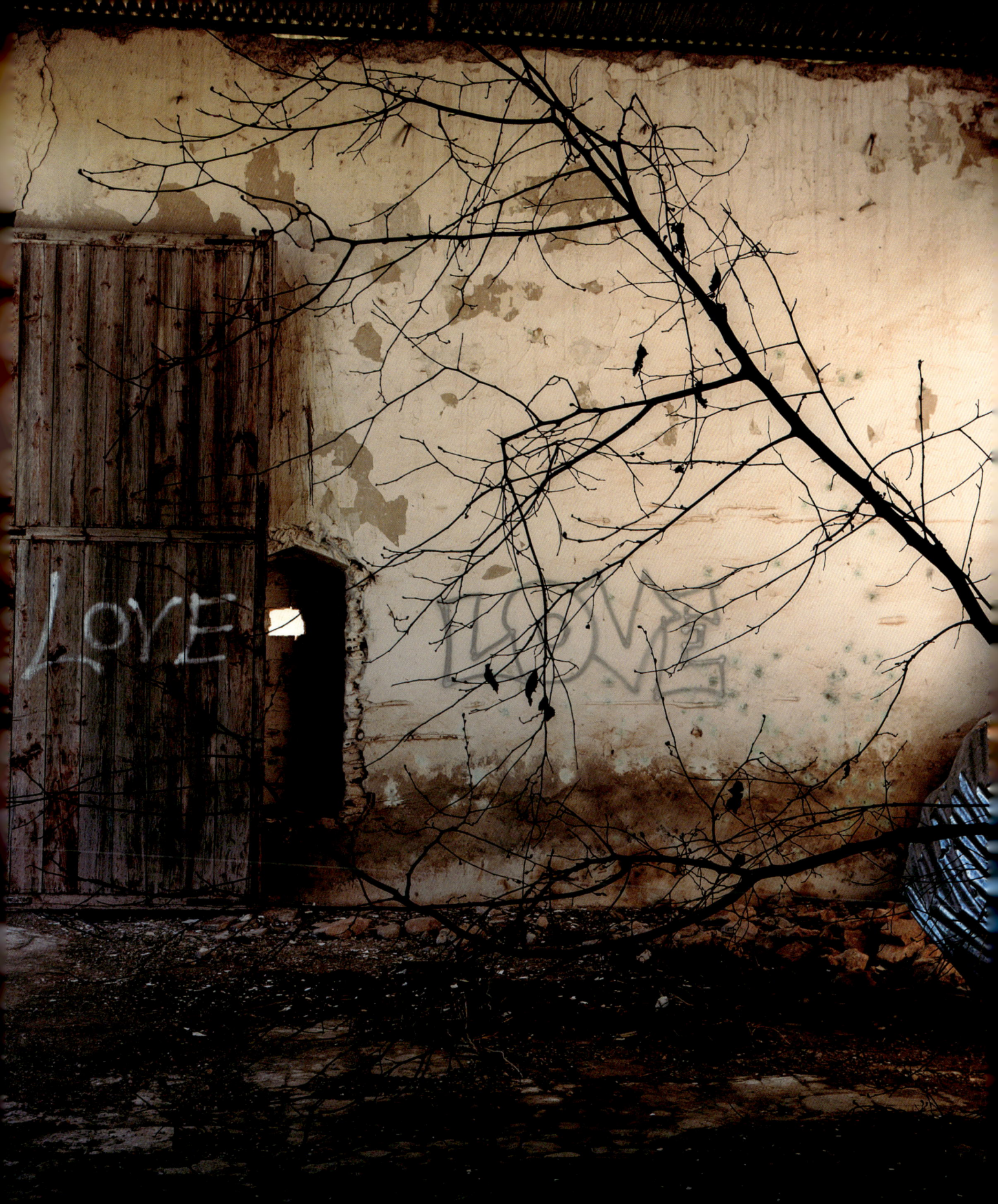

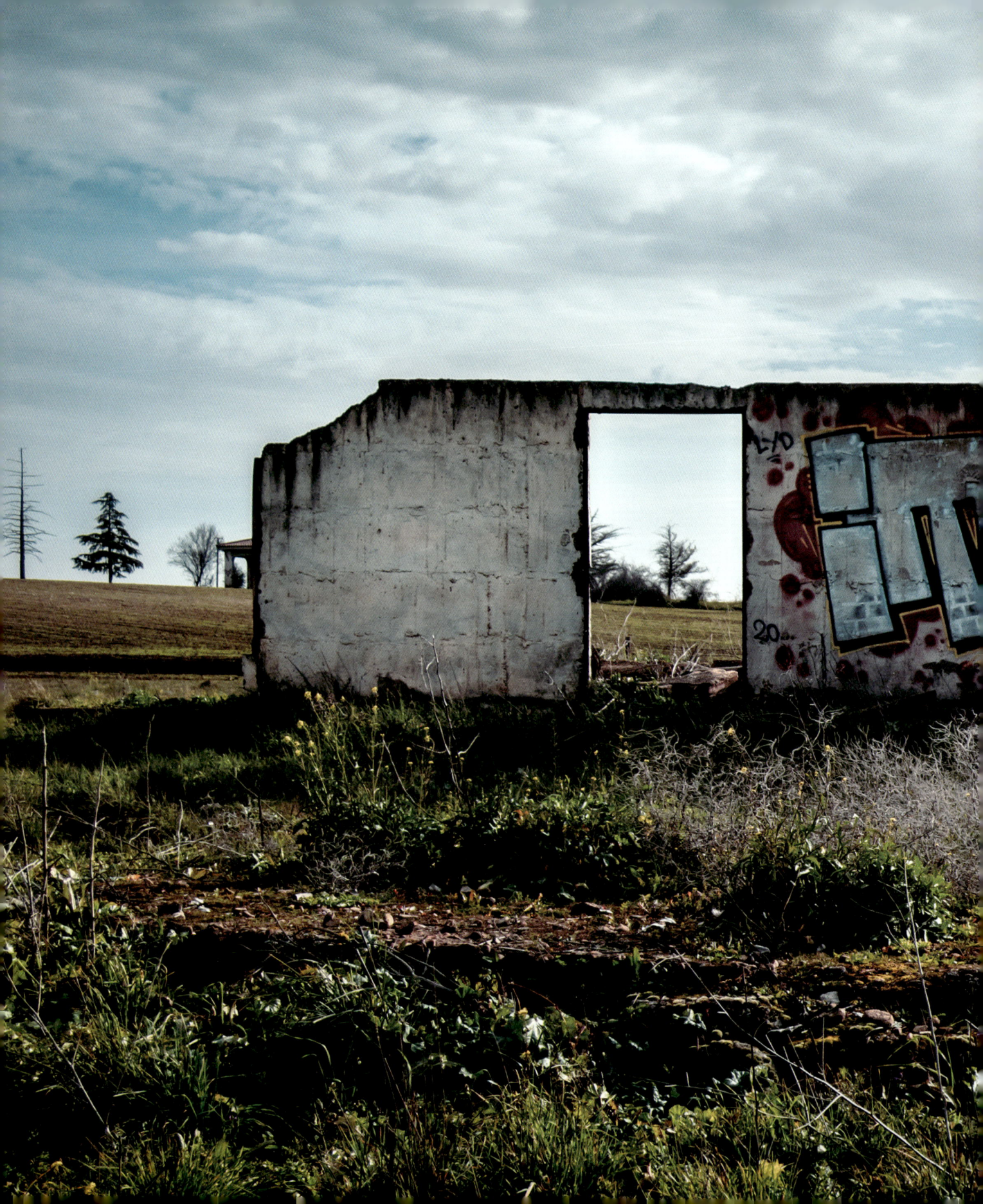

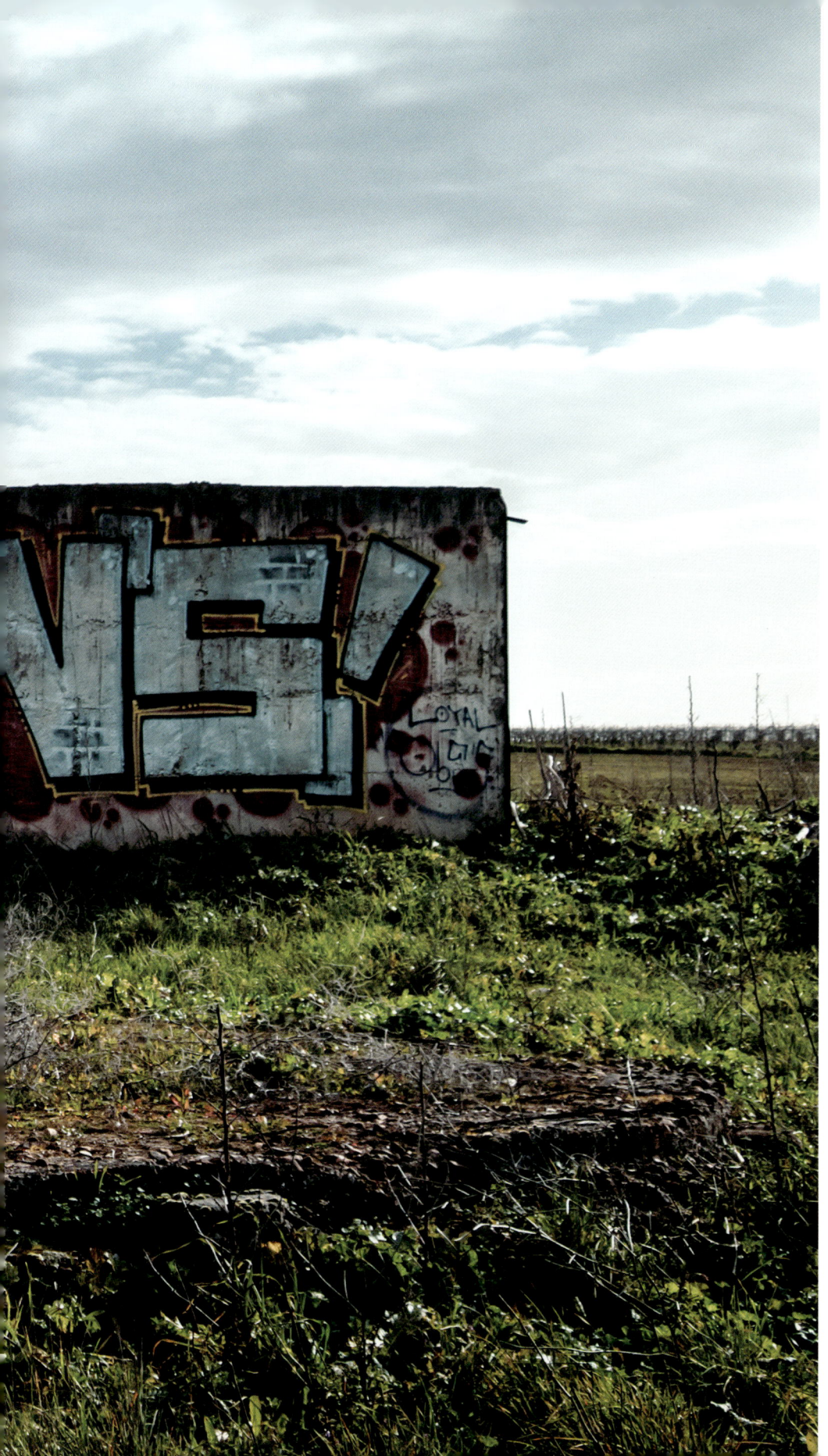

Una última pared en pie de una casa de campo, buen sitio para una firma artística con pintura en espray.

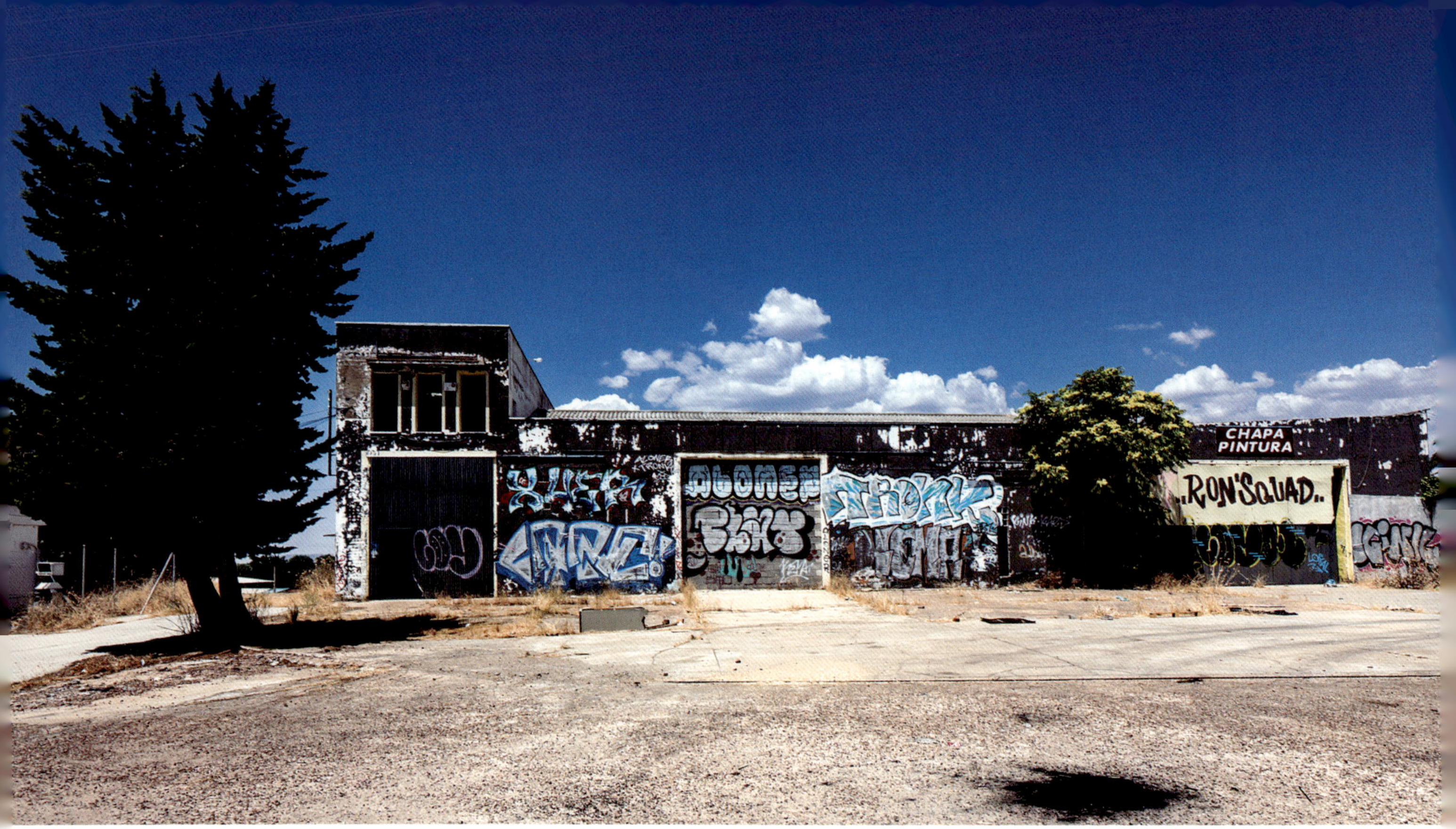
CHAPA
PINTURA
RON'SQUAD

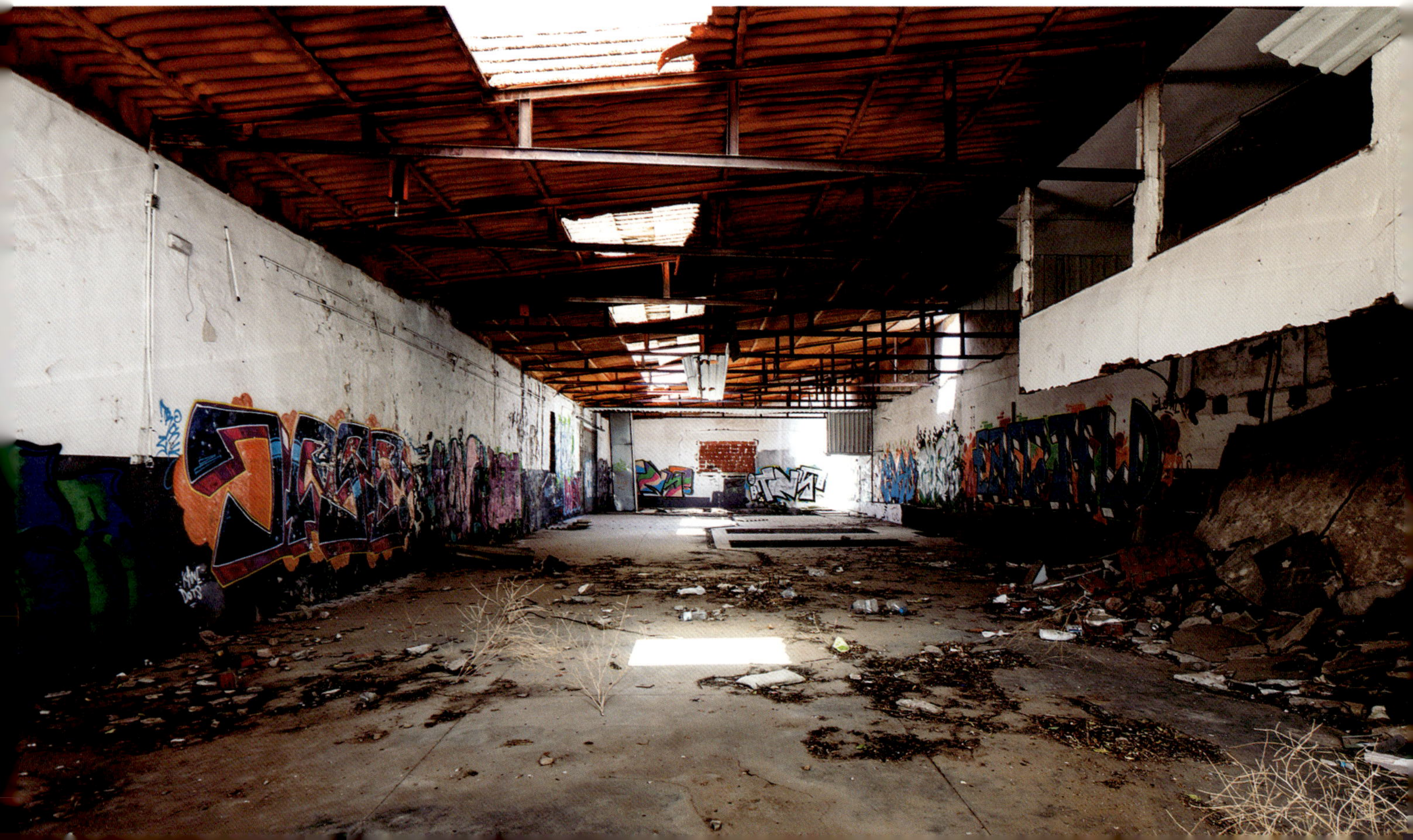

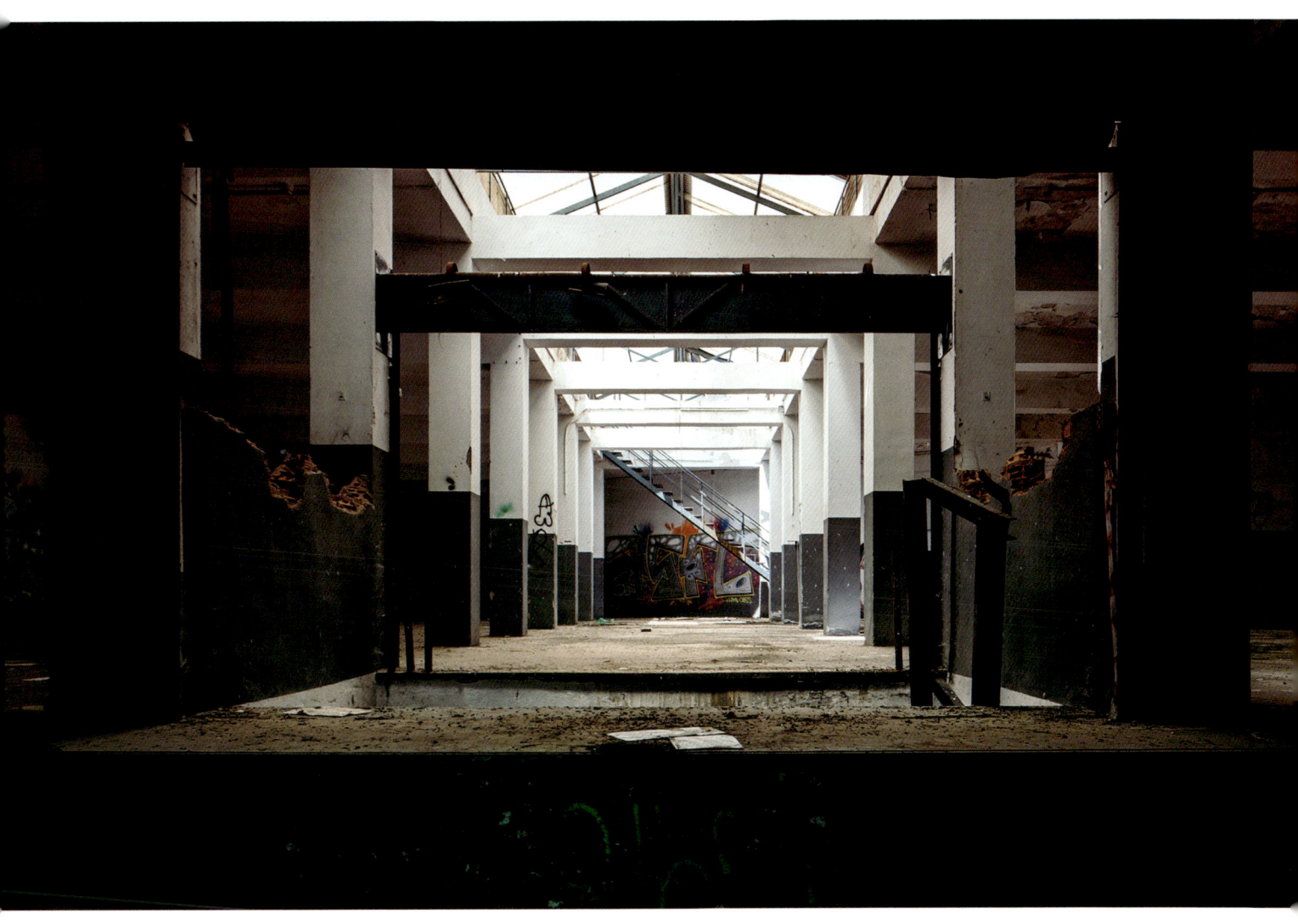

De tiempos más modernos, hasta talleres de reparación de vehículos han sido abandonados y dejados al paso del tiempo y los grafiteros. Este, en la localidad de Malagón, poco a poco se va transformando en algo distinto a lo que un día fue.

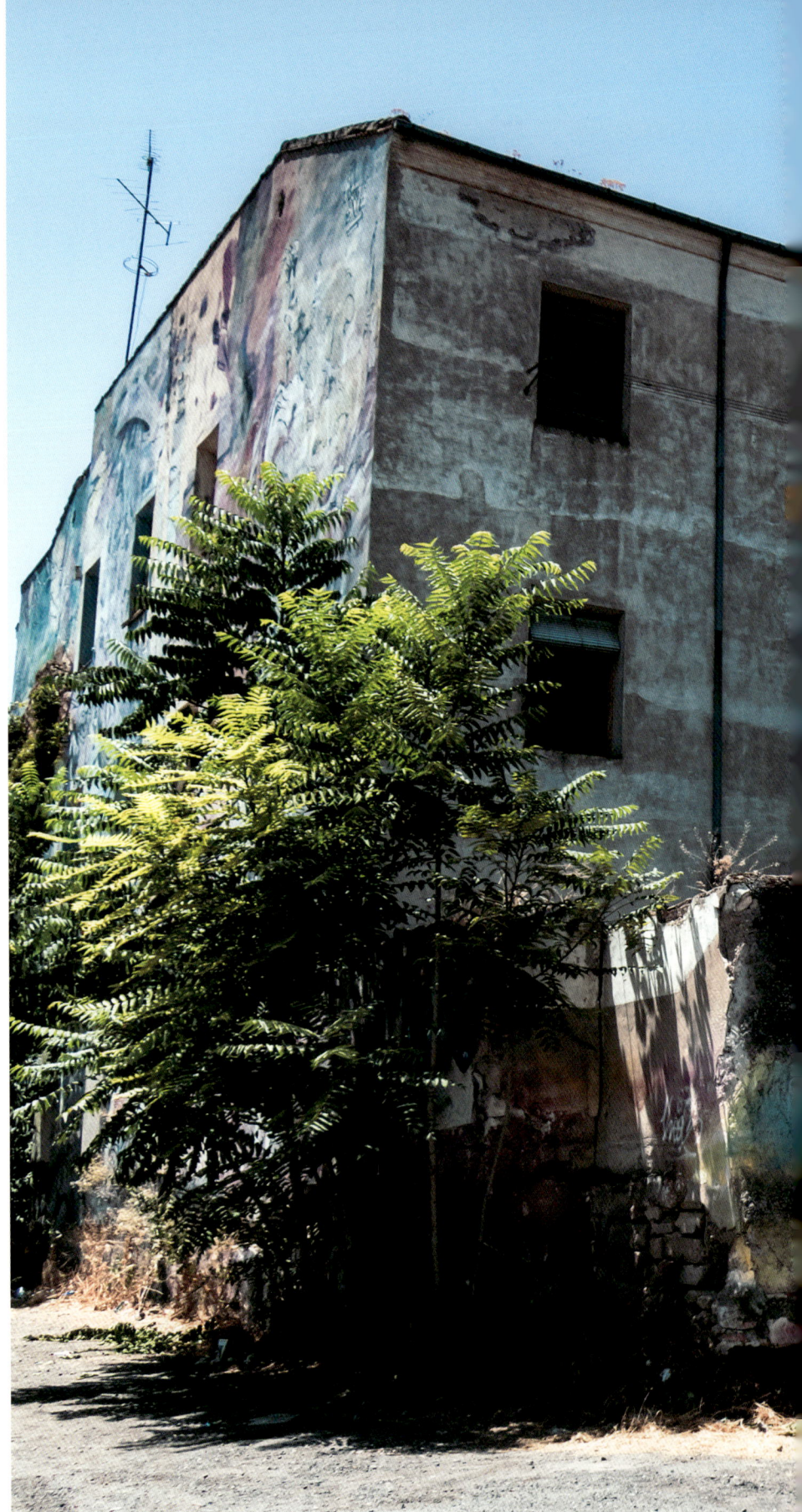

'La Casa del Parque', en Ciudad Real, referente del movimiento okupa, mezcla de grietas y pintura en espray.

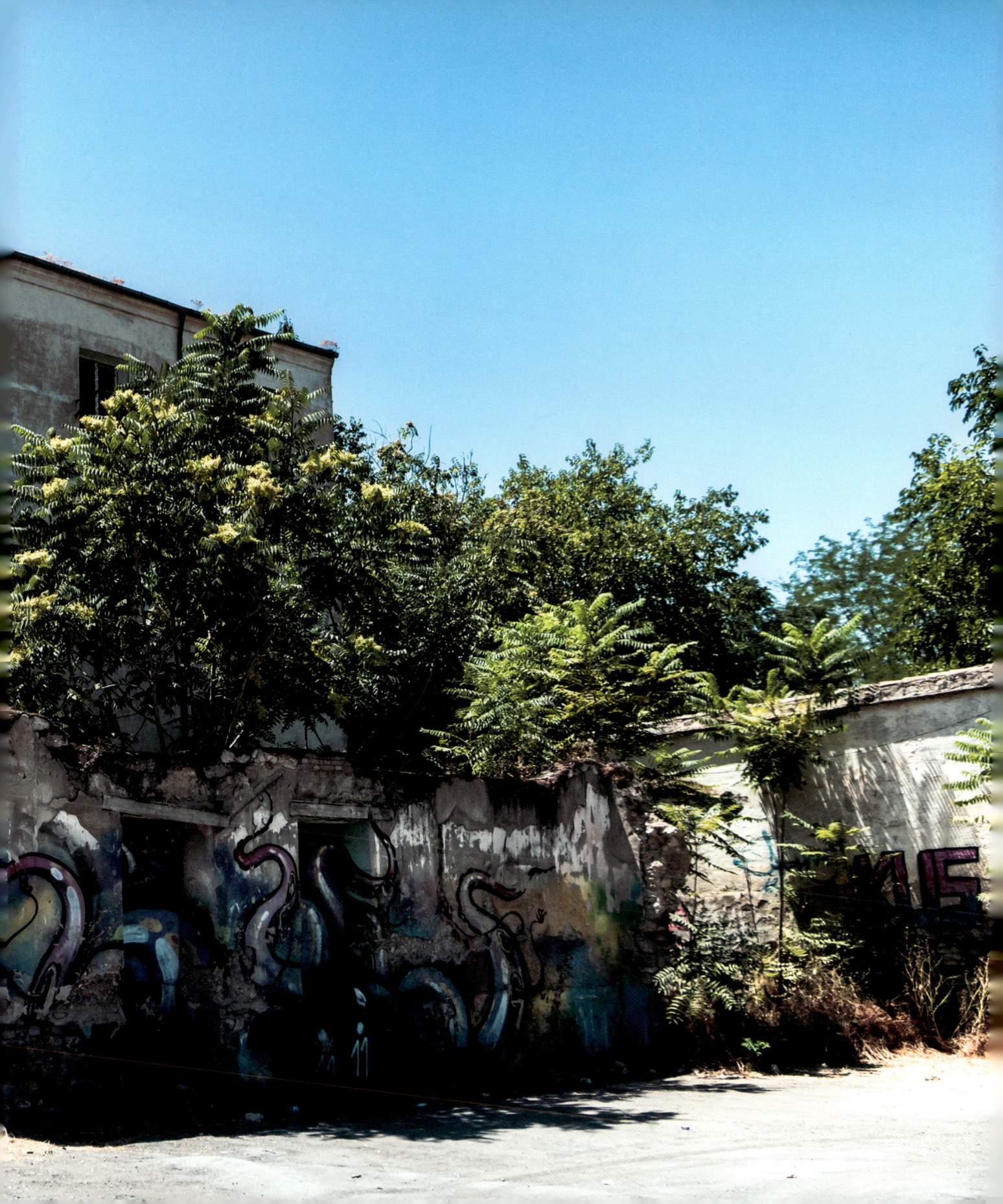

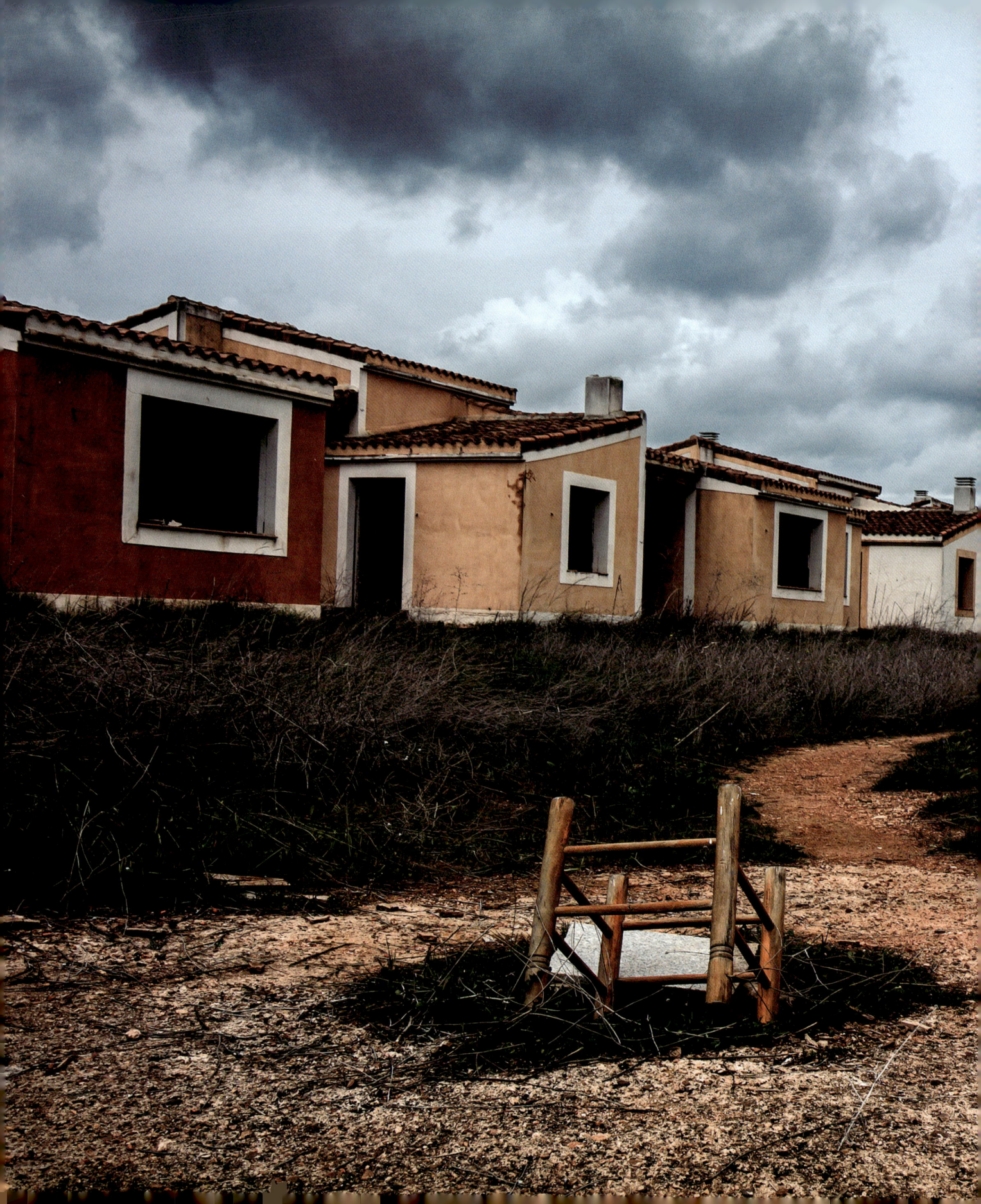

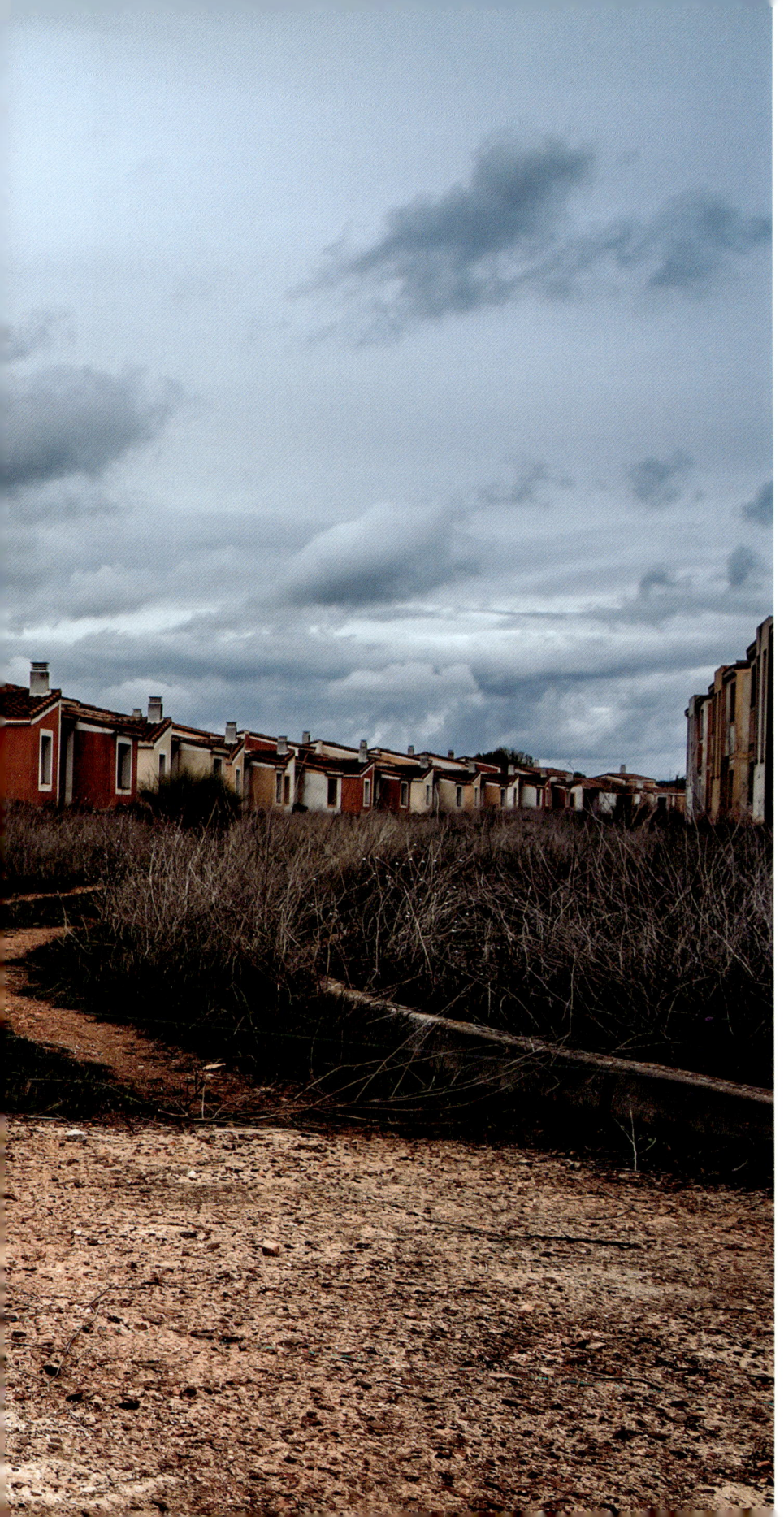

Parajes que tienen un uso durante años y luego son abandonados, transformándose en otra cosa. Hay sitios, sin embargo, donde esa secuencia fue truncada y no llegaron a ser usados, pues no llegaron a ser terminados, pero sí abandonados. La historia yuxtapuesta que presentan, por tanto, es distinta. No existe un pasado como tal, pero sí un estado de abandono y cambio según pasan el tiempo y otros factores por allí.

En varias localidades de la provincia, así como en otros puntos del país, cientos de viviendas y otras construcciones empezaron a ser levantadas para nunca ser terminadas. Las previsiones quizá eran demasiado optimistas o las dificultades económicas devenidas frenaron abruptamente su terminación...

Poco importa ya. Ahí quedaron, cascaras vacías de unos sueños que nunca llegaron a materializarse. En las llamadas "promociones fantasma" el tiempo sigue su curso sin que haya un pasado que recrear, salvo ser testimonio de algo que pudo ser, pero nunca lo fue...

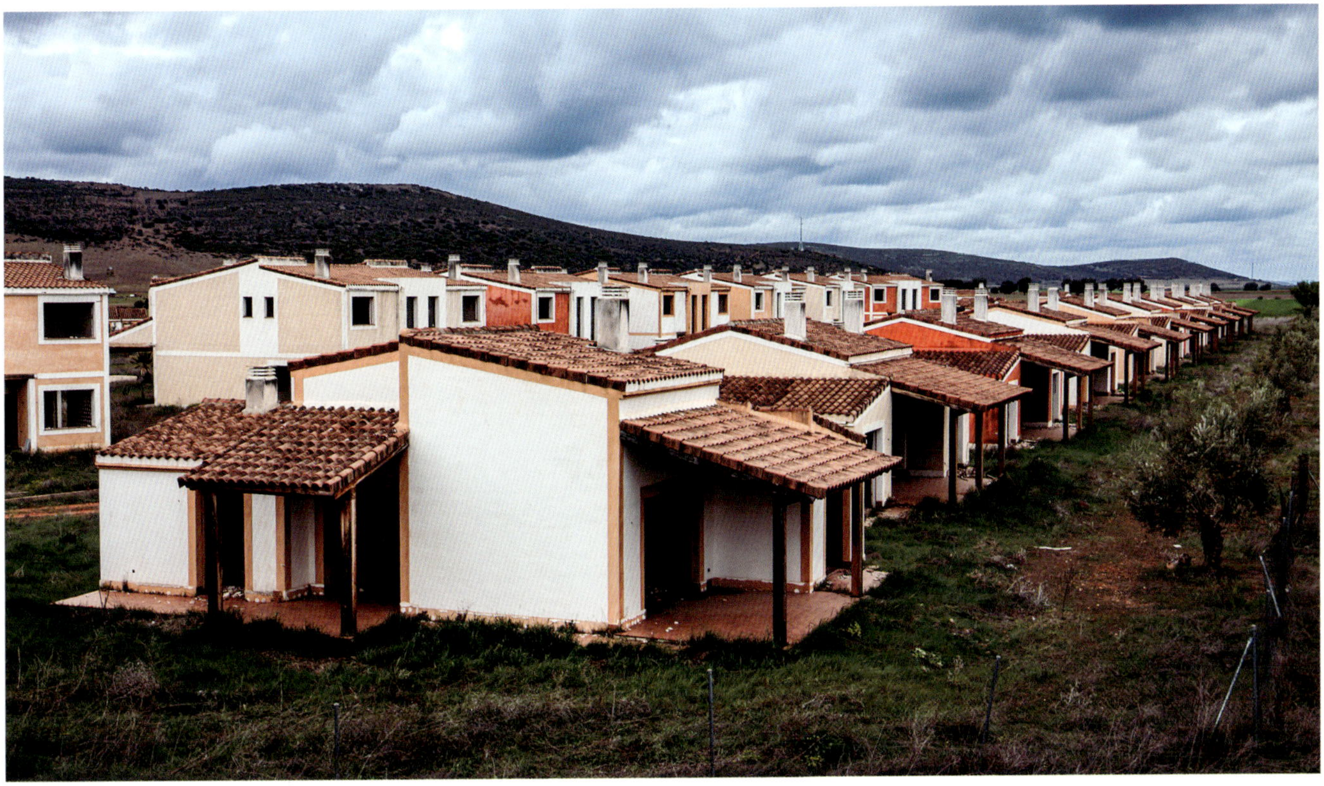

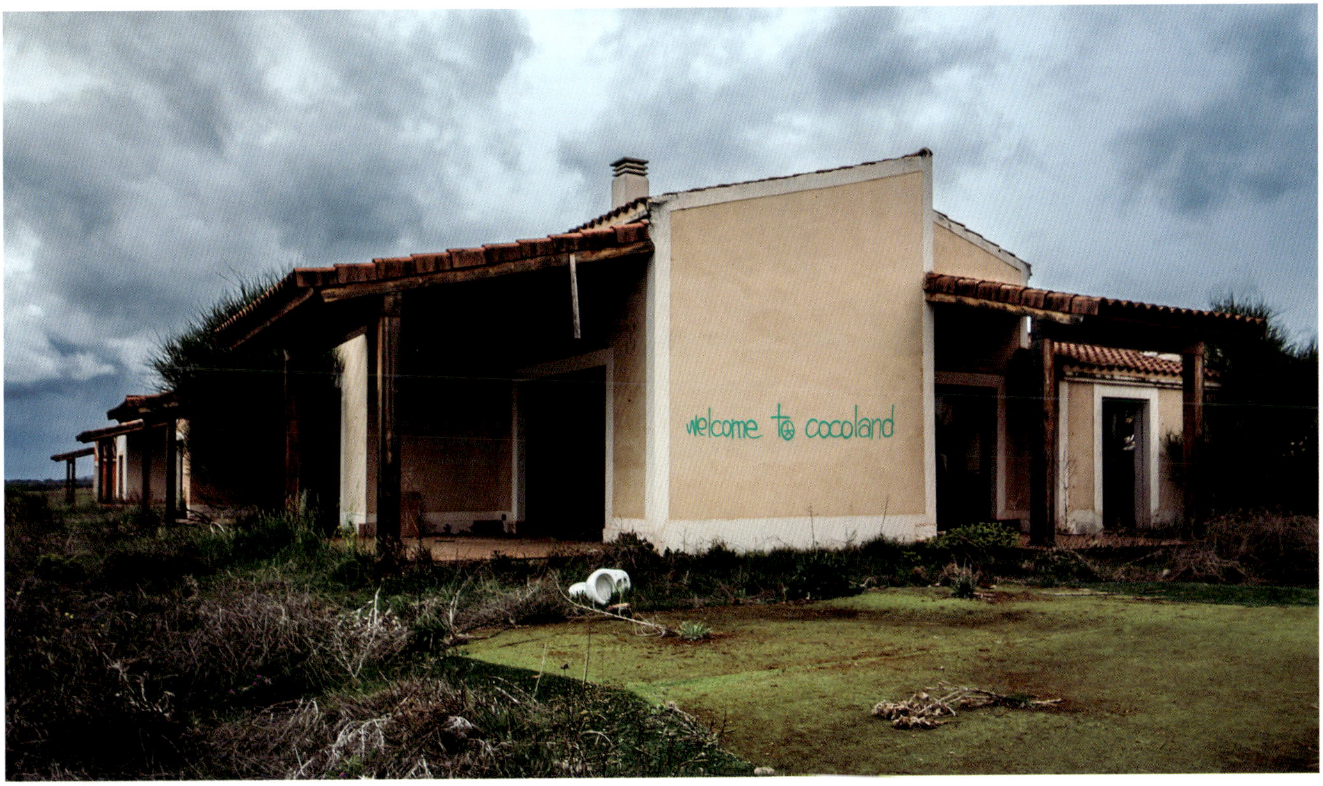
welcome to cocoland

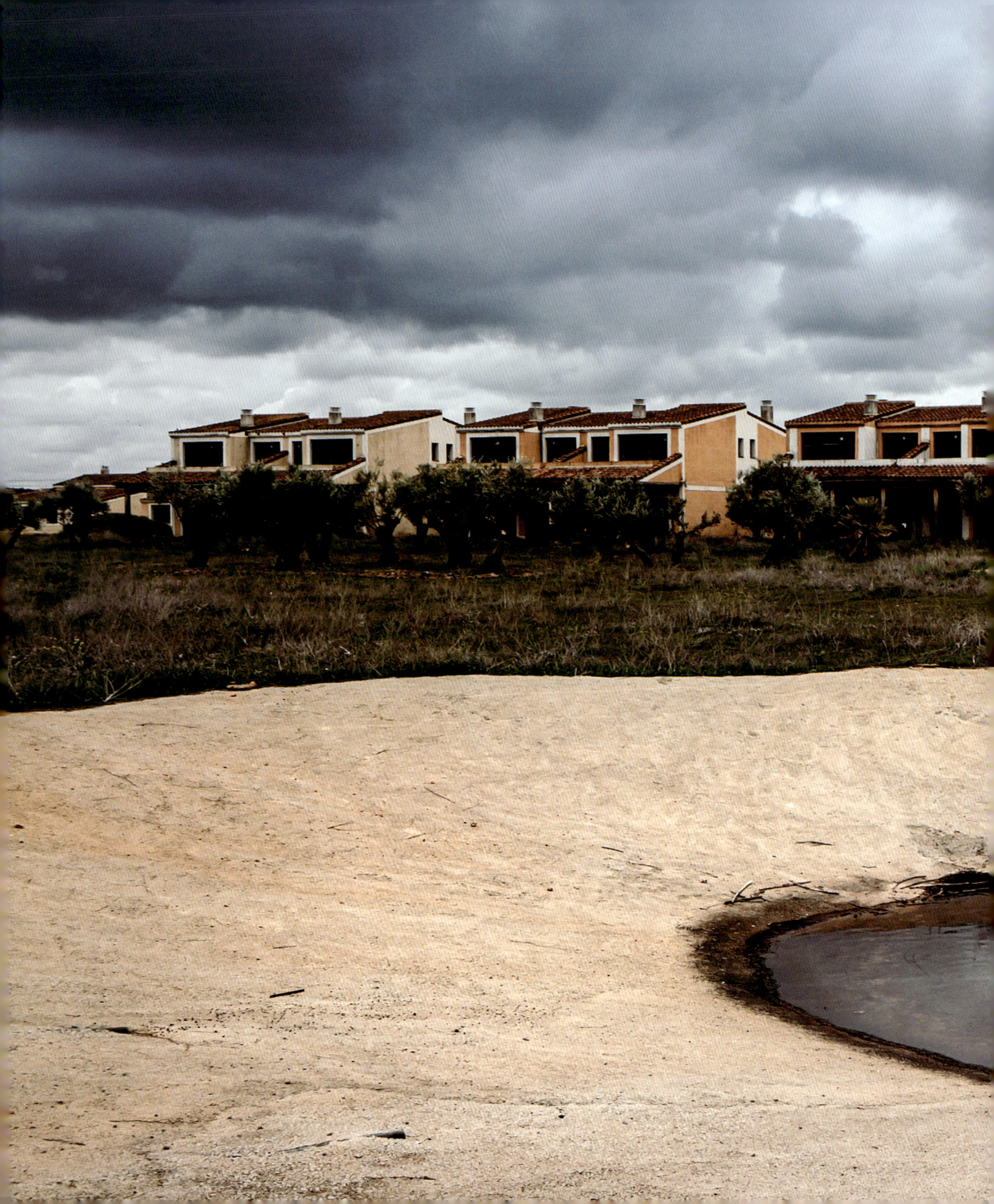

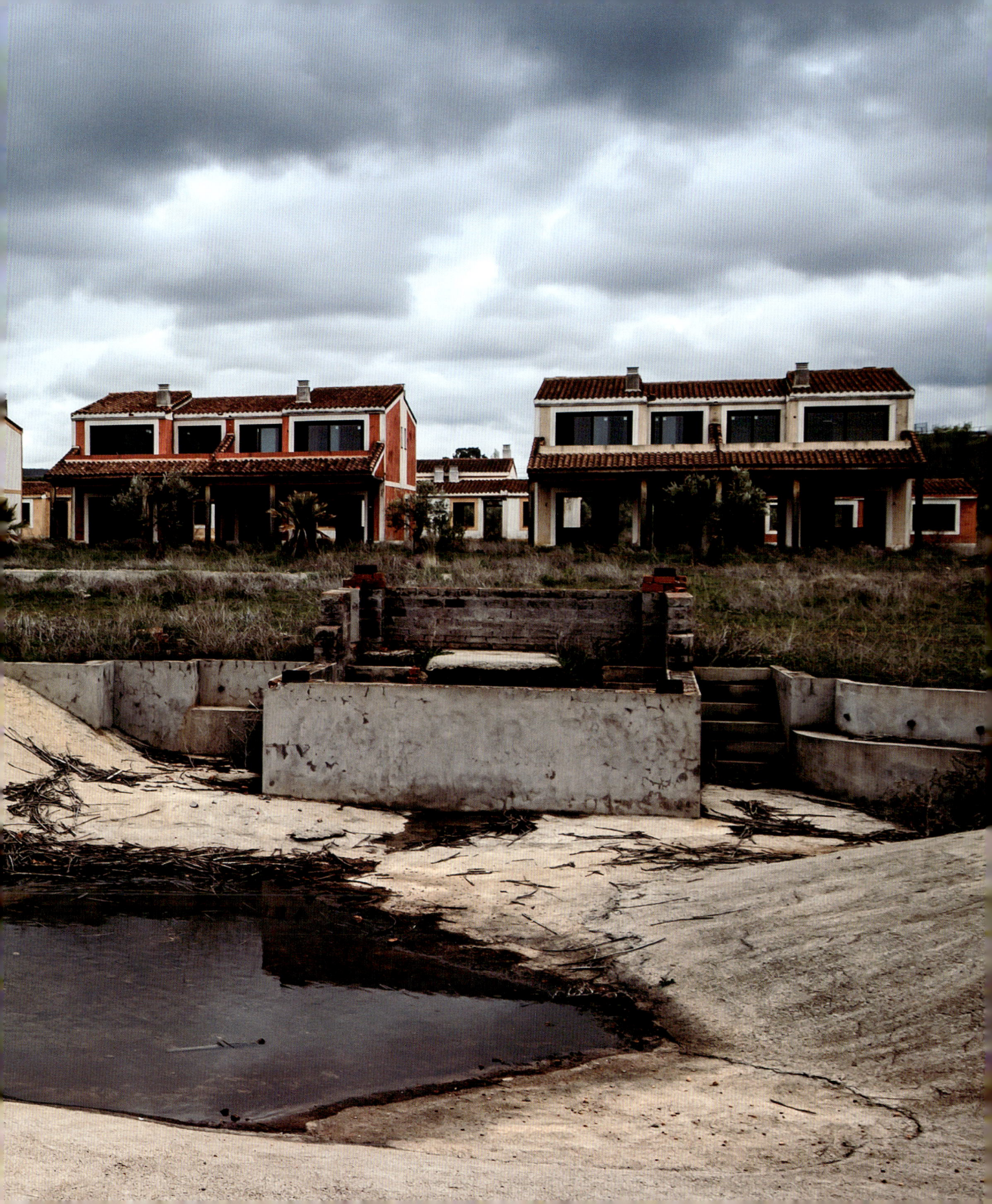

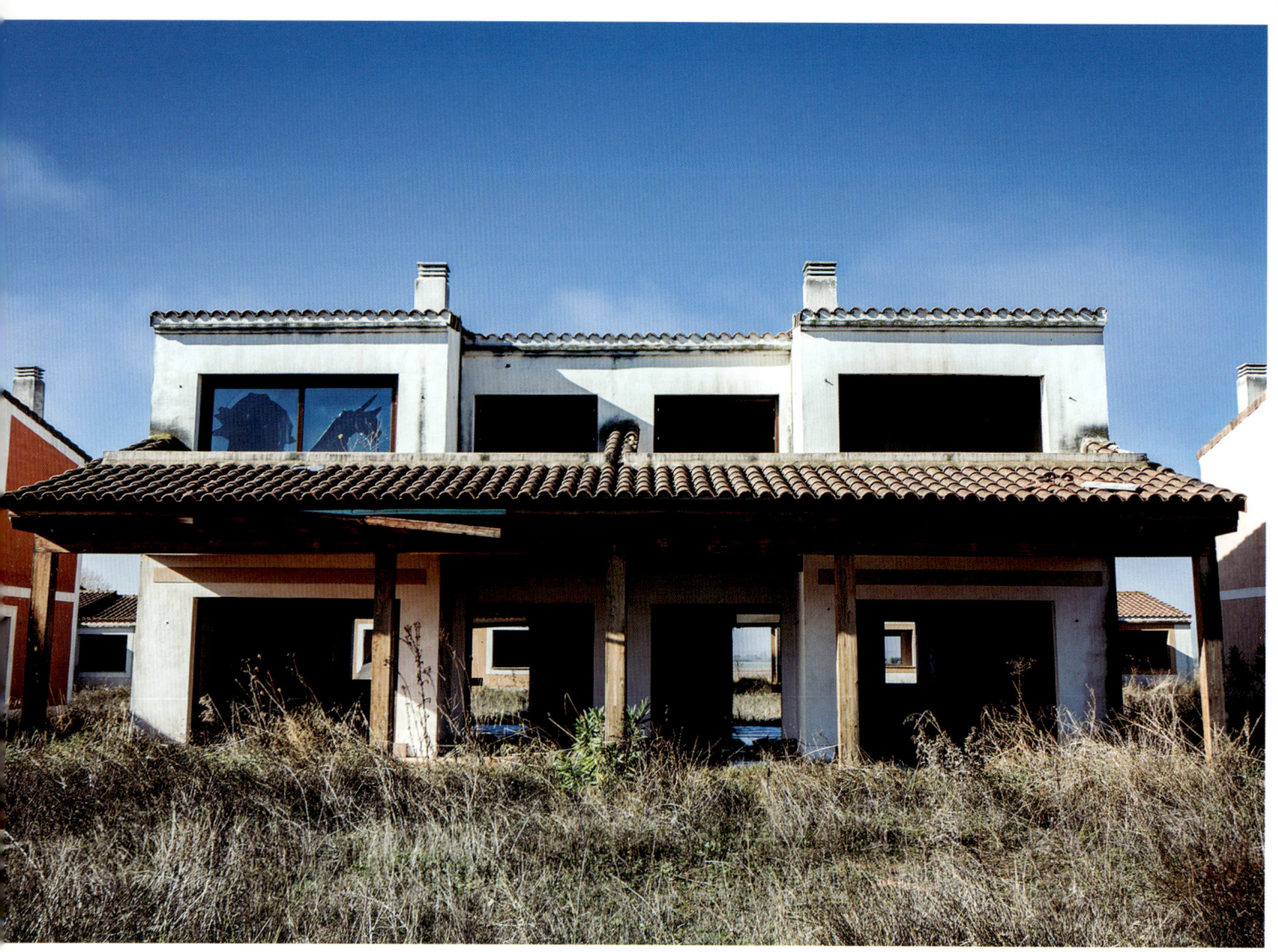

Cerca de Villamayor de Calatrava, quizá por su proximidad a un aeropuerto que nunca llegó a despegar del todo, se levantó todo un poblado de viviendas a la espera de unos habitantes que nunca llegaron. Sí lo hicieron los vándalos, que trataron con bastante saña lo construido. Los grafiteros añadieron algunas notas de color.

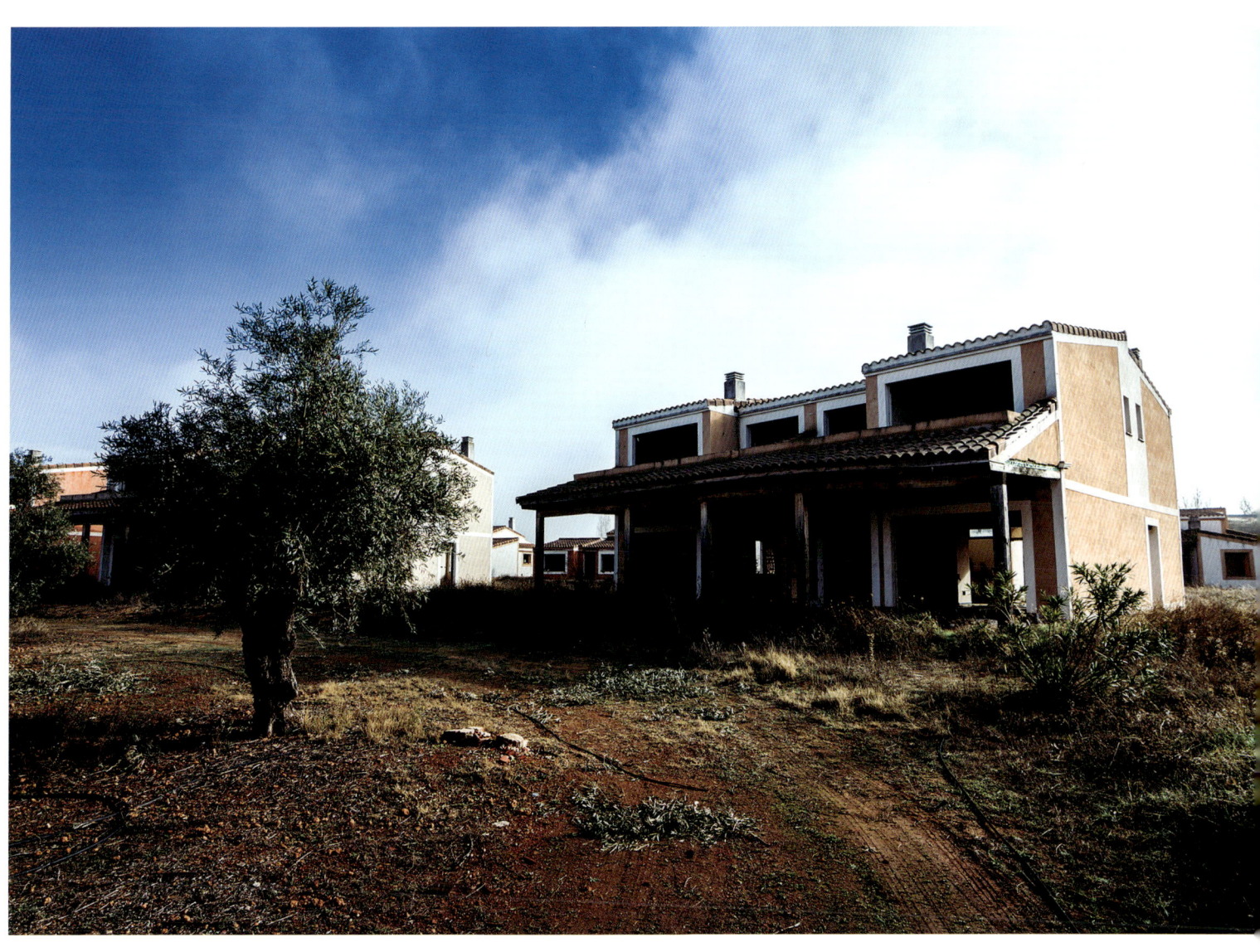

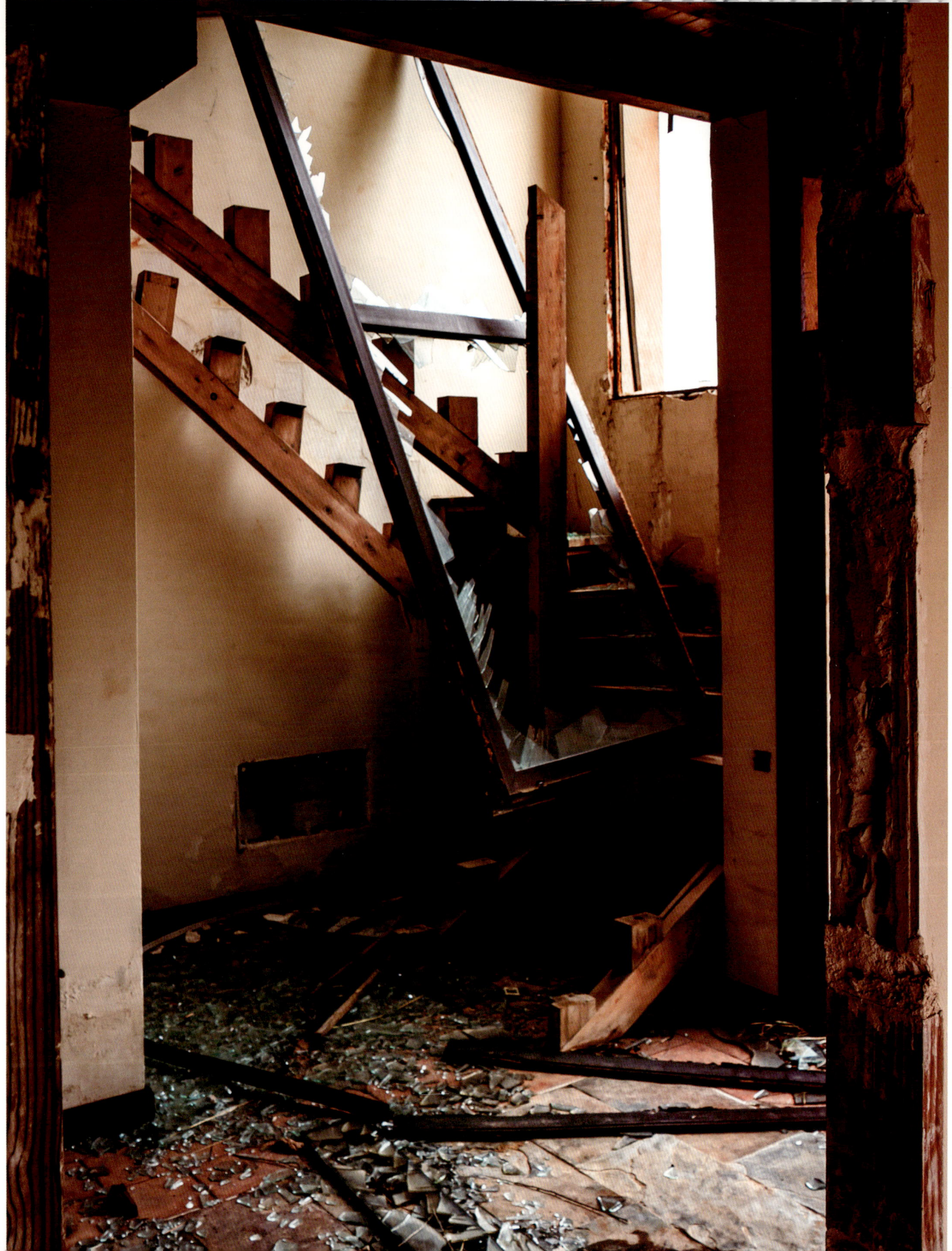

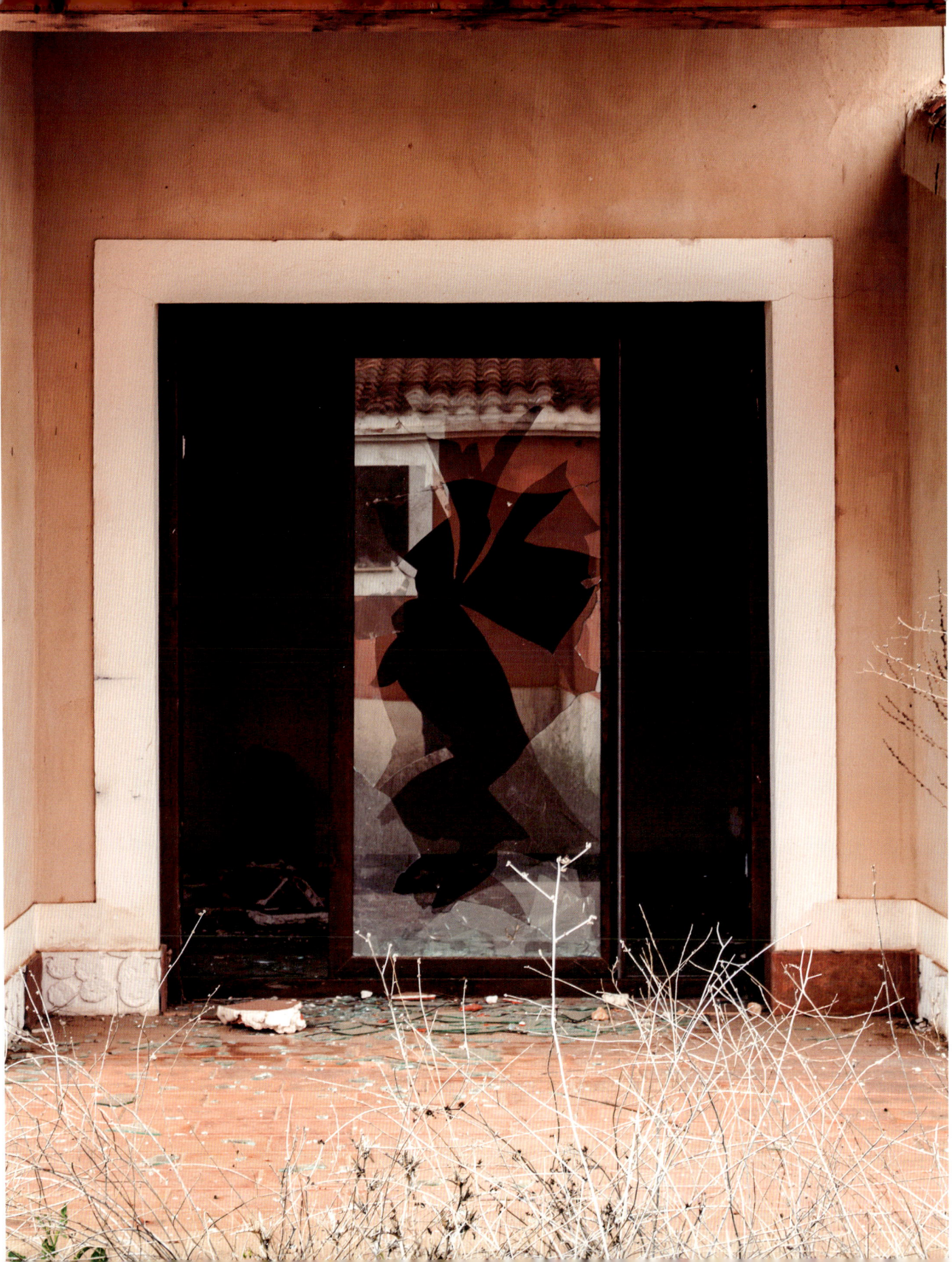

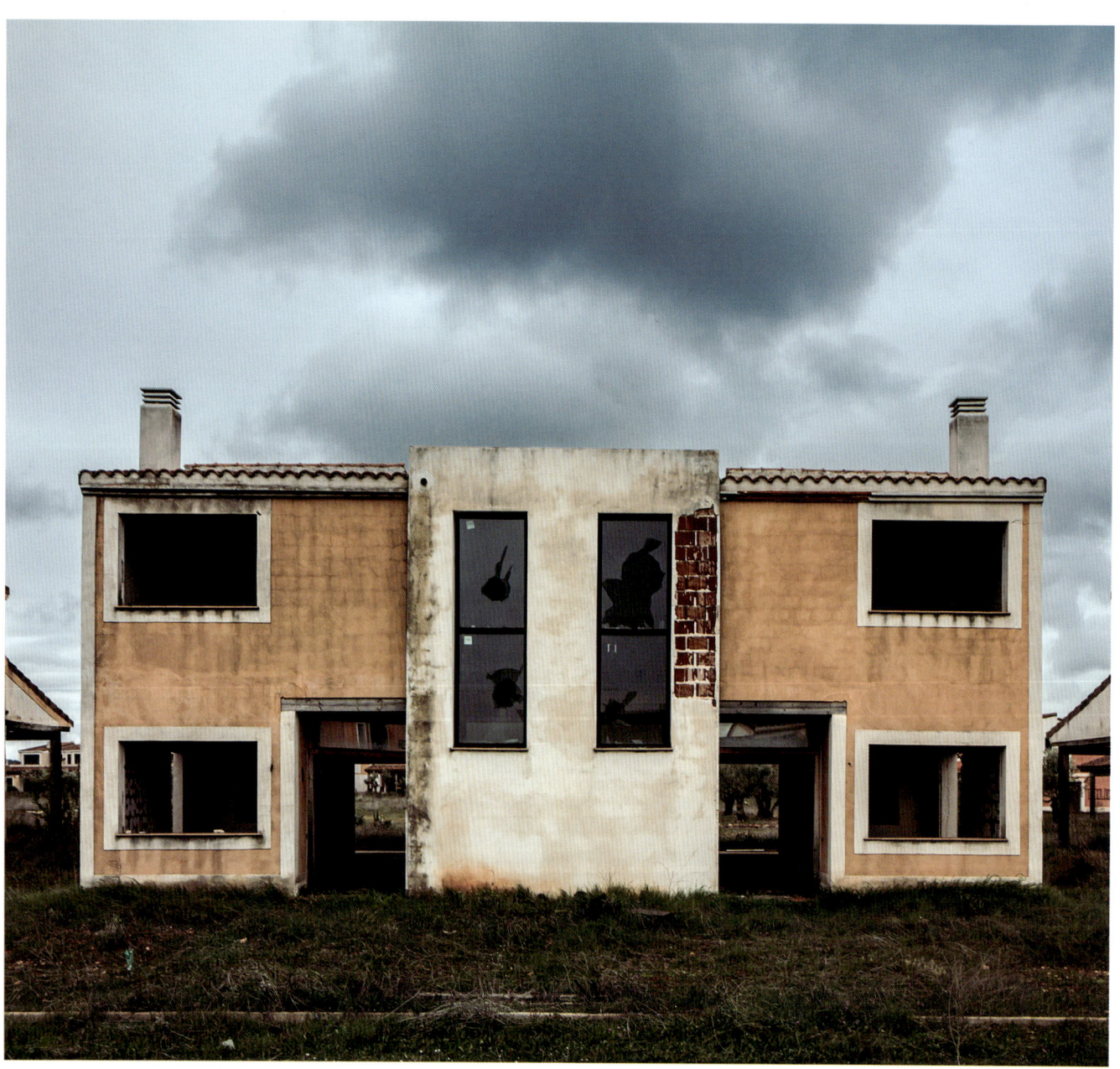

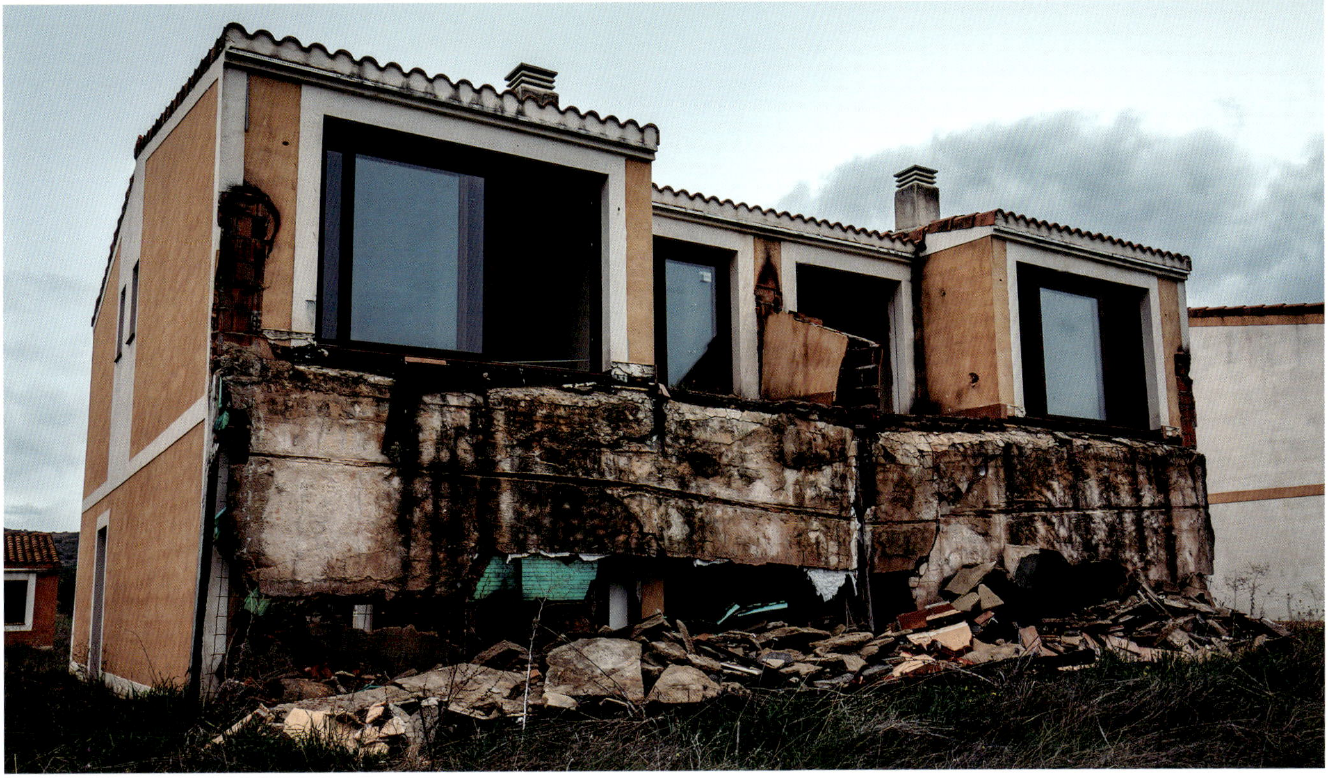

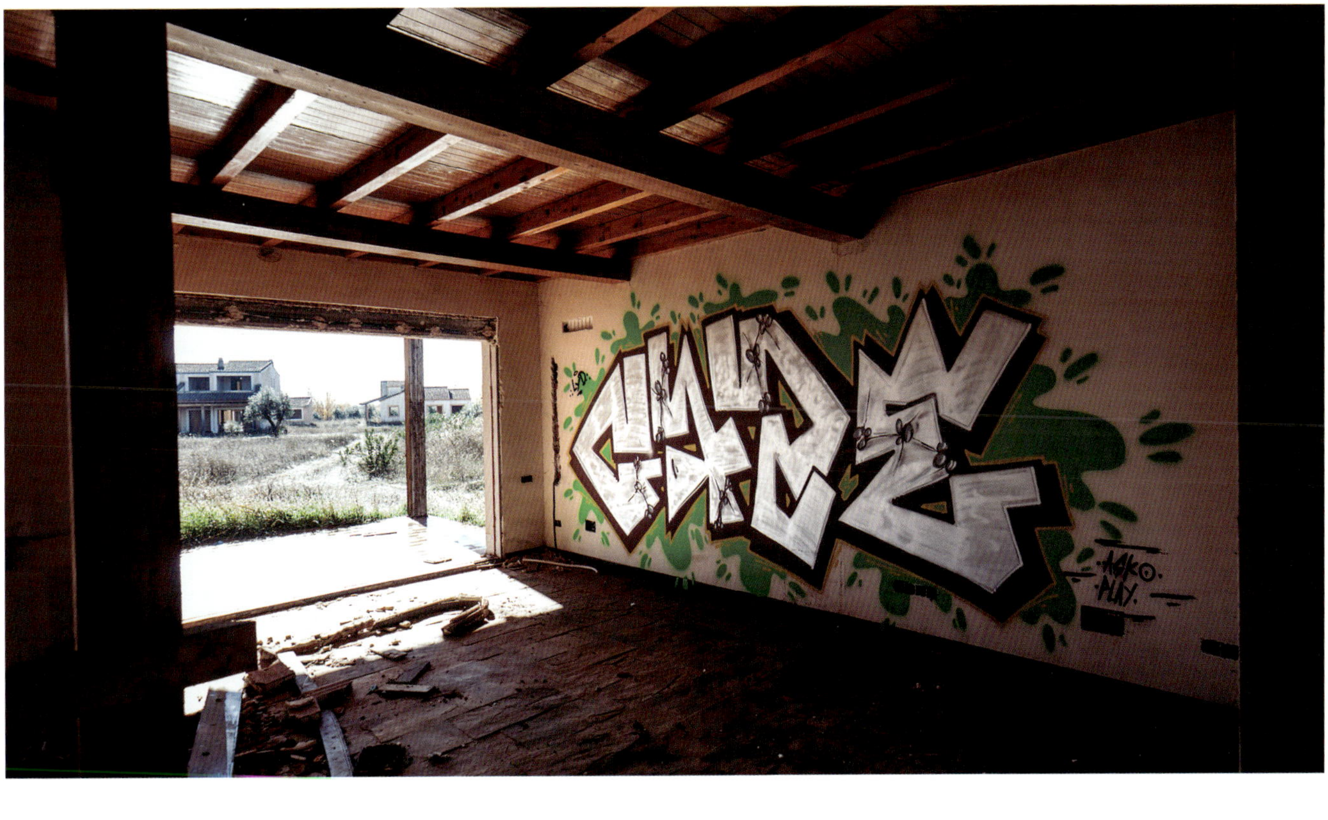

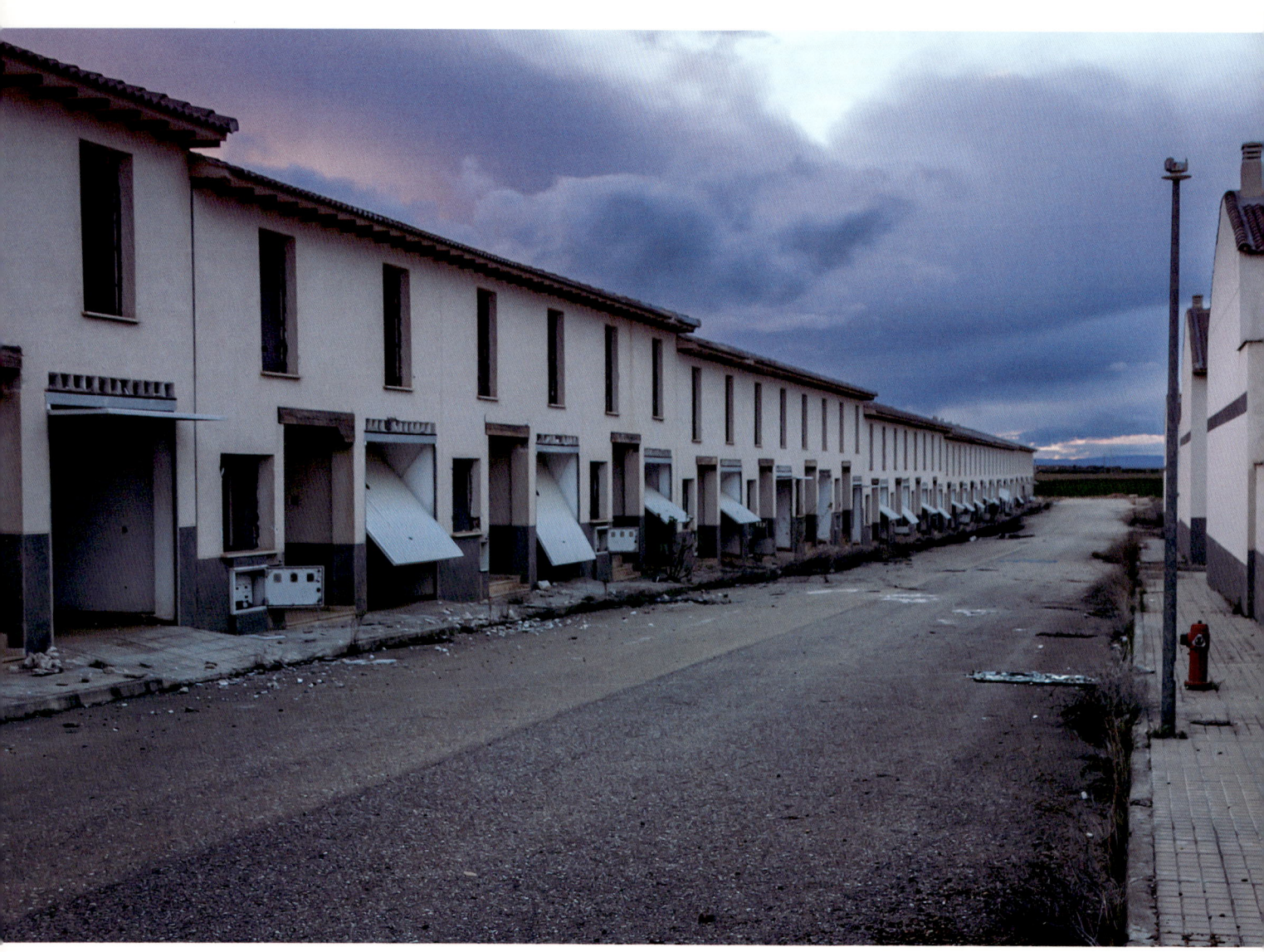

En Pozuelo de Calatrava, la cercanía a la capital no fue suficiente atractivo y también quedaron sueños de ladrillo a medio terminar.

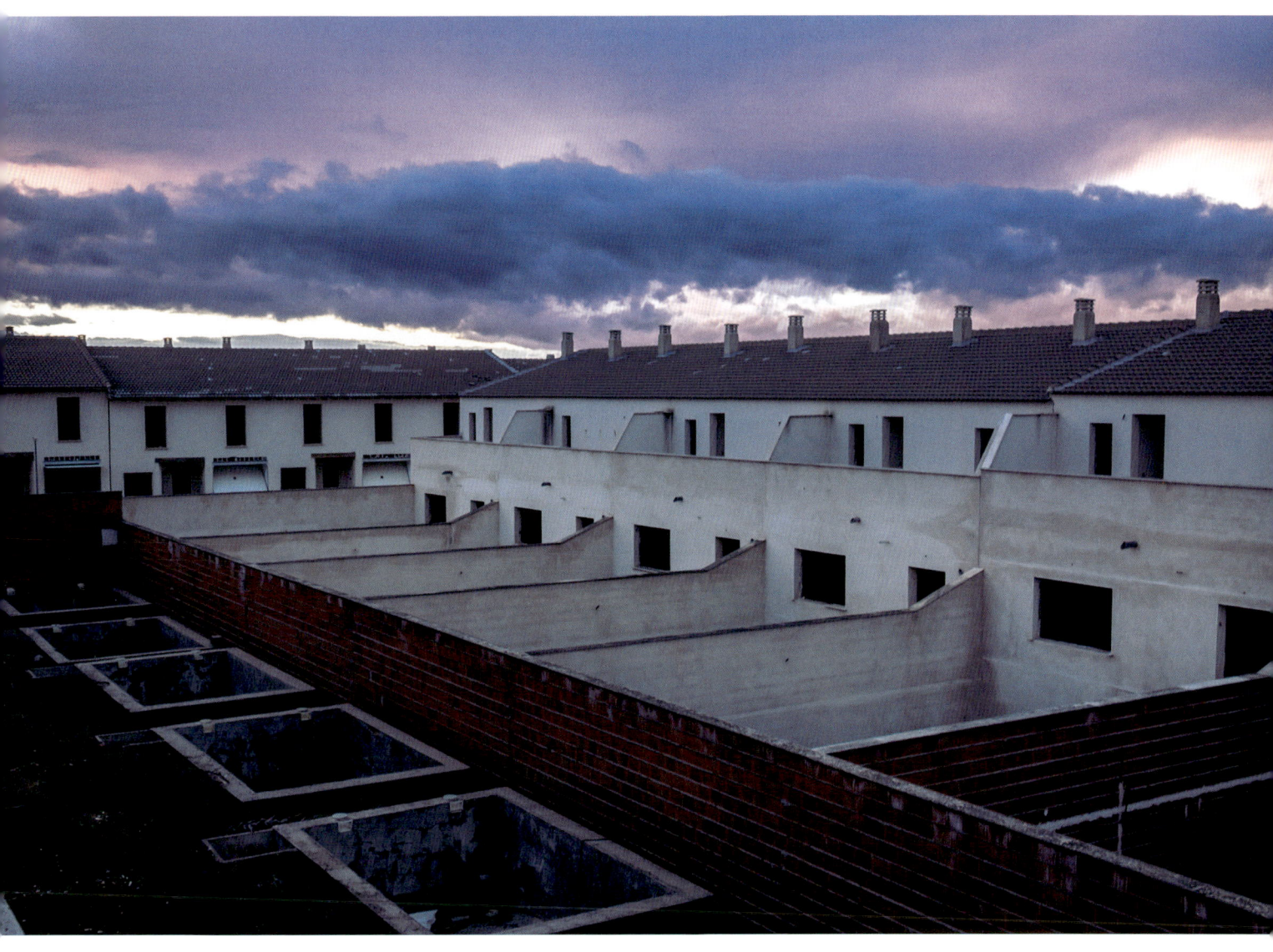

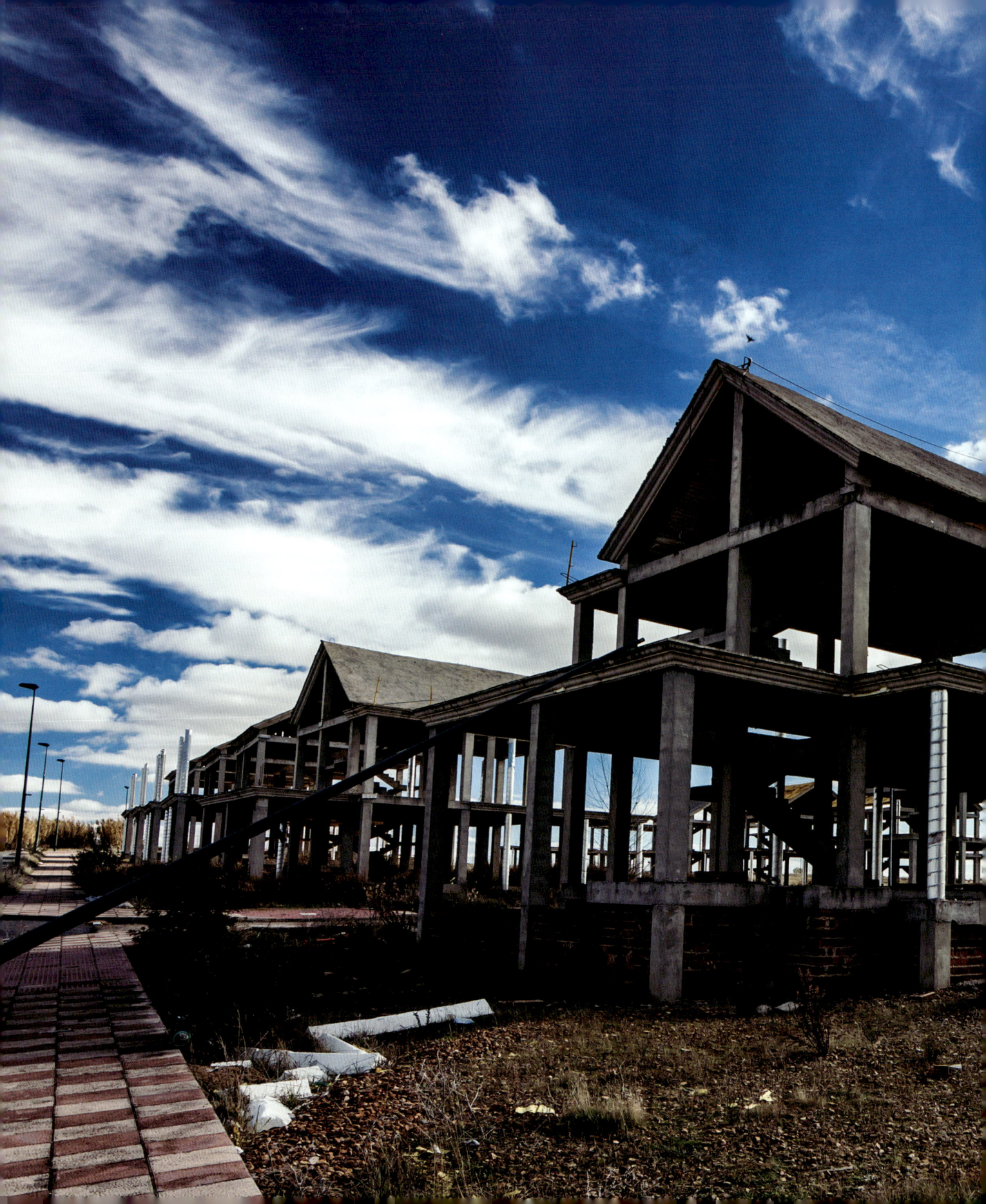

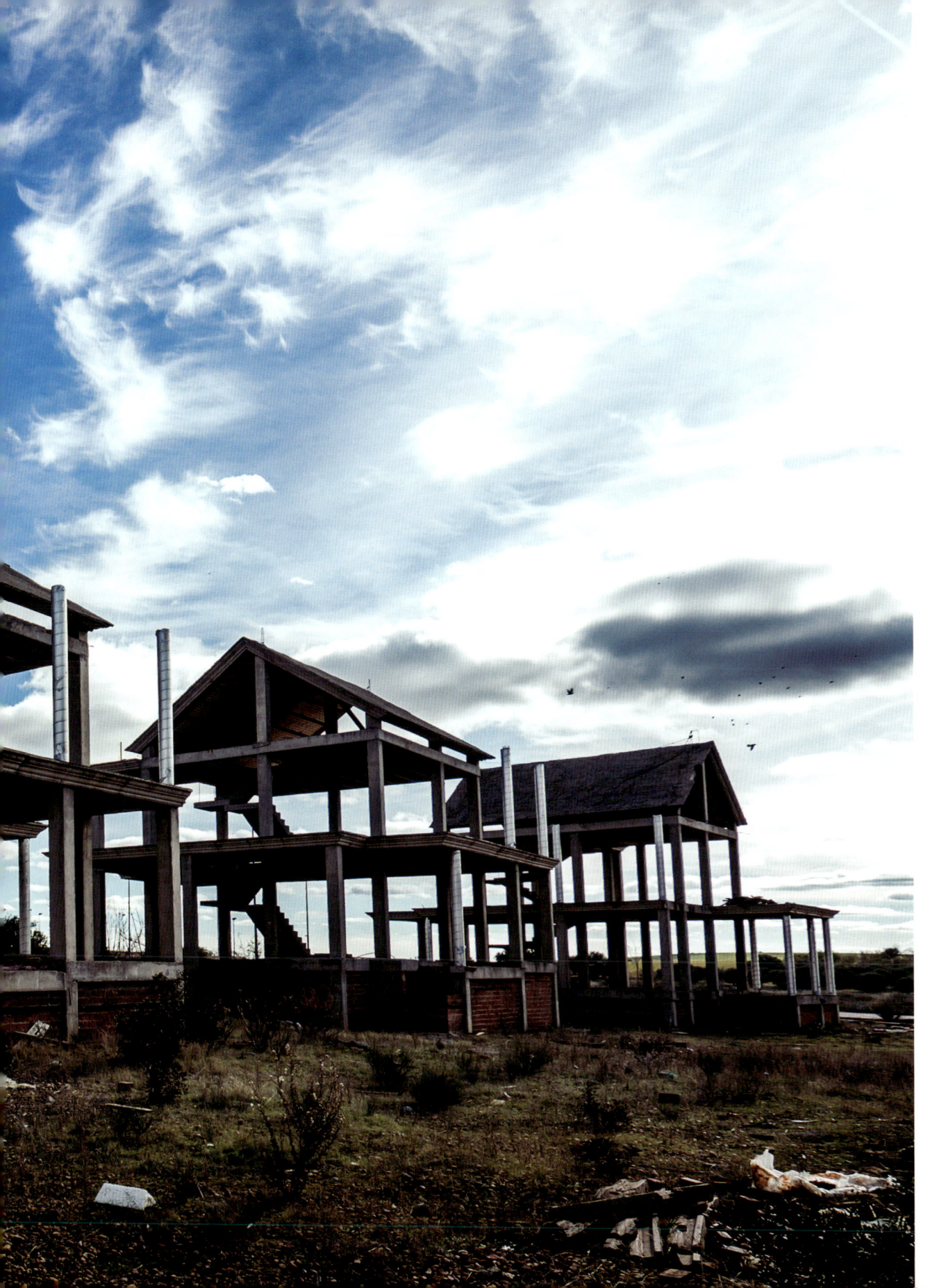

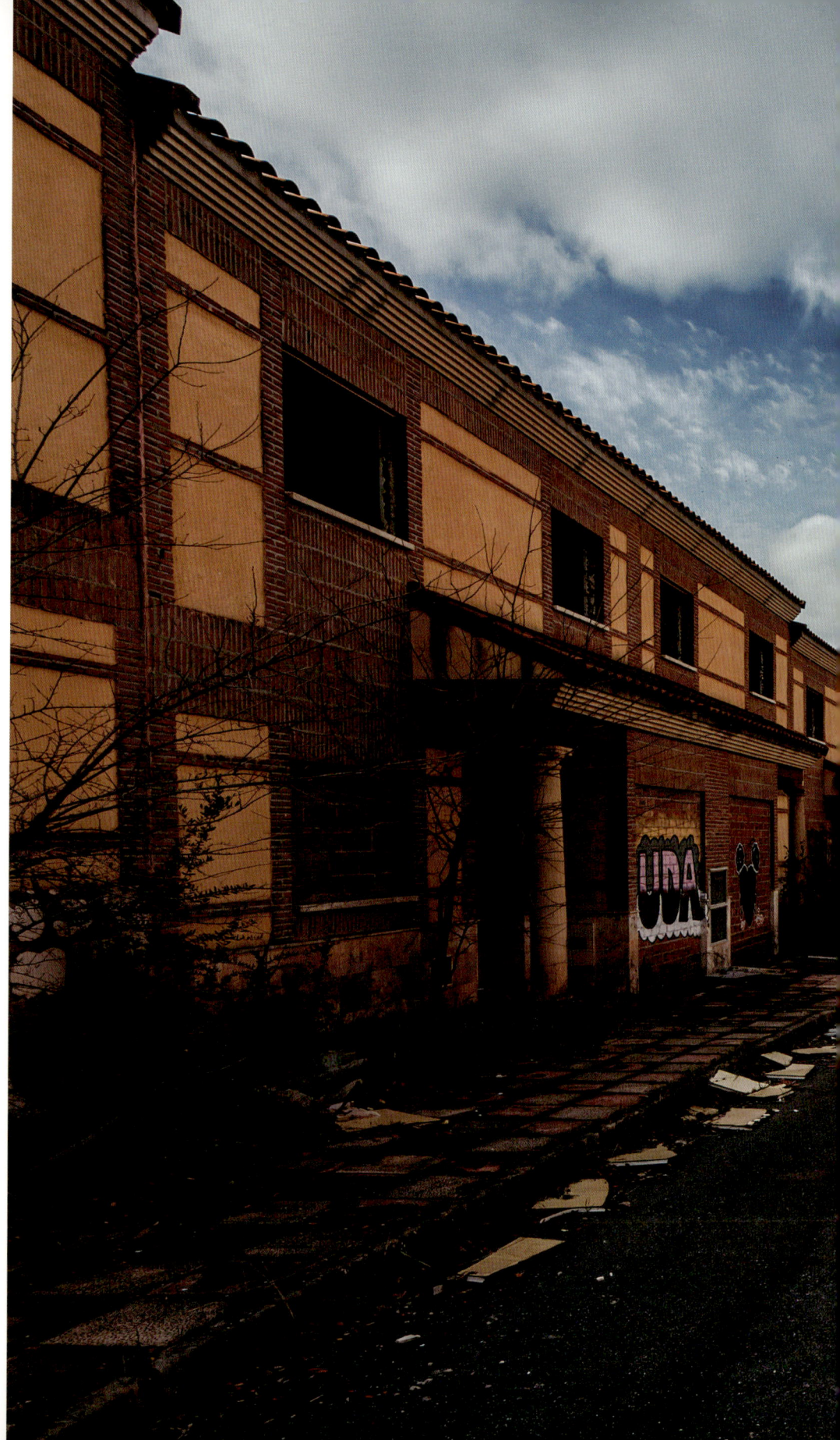

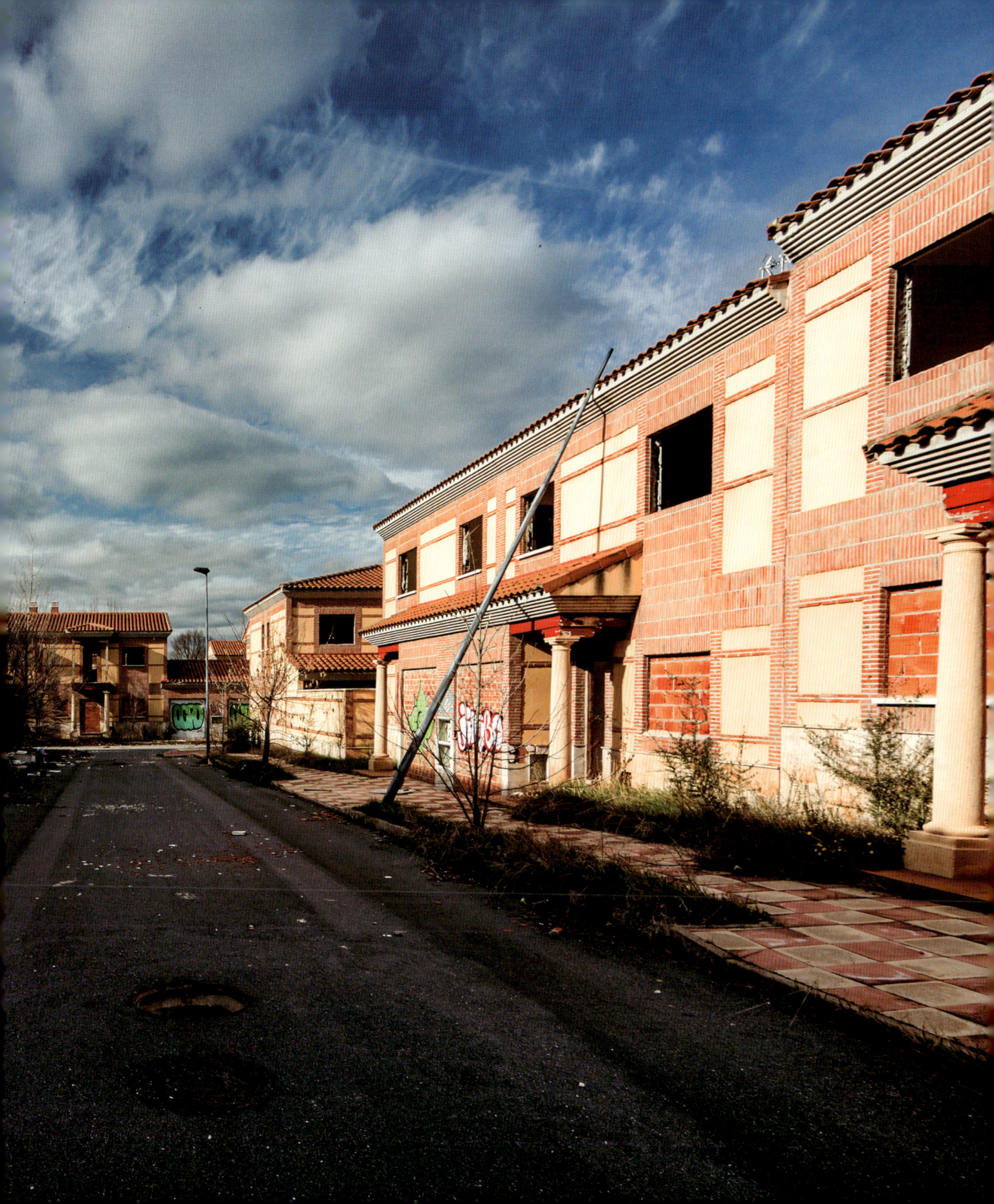

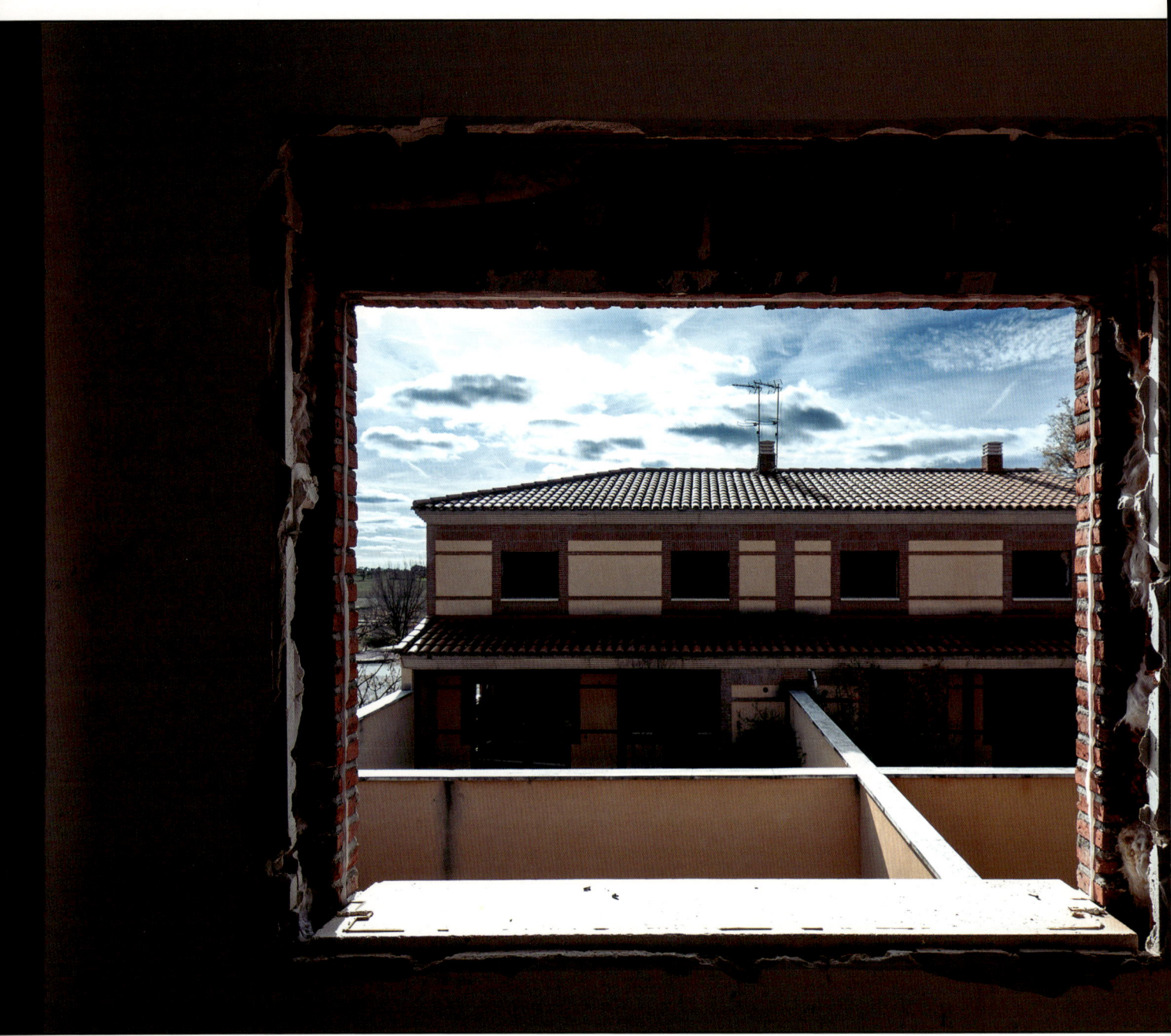

En Fernán Caballero se planteó un atractivo repertorio de casas individuales y adosadas. Nadie llegó a habitar aquella nueva barriada y varios esqueletos de hormigón quedaron desnudos para siempre.

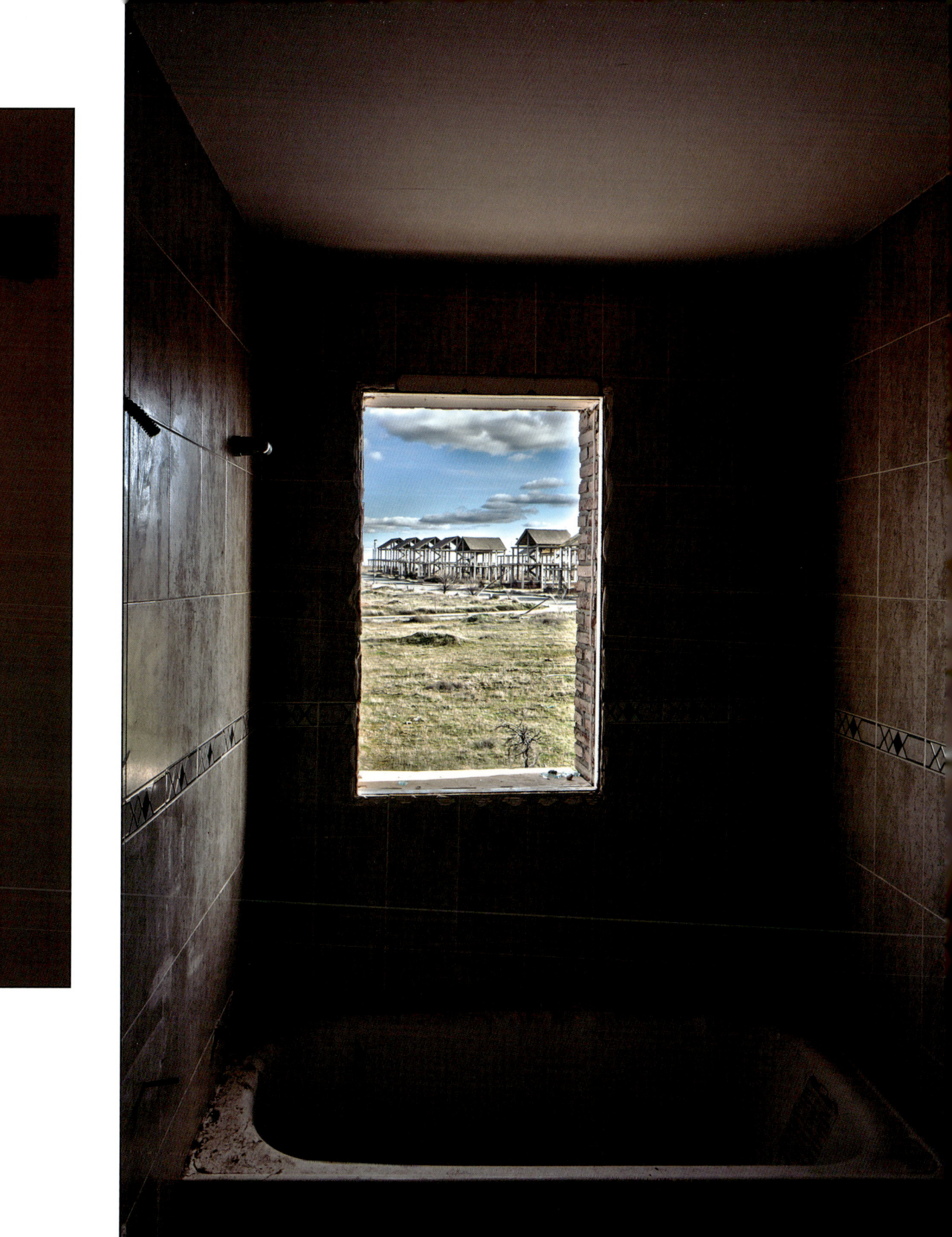

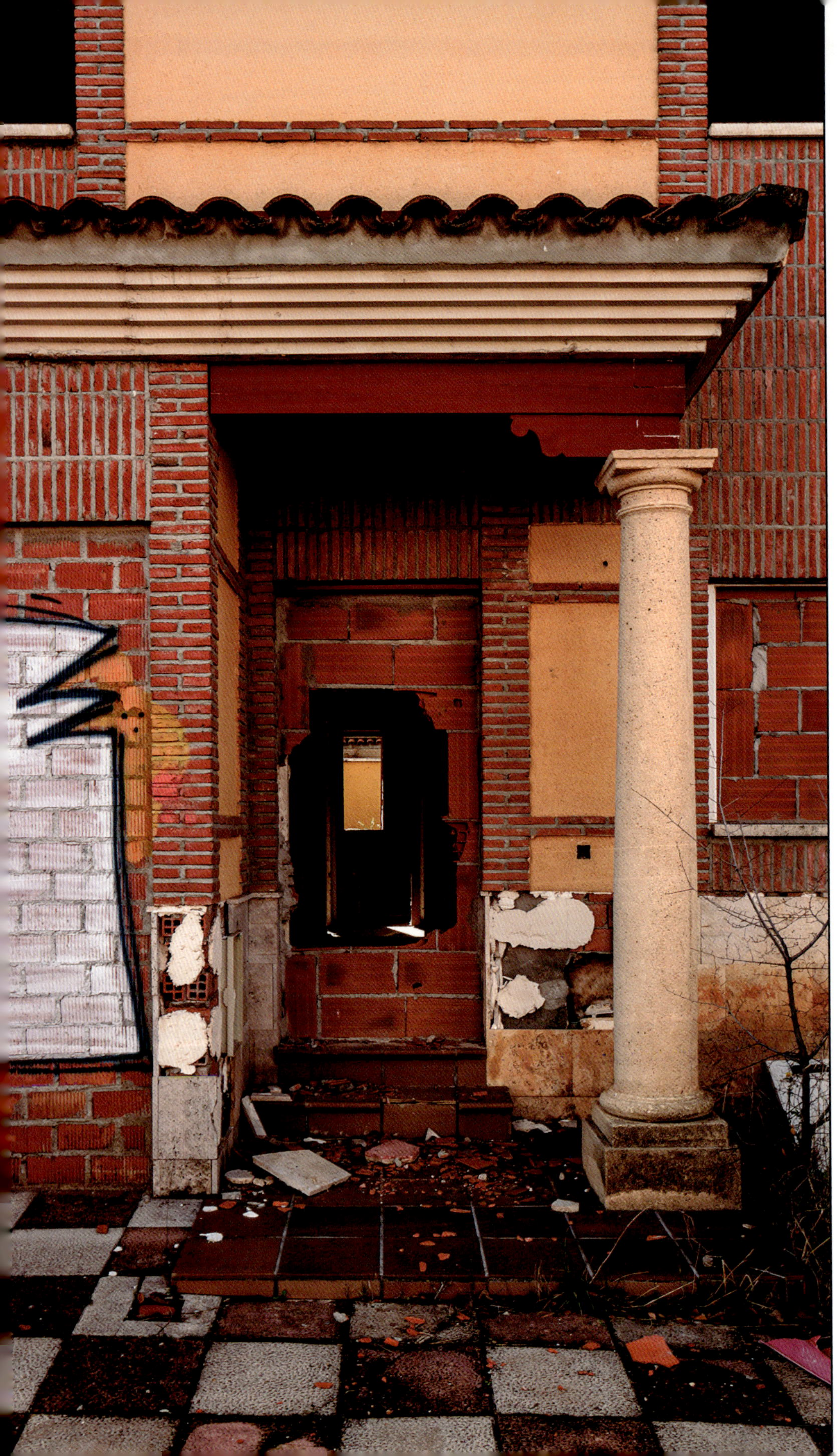

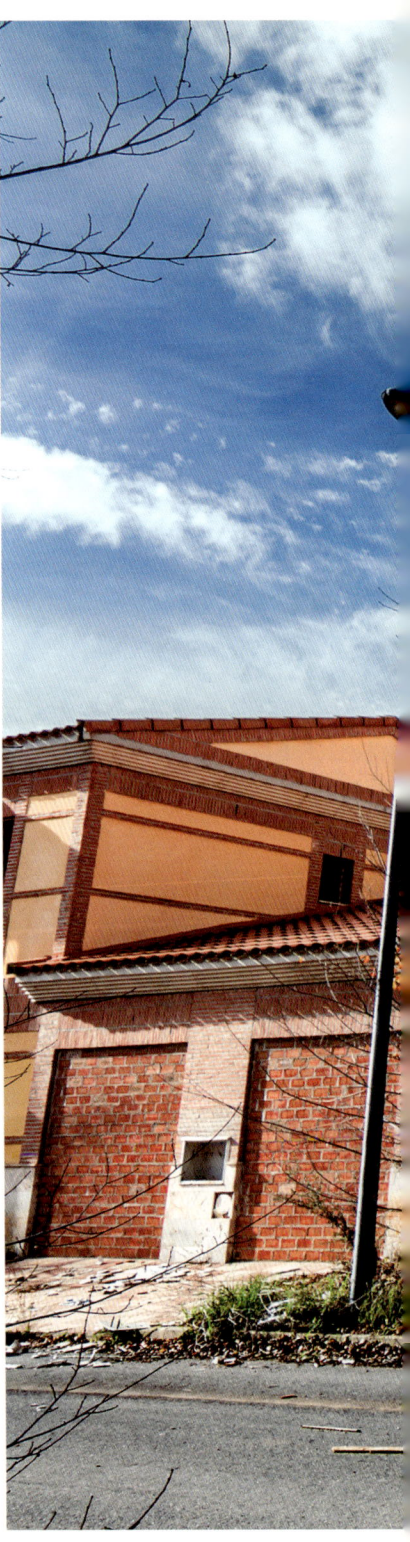

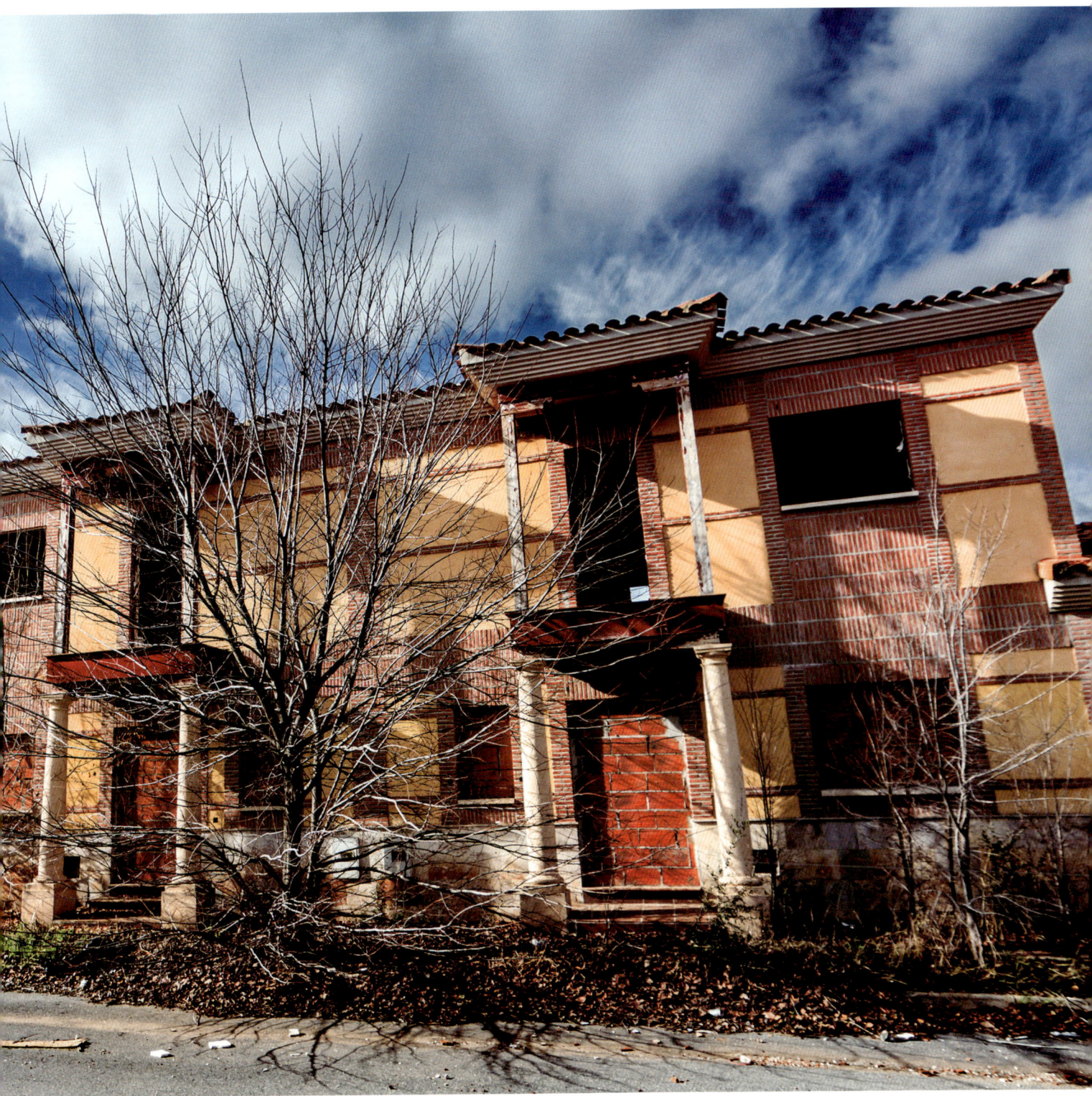

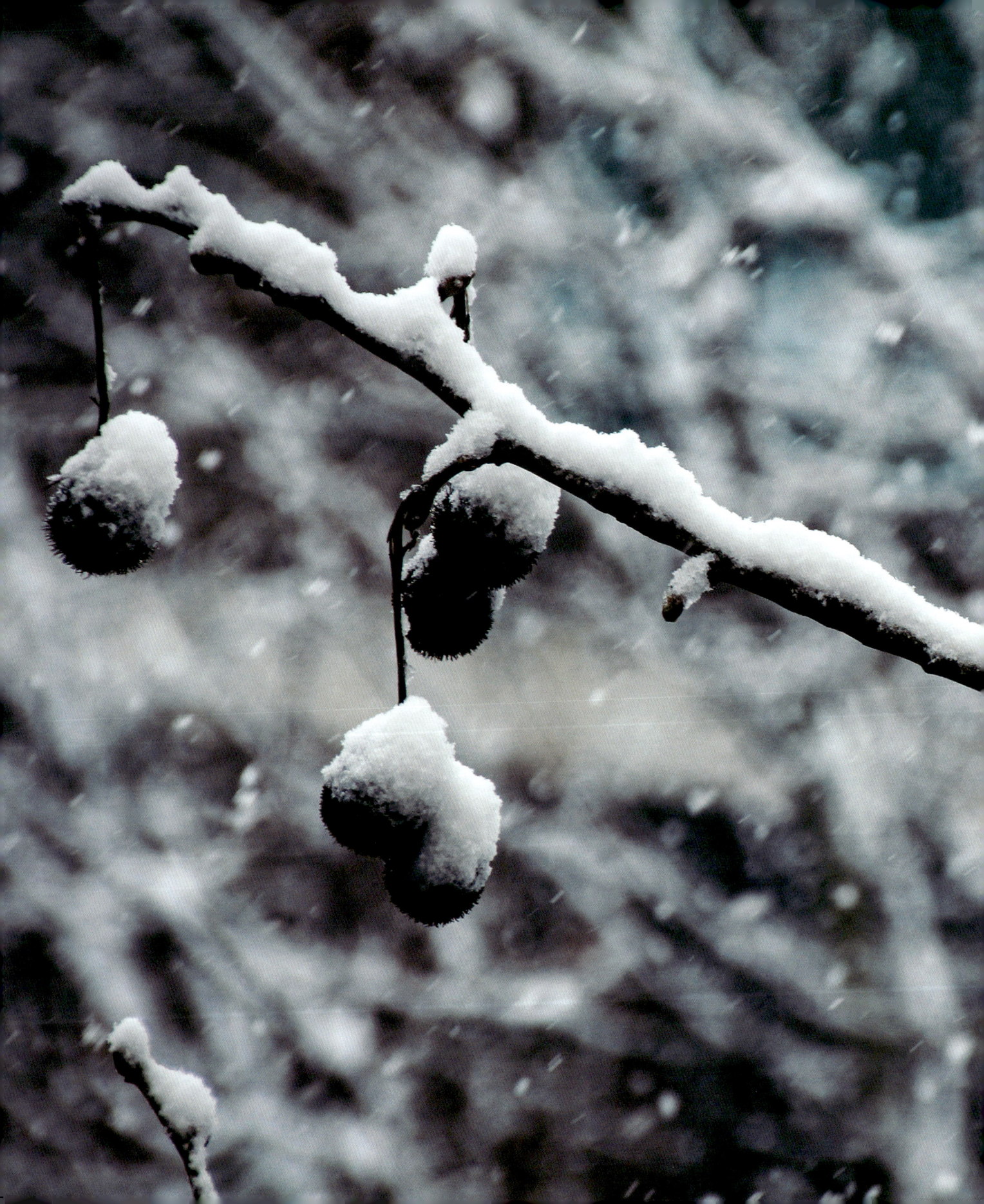

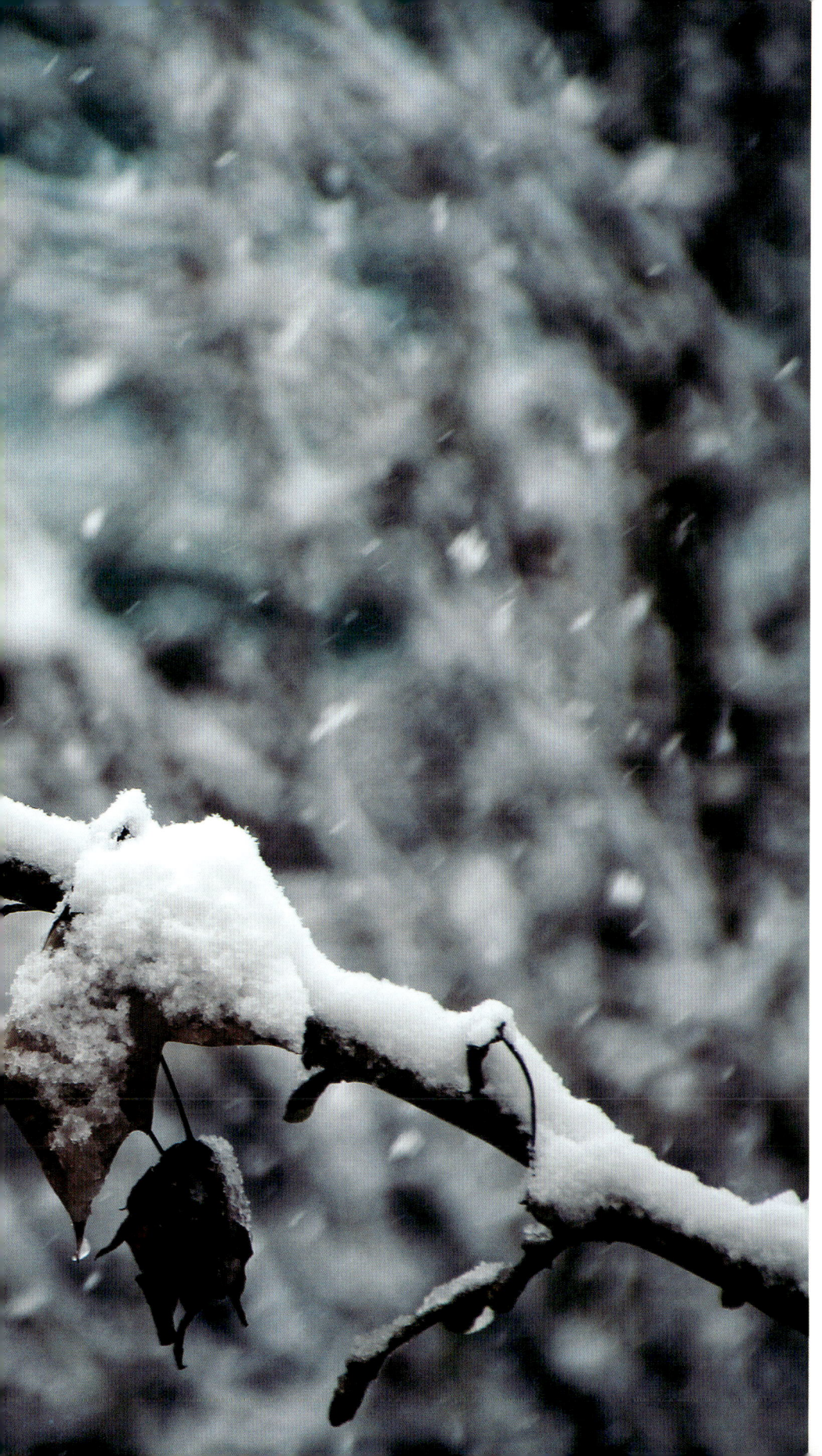

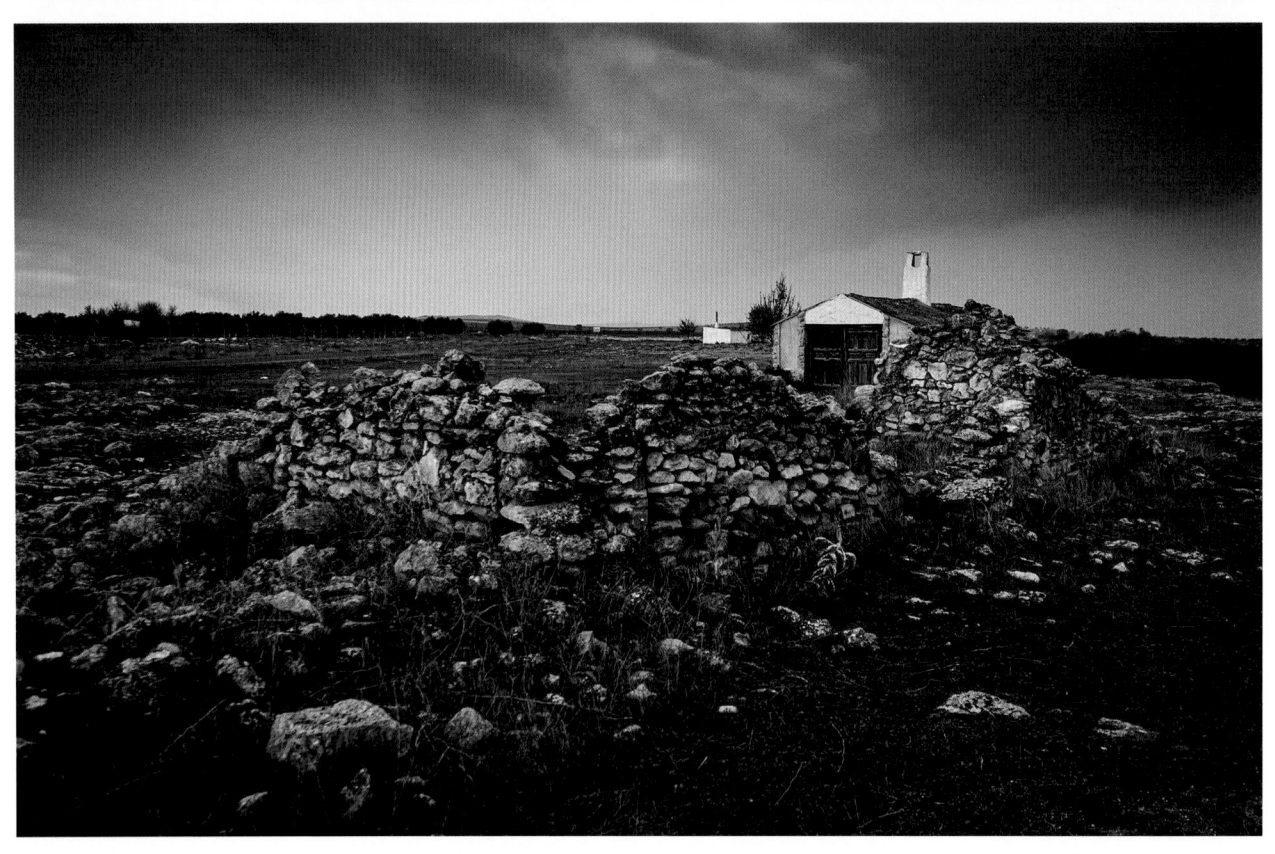

Tiempo. No se detiene, siempre avanza y todo va cambiando a sus alrededor. Nada permanece inalterado y solo podemos aspirar a captar un instante entre un cambio y el siguiente.

La luz del sol tamizada por las nubes, un girón de niebla, unos copos de nieve cayendo o un súbito relámpago, solo son instantes, instantes en el tiempo. Están ahí brevemente y enseguida desaparecen. Y otros nuevos llegan. Hay cierta secuencia, cierto orden, como el invierno dejando paso a la primavera y esta al verano hasta que llega el otoño. Y vuelta a empezar.

Y dejan maravillosas imágenes que poder contemplar: el gris del campo en invierno, el azul del cielo moteado por las nubes o la explosión de color de la primavera. Incluso el calor del verano deja interesantes escenas. Pero nada dura para siempre, todo cambia, al igual que la luz del día finalmente deja paso a la oscuridad de la noche.

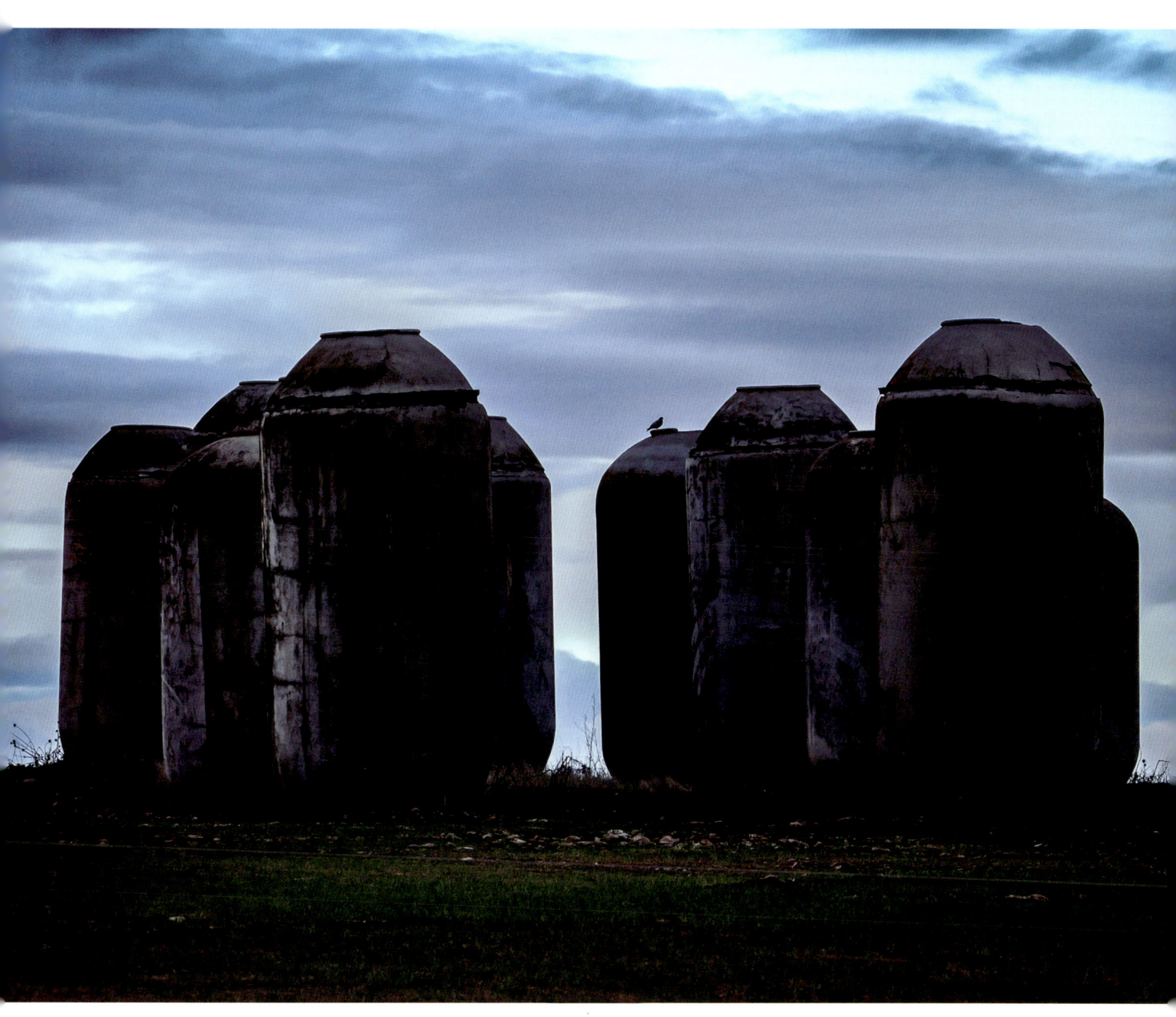

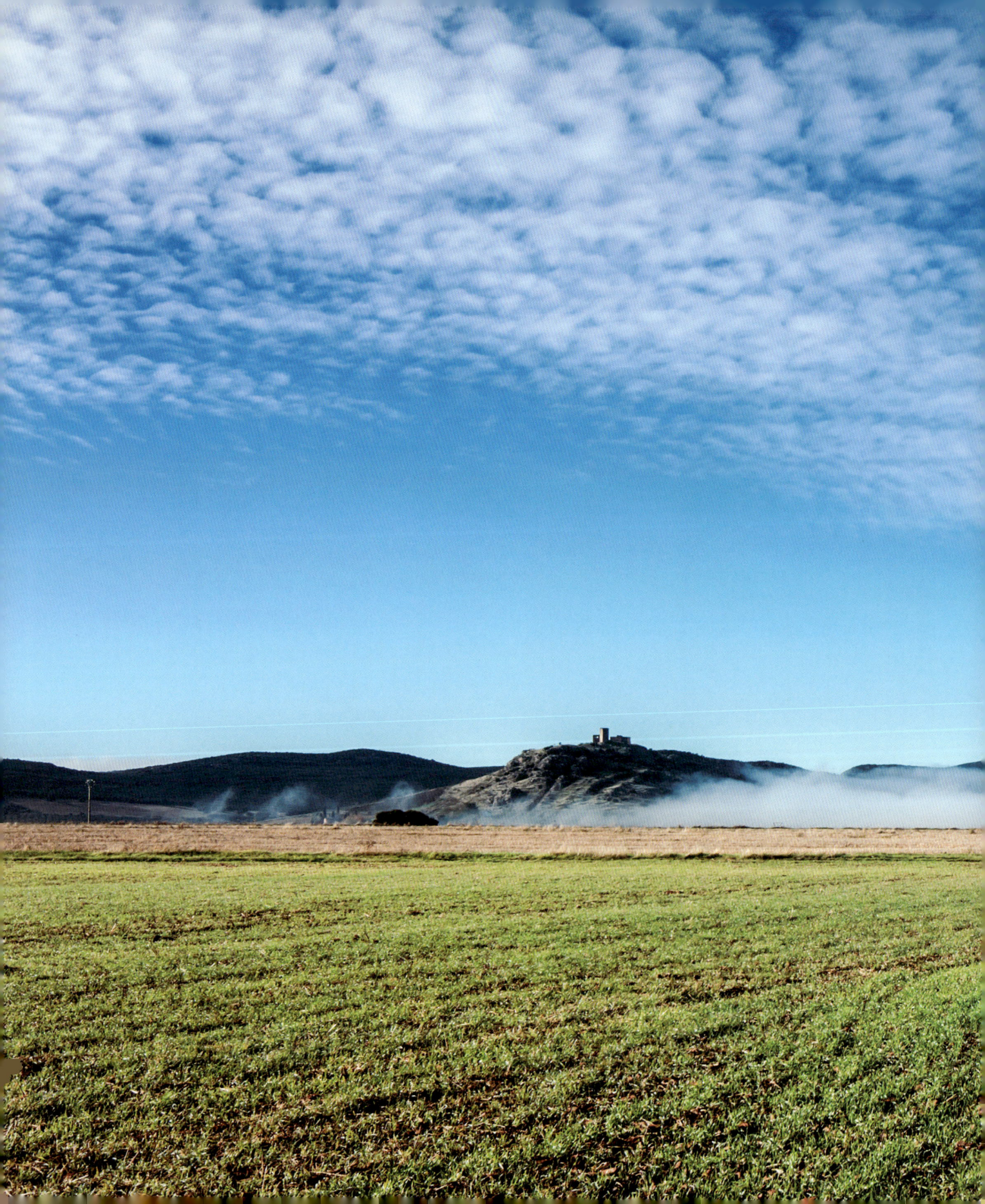

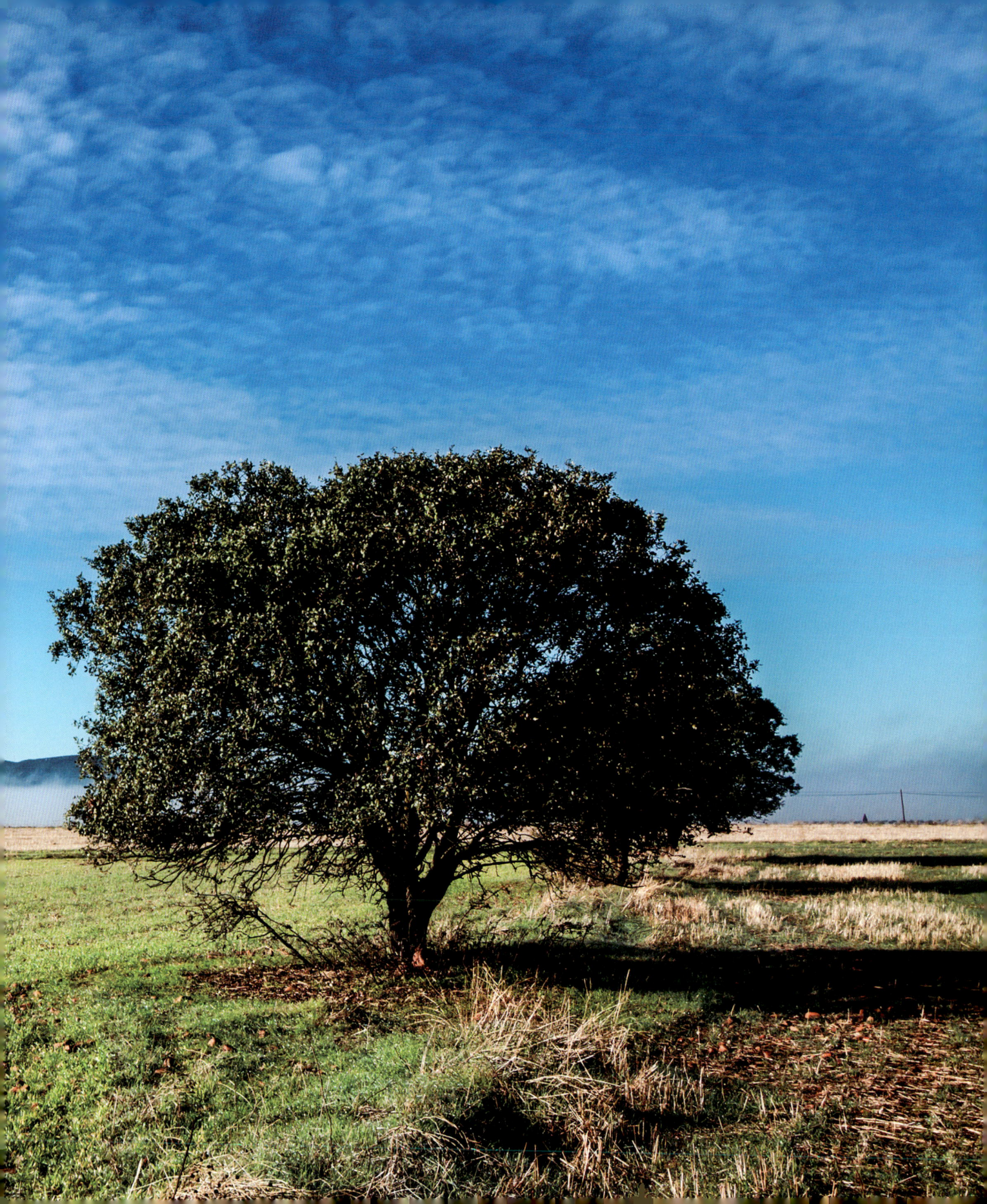

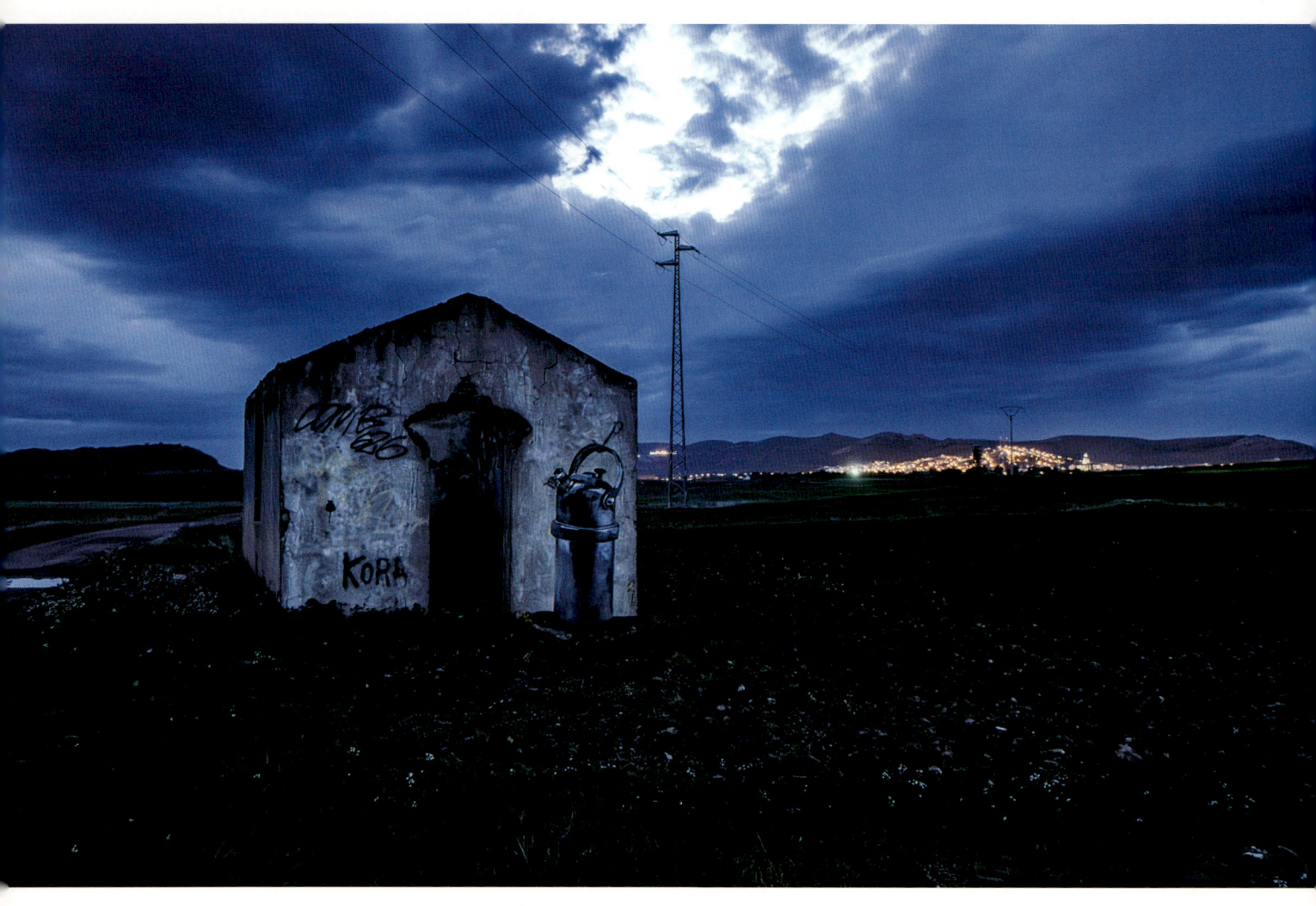

Tras el invierno y sus nieblas, llegan las lluvias, tan espectaculares a veces y tan necesarias para las zonas húmedas de La Mancha.

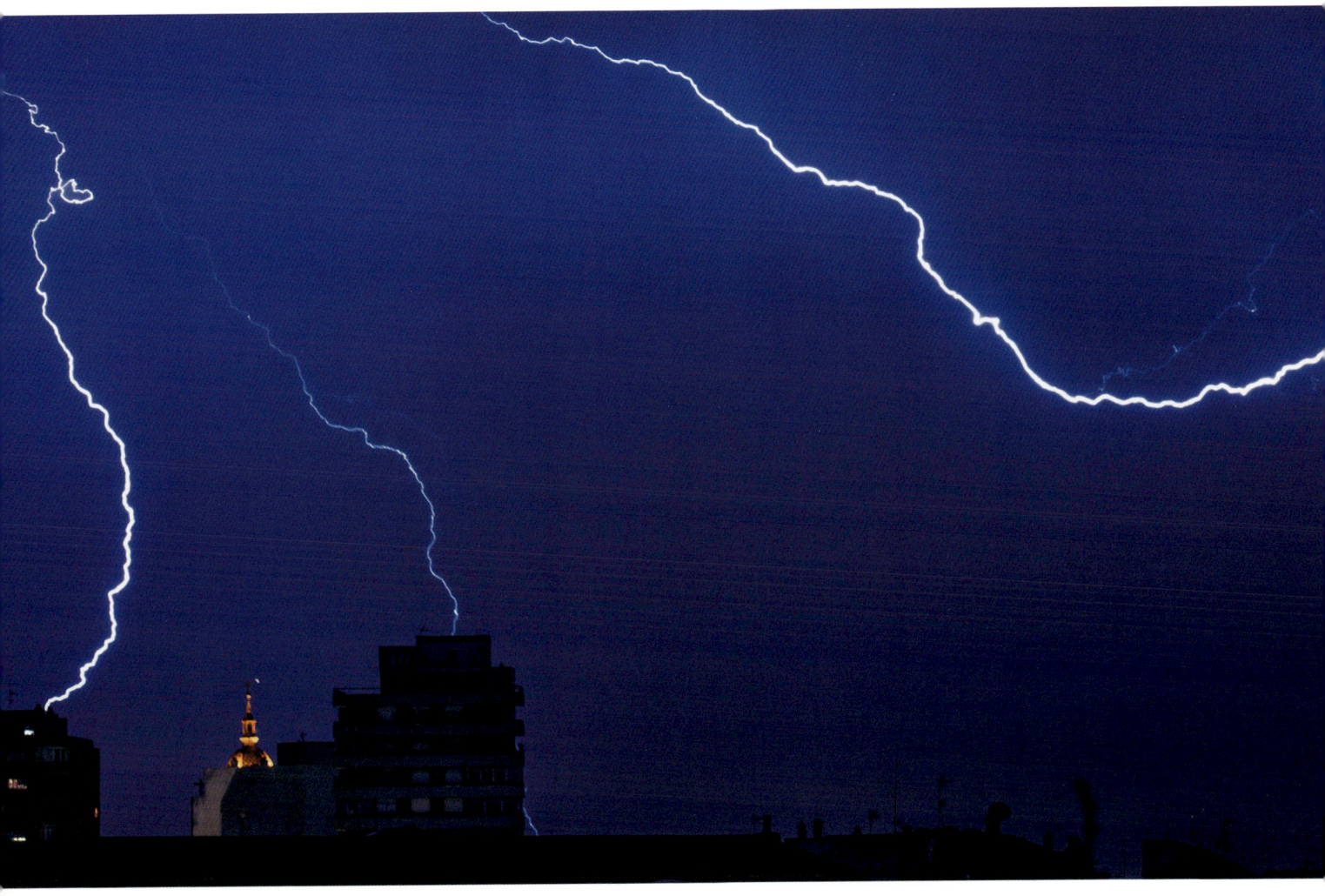

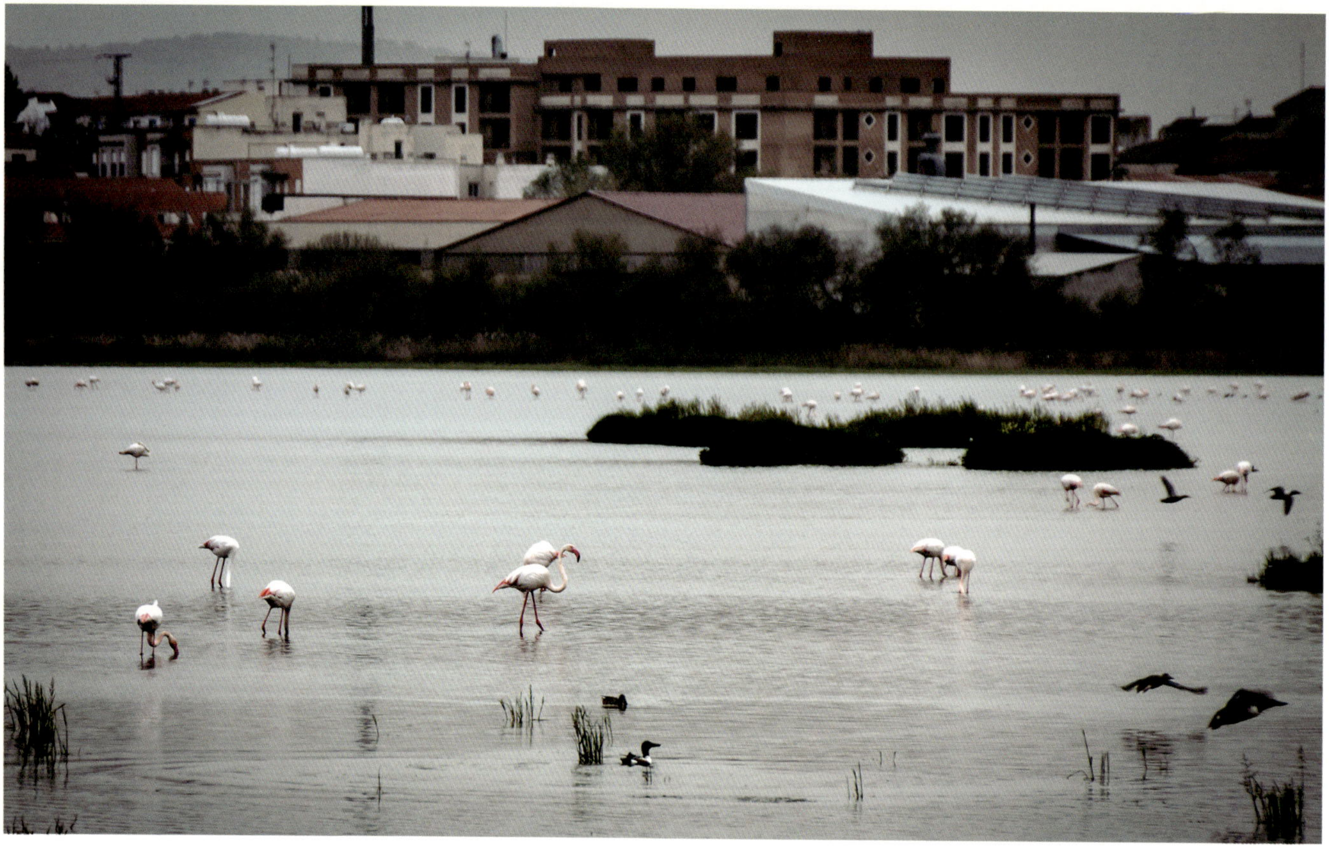

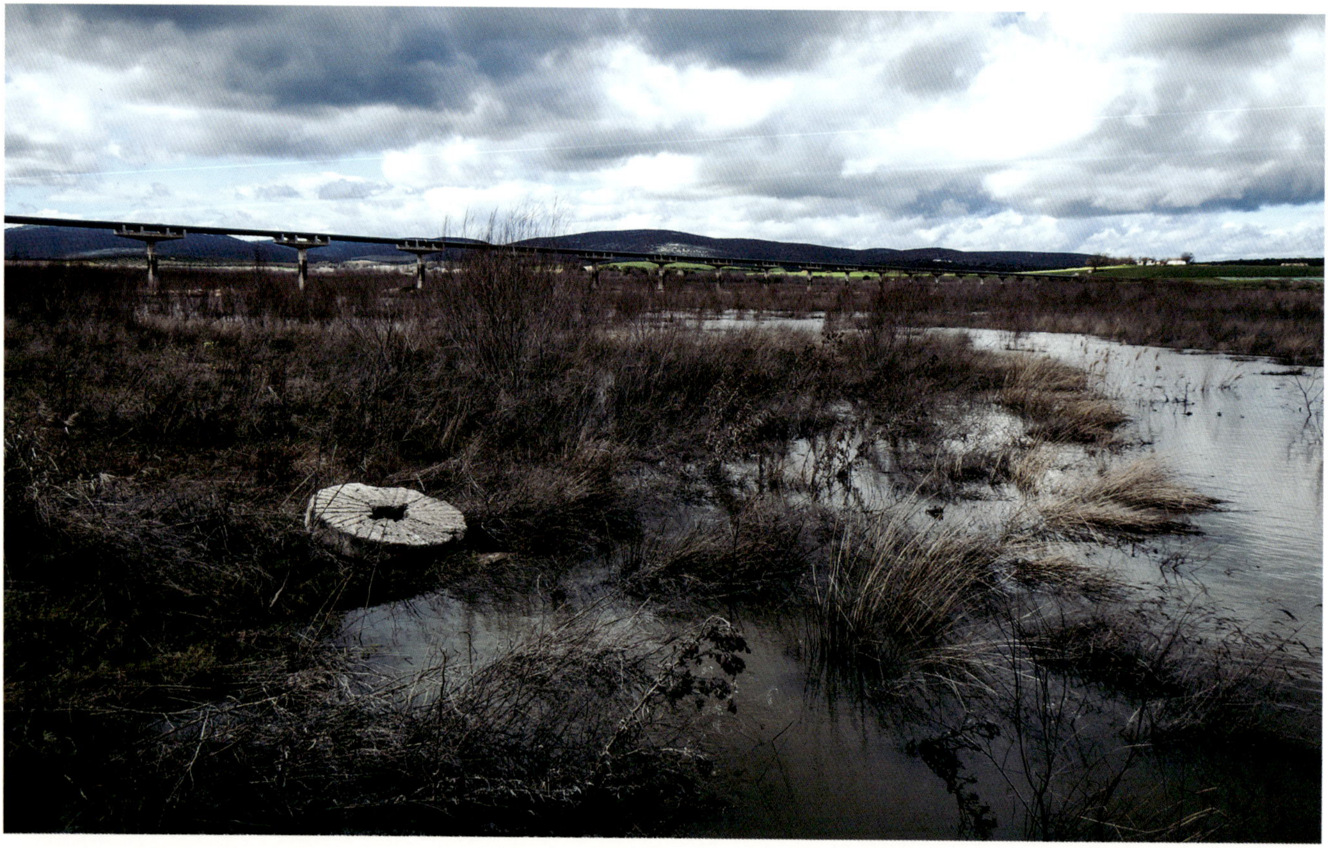

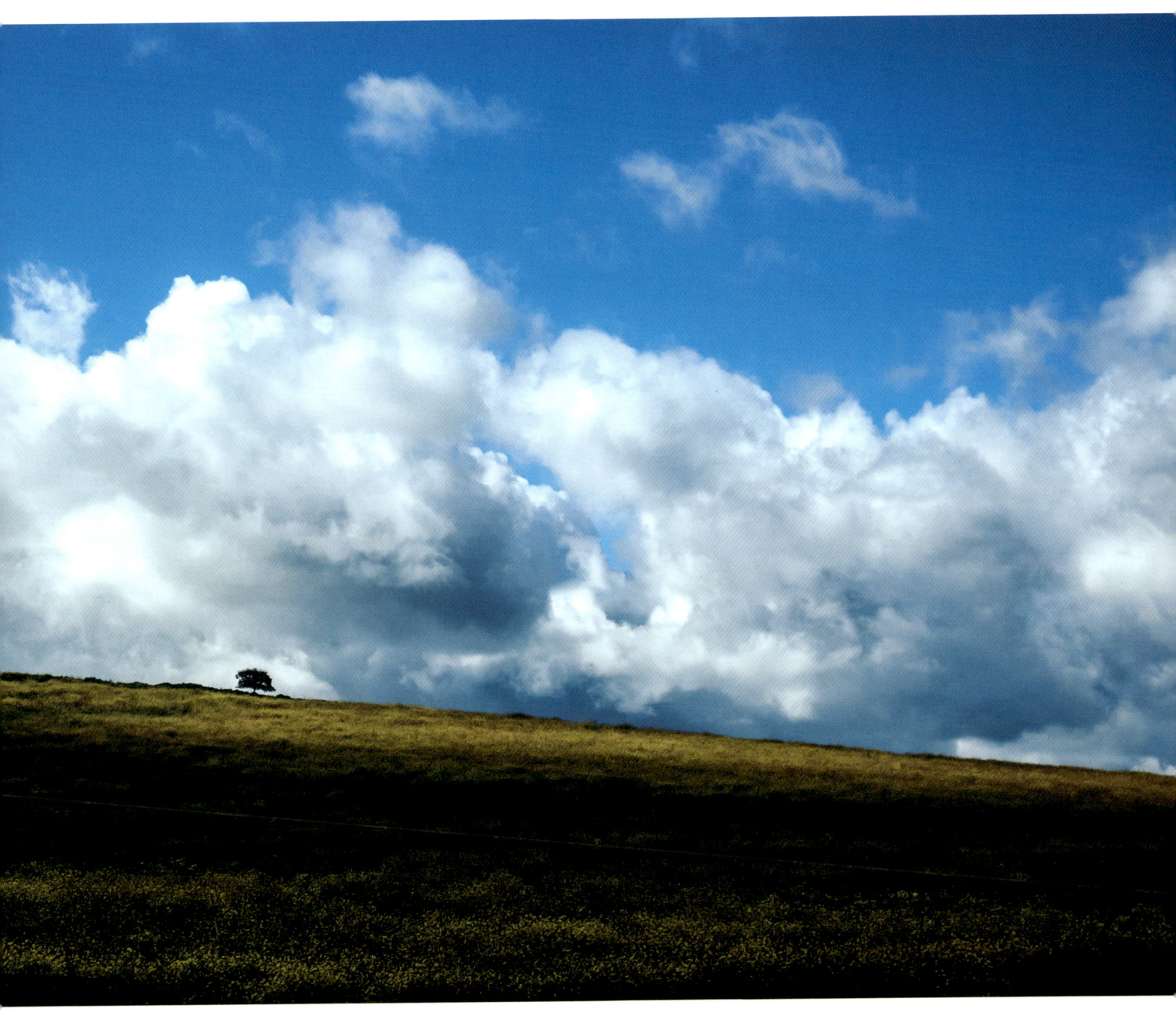

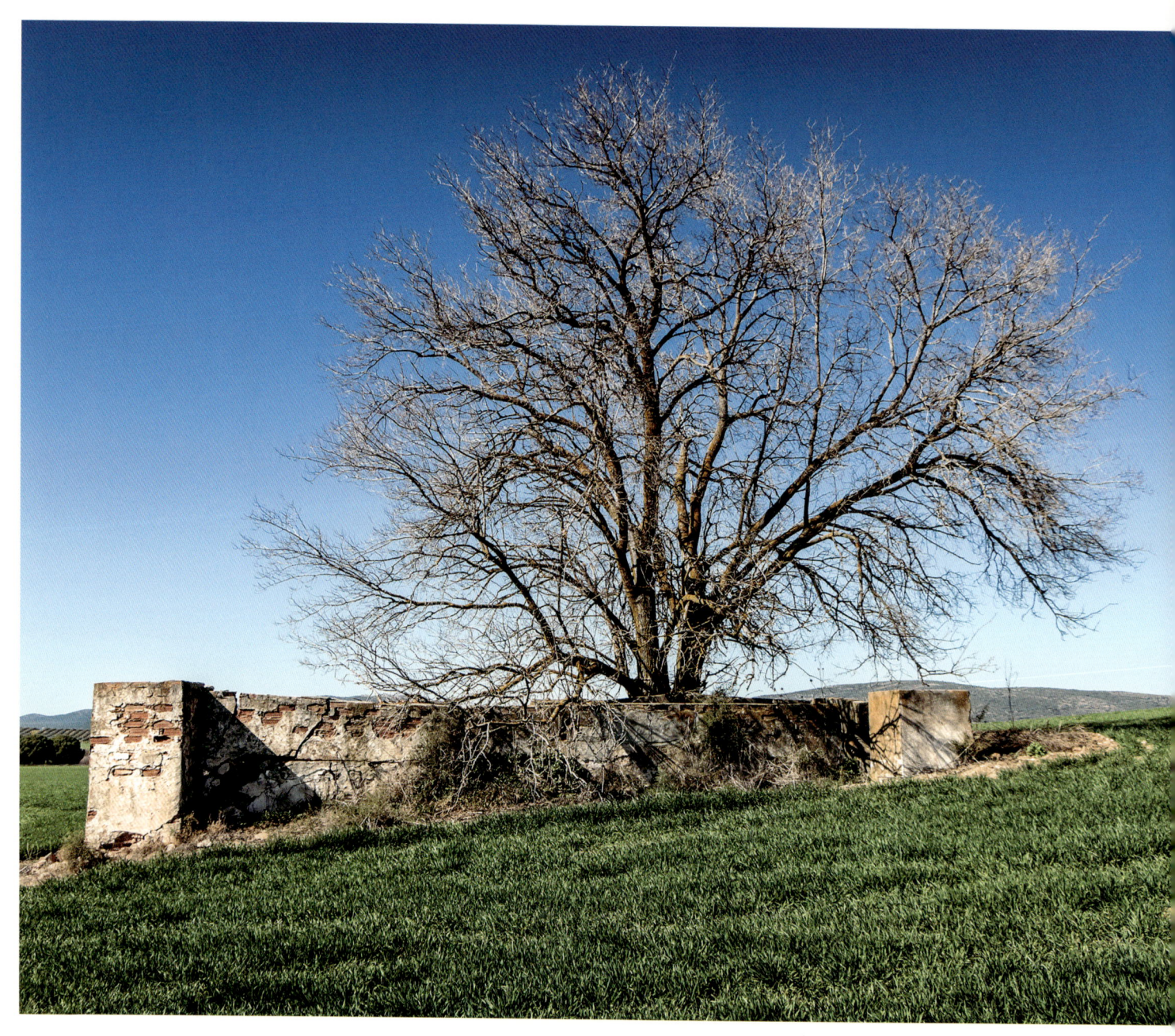

La primavera se deja sentir temprana y es cuando más intensidad de color cogen los campos manchegos.

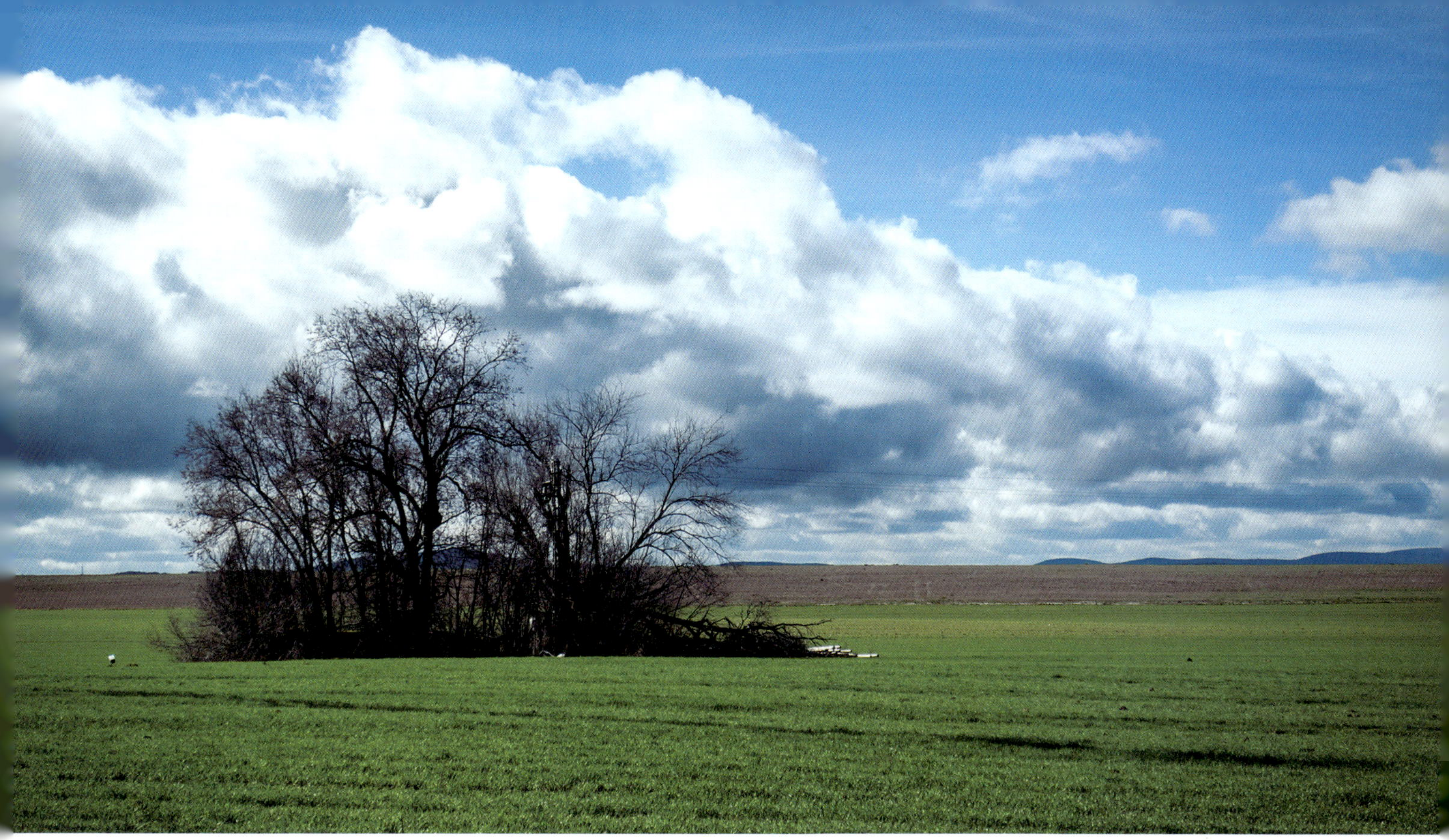
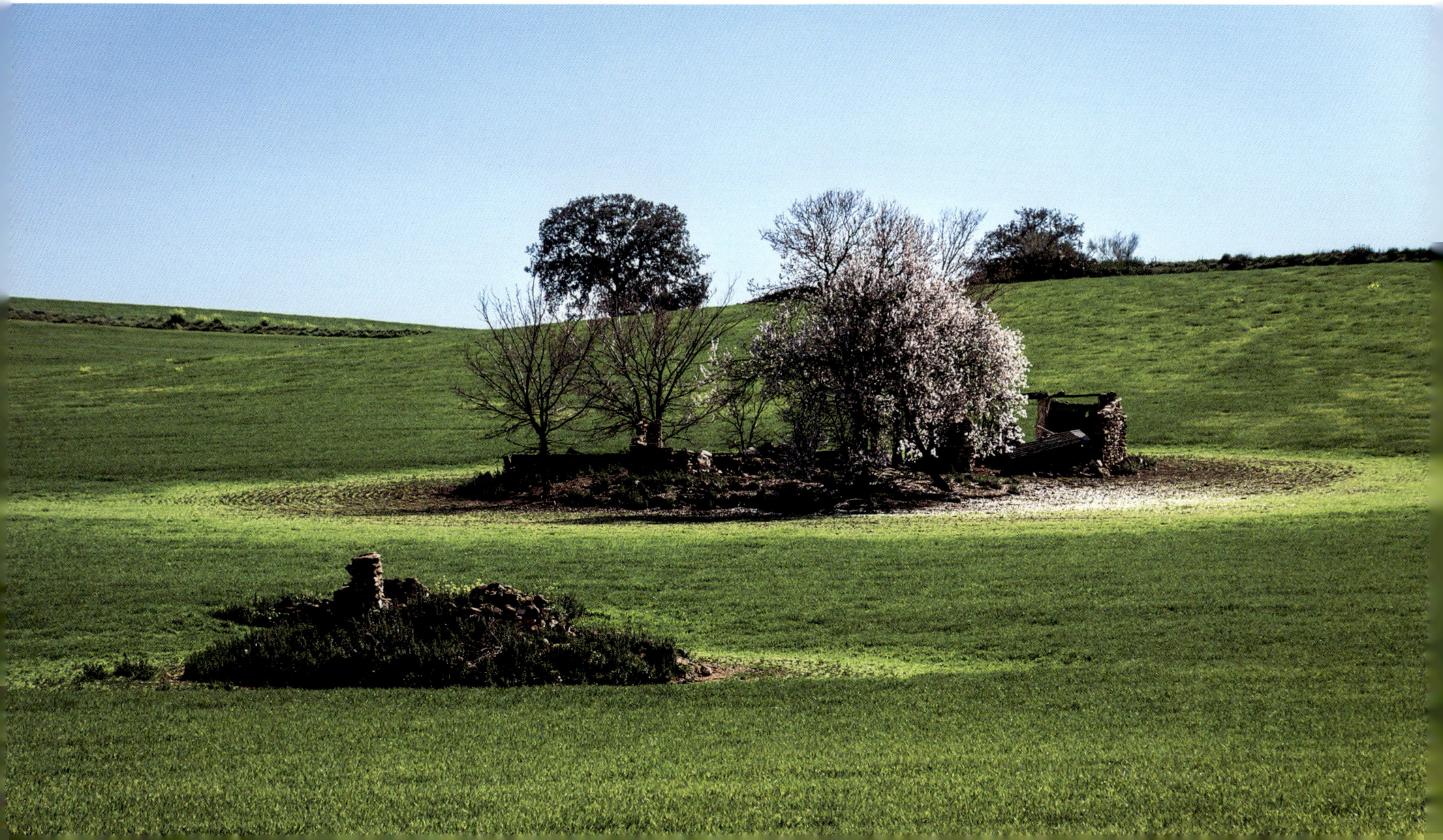

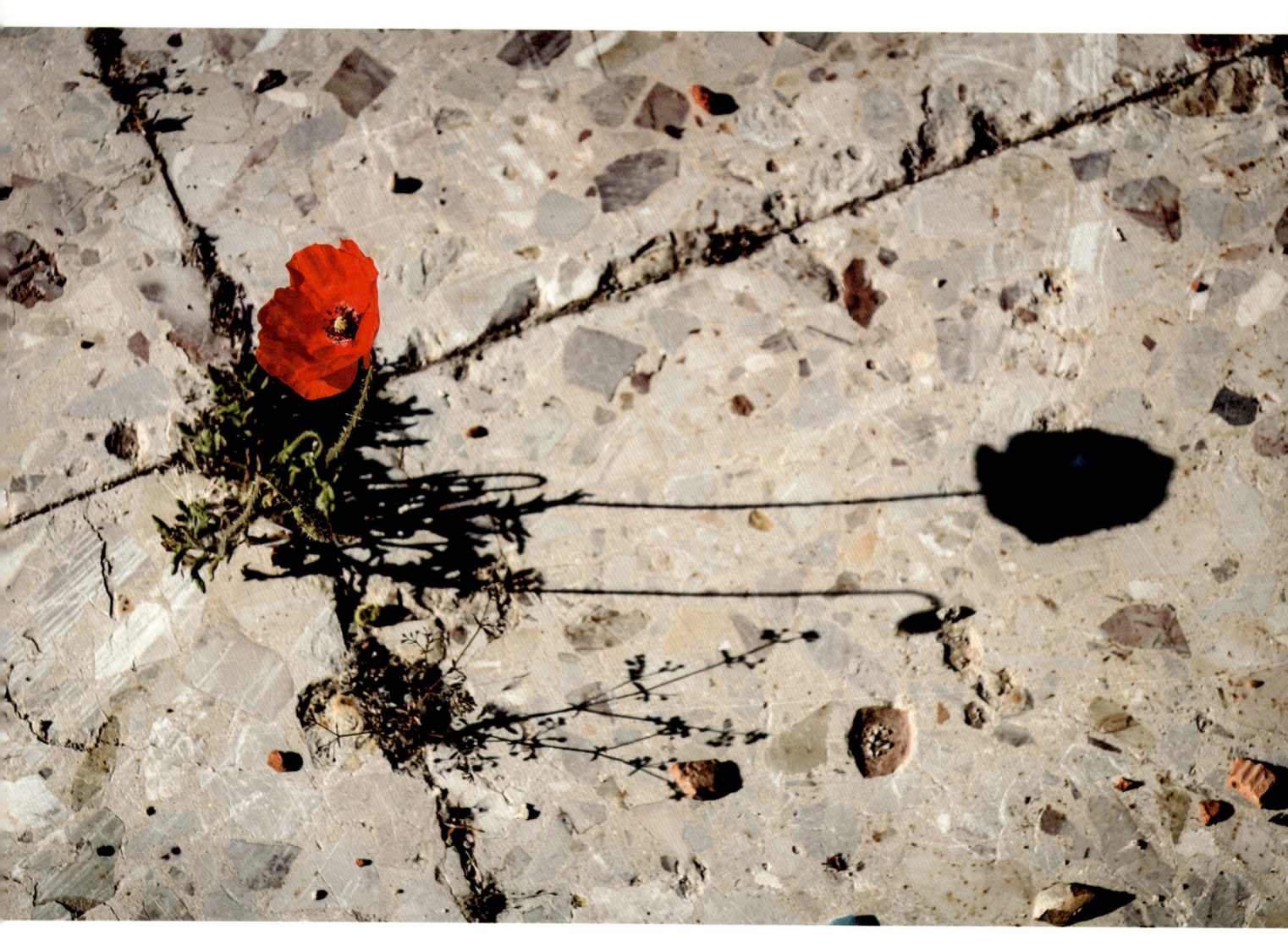

La retirada de las lluvias anuncia la llegada del verano. El campo se seca y se apaga y las nubes comienzan a escasear.

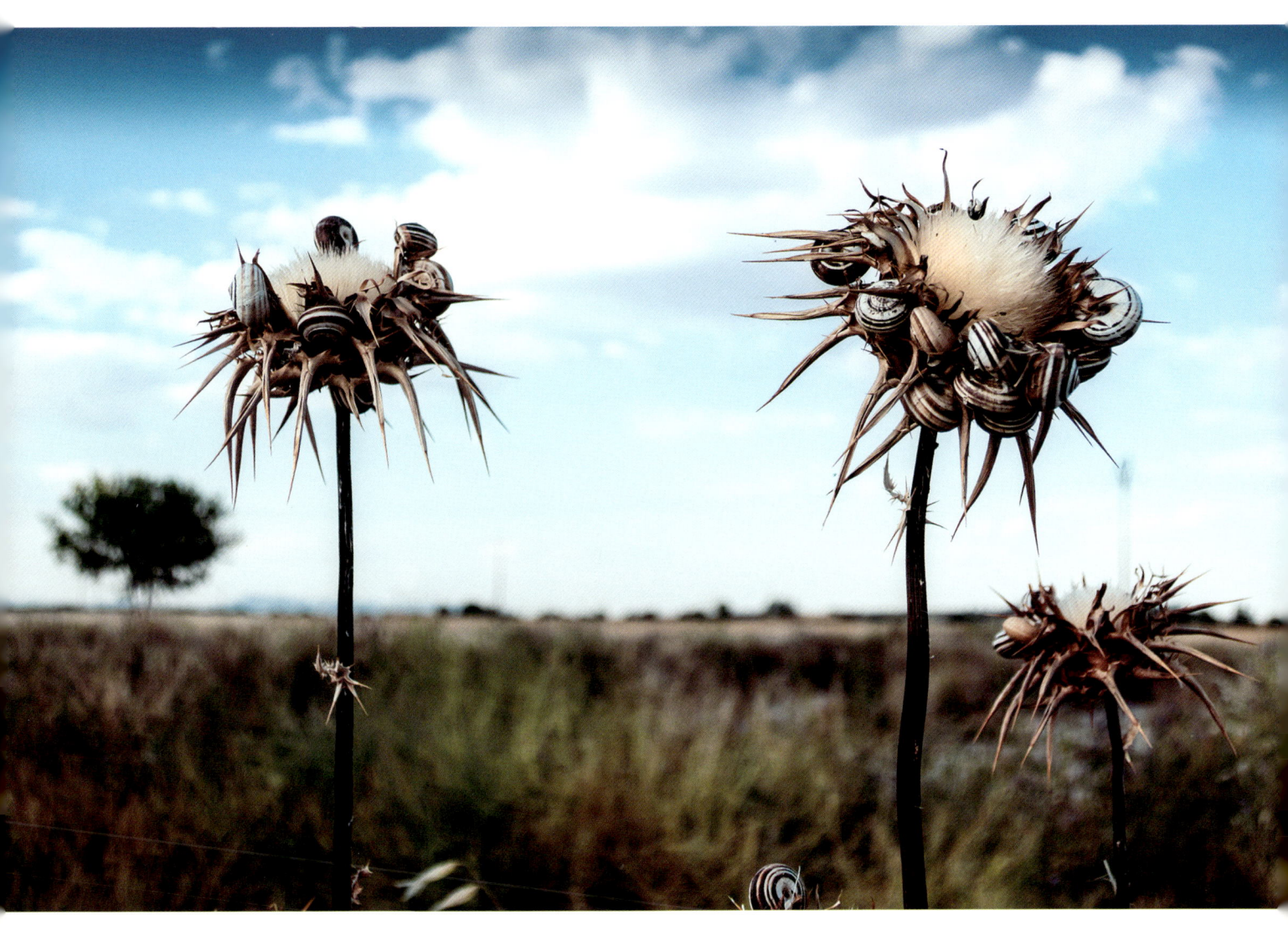

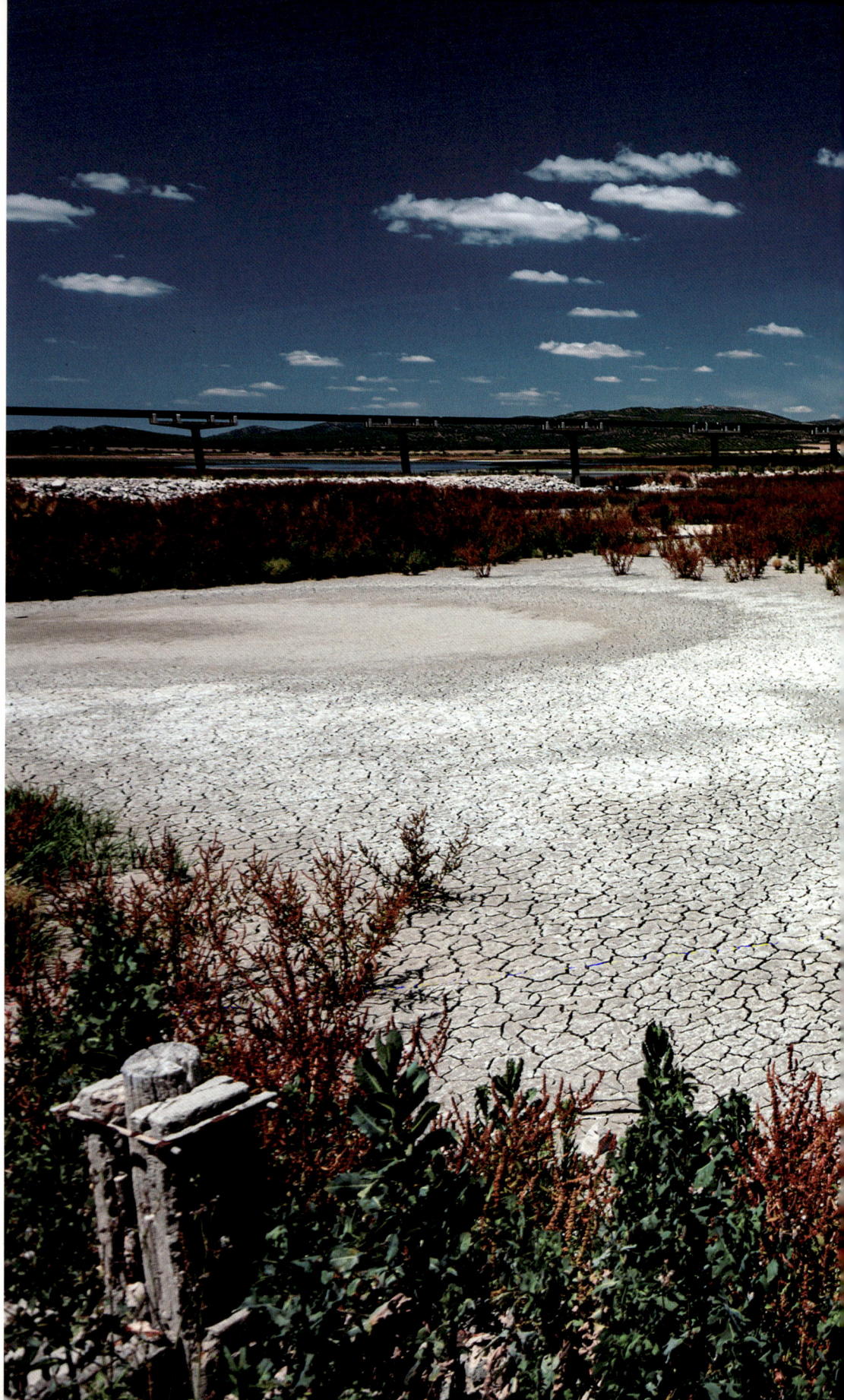

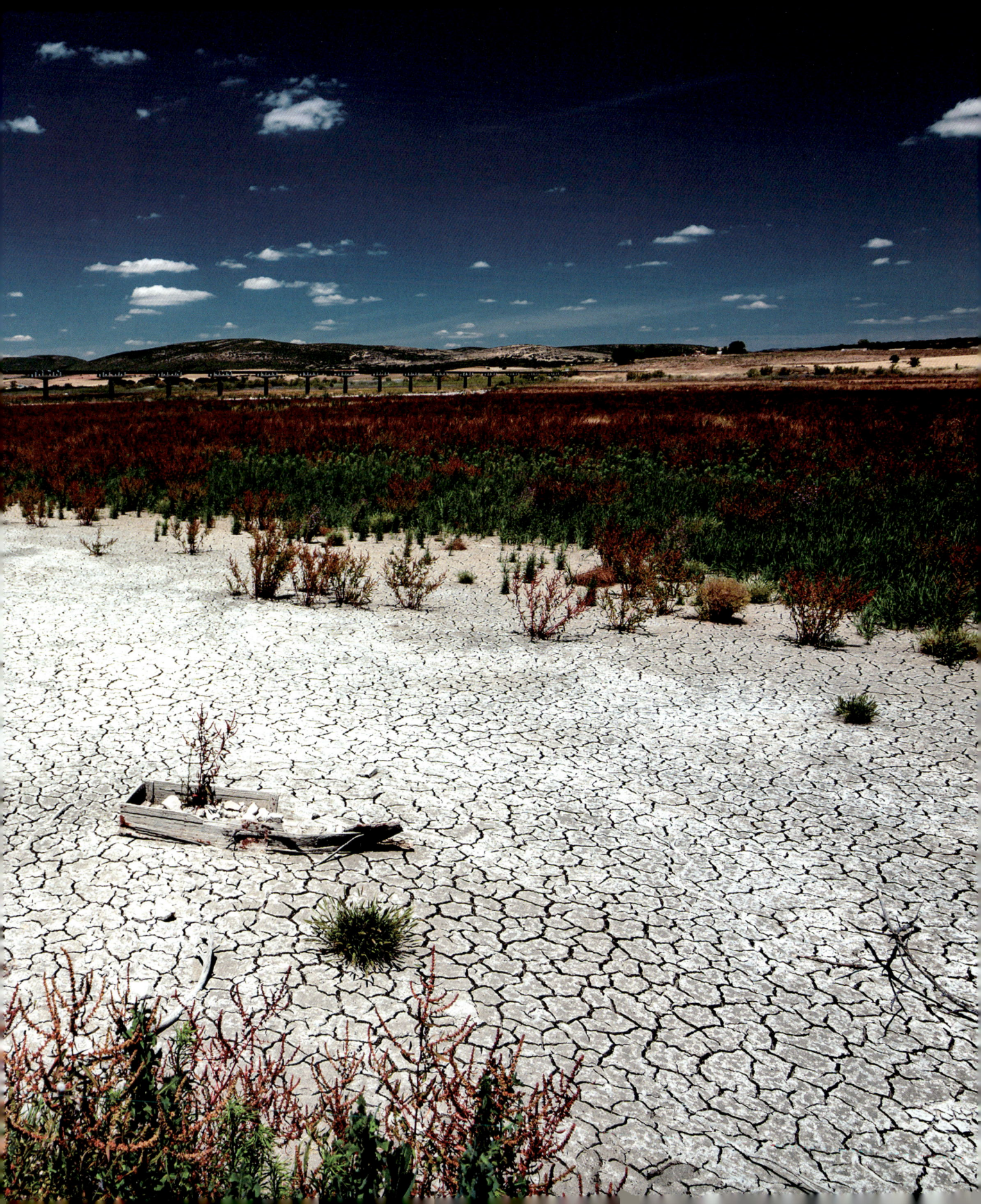

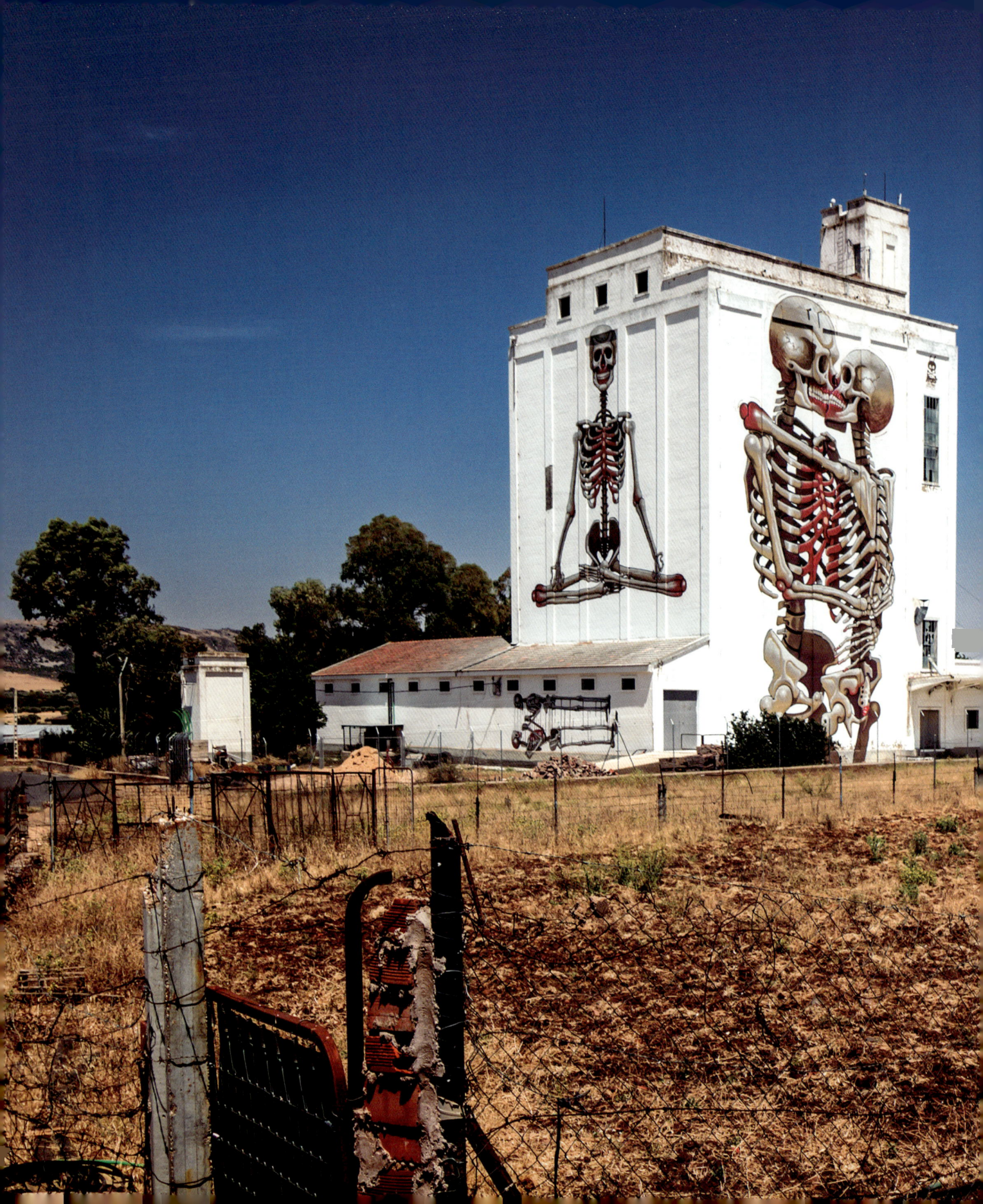

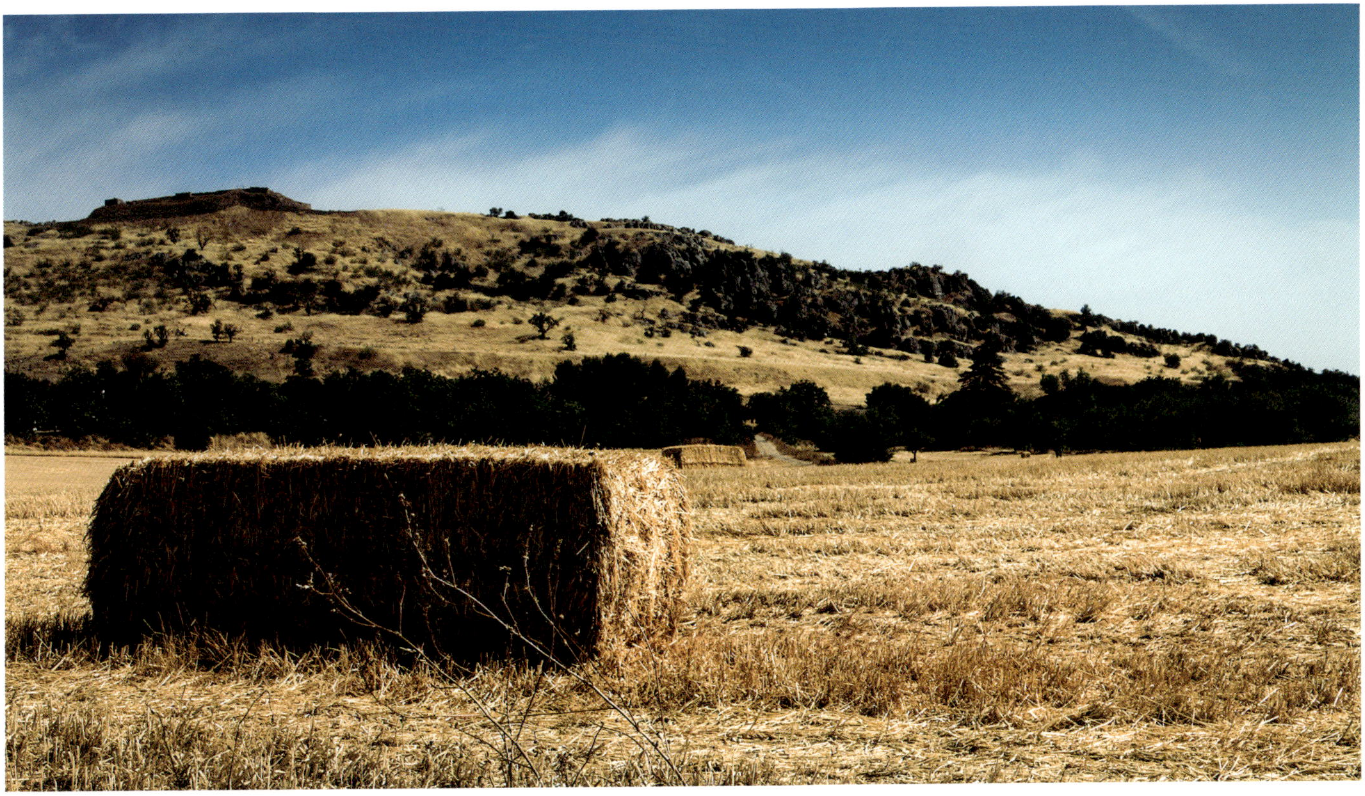

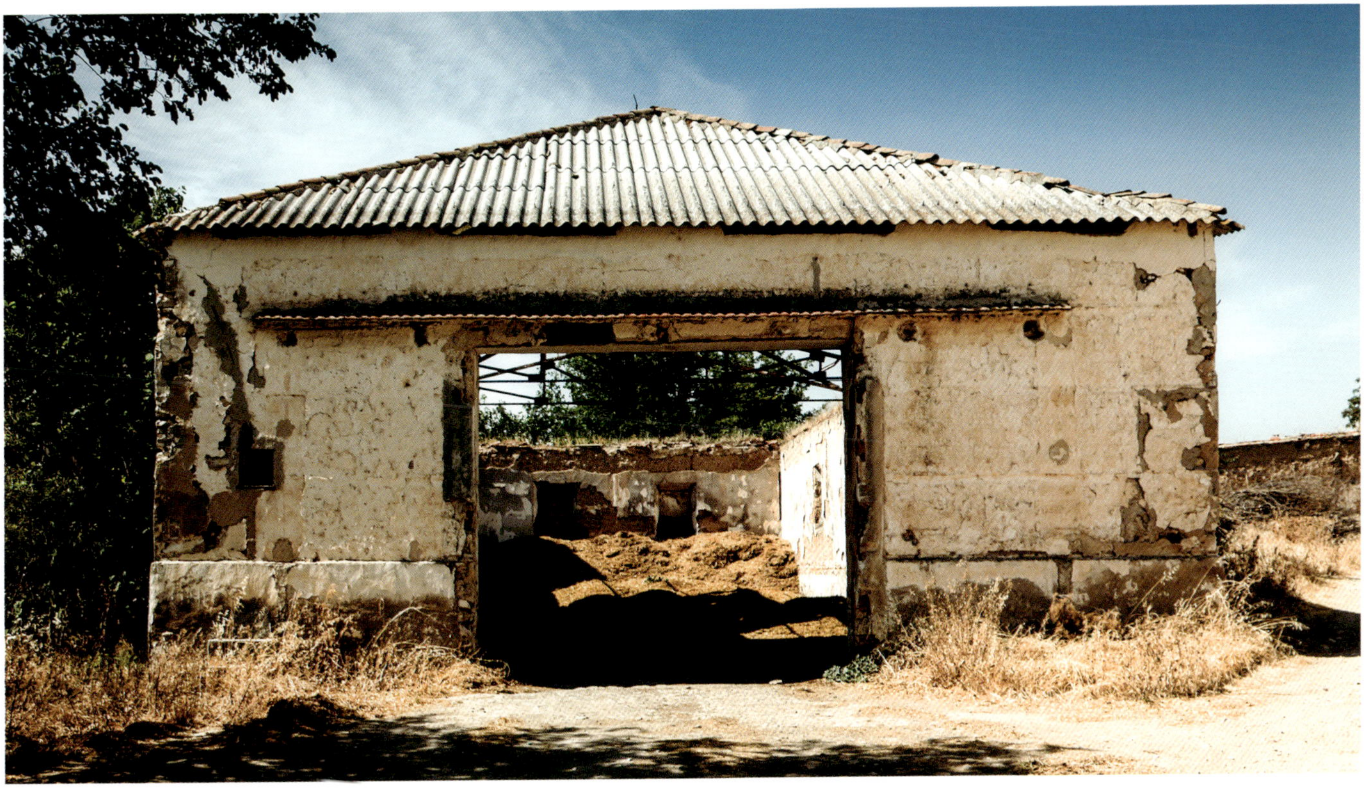

131

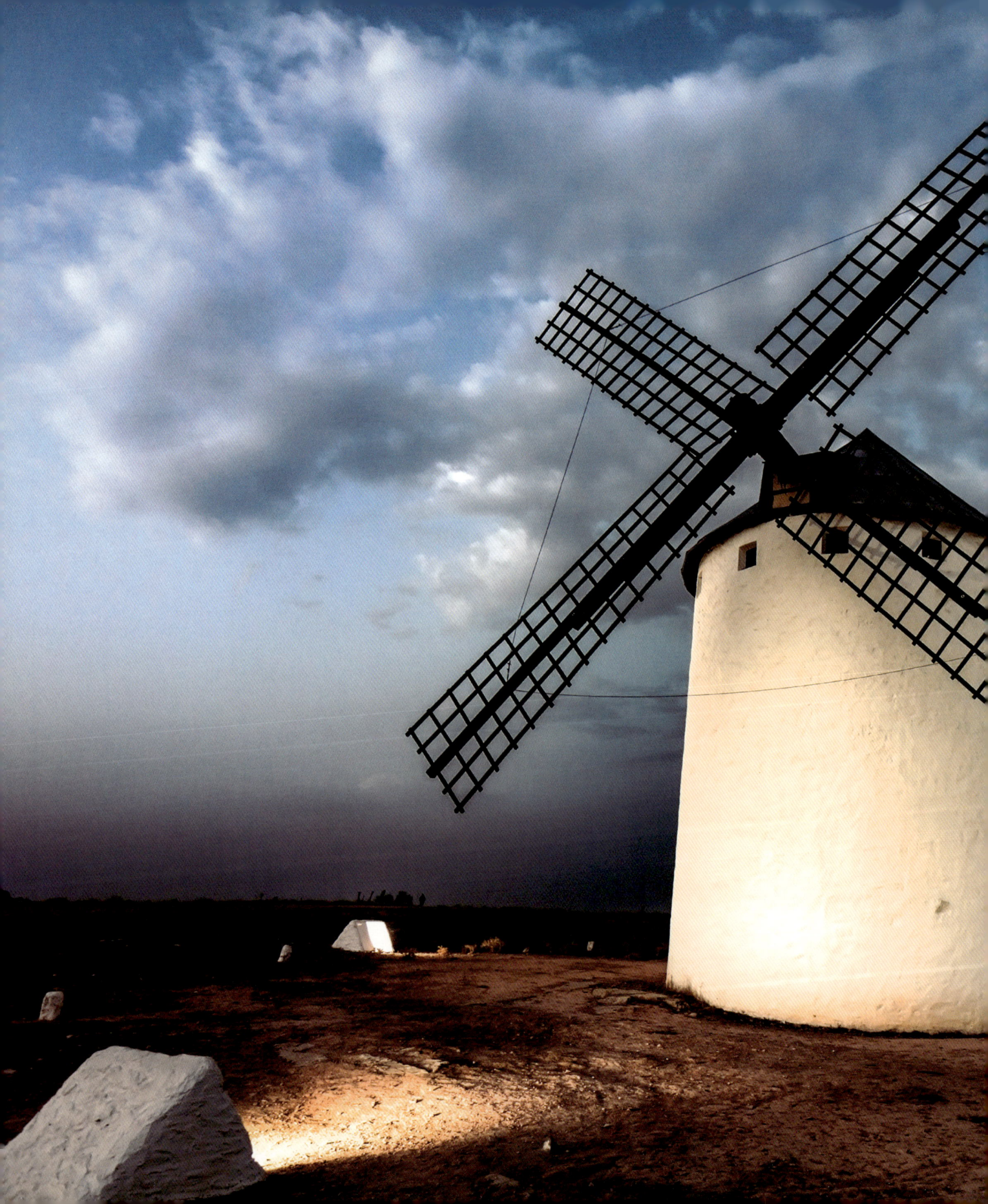

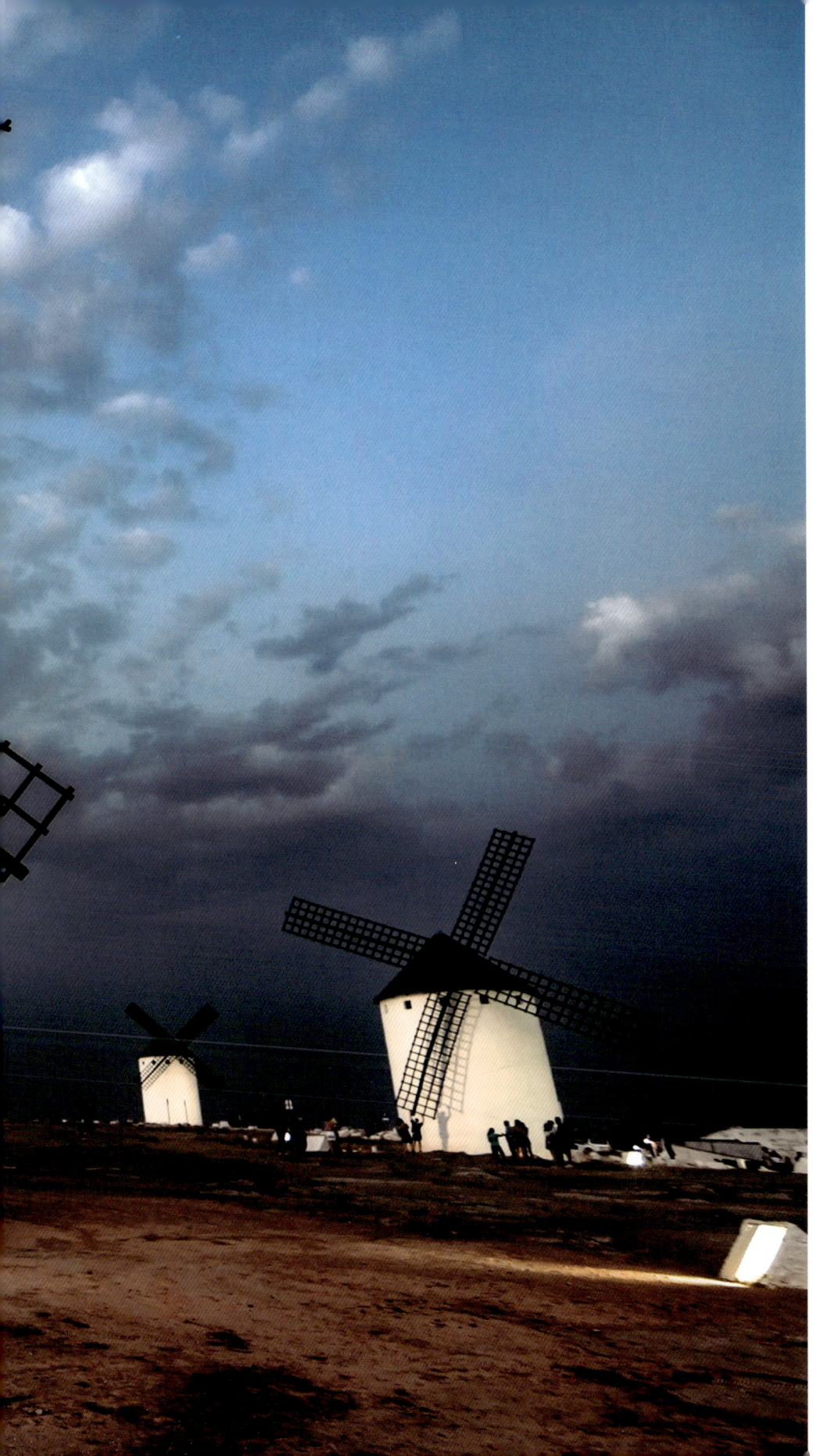

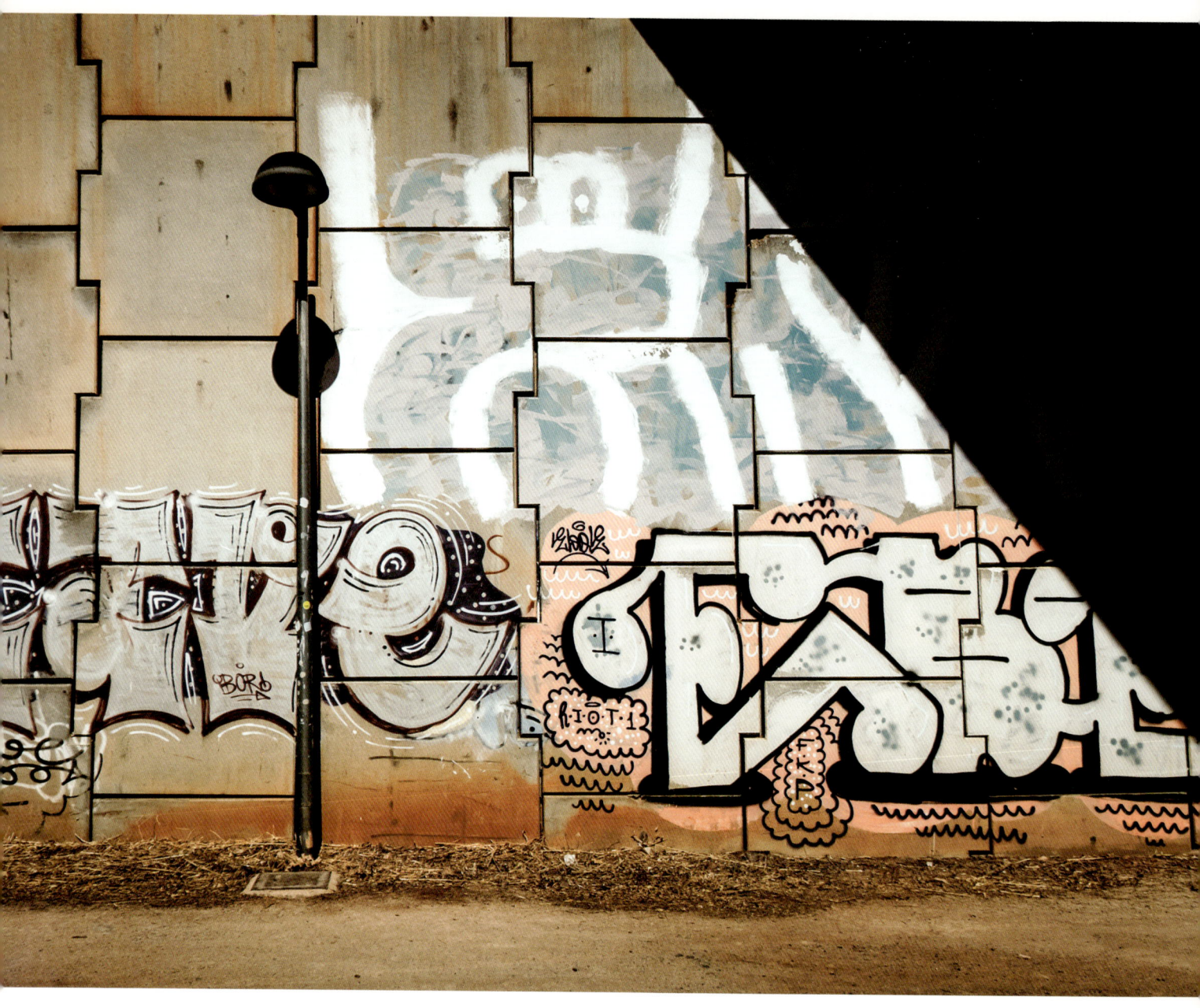

El intenso sol y en ocasiones la calima son los grandes protagonistas durante demasiados días, hasta que finalmente dejan paso a las nubes y vuelven las lluvias. El otoño se aproxima y el ciclo nuevamente se renueva.

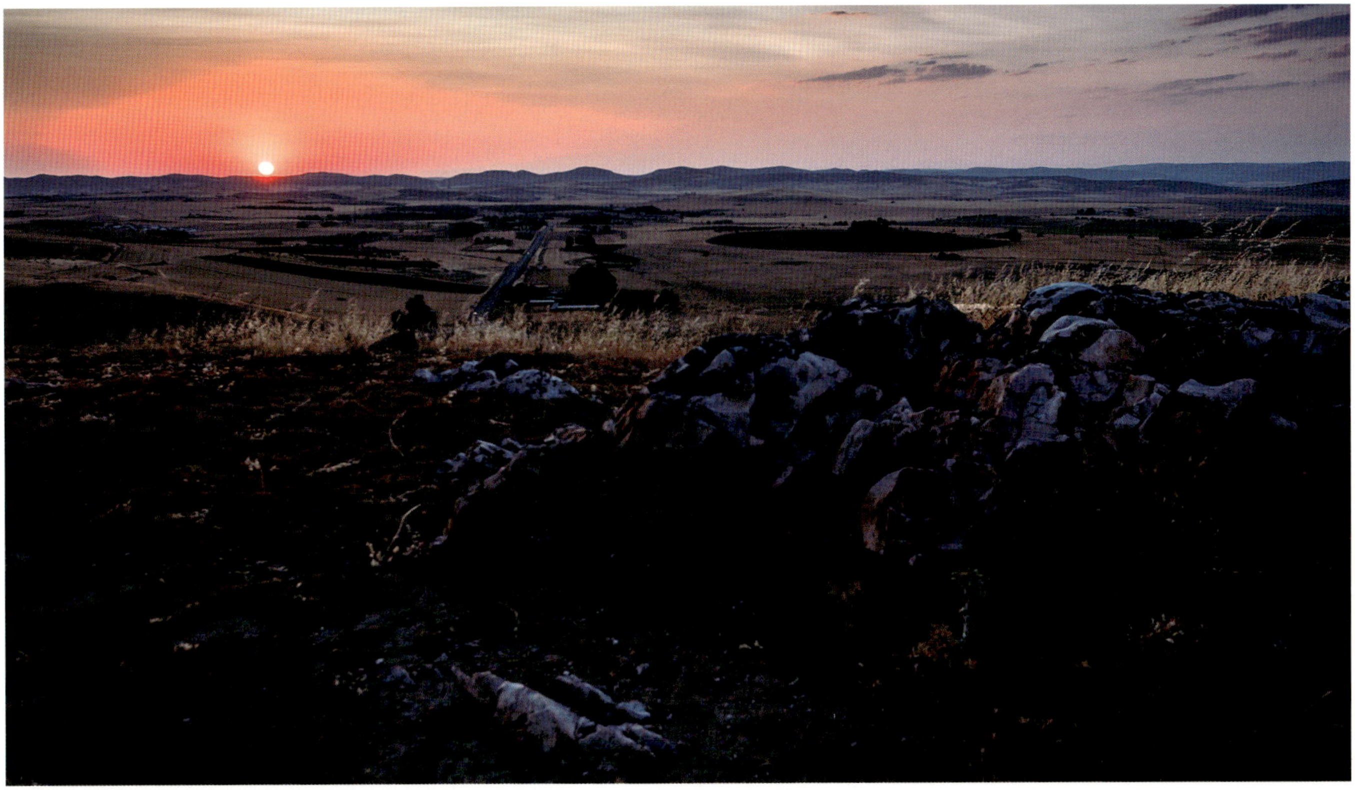

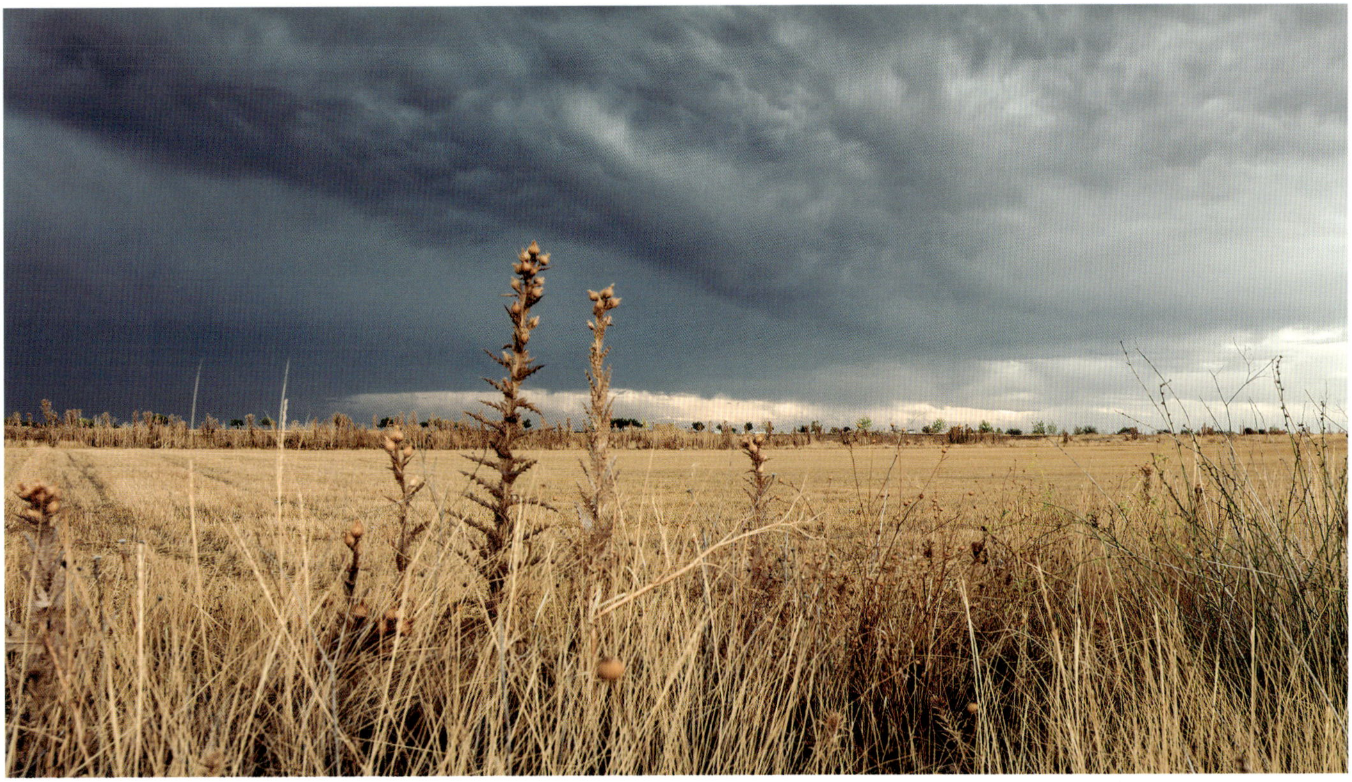

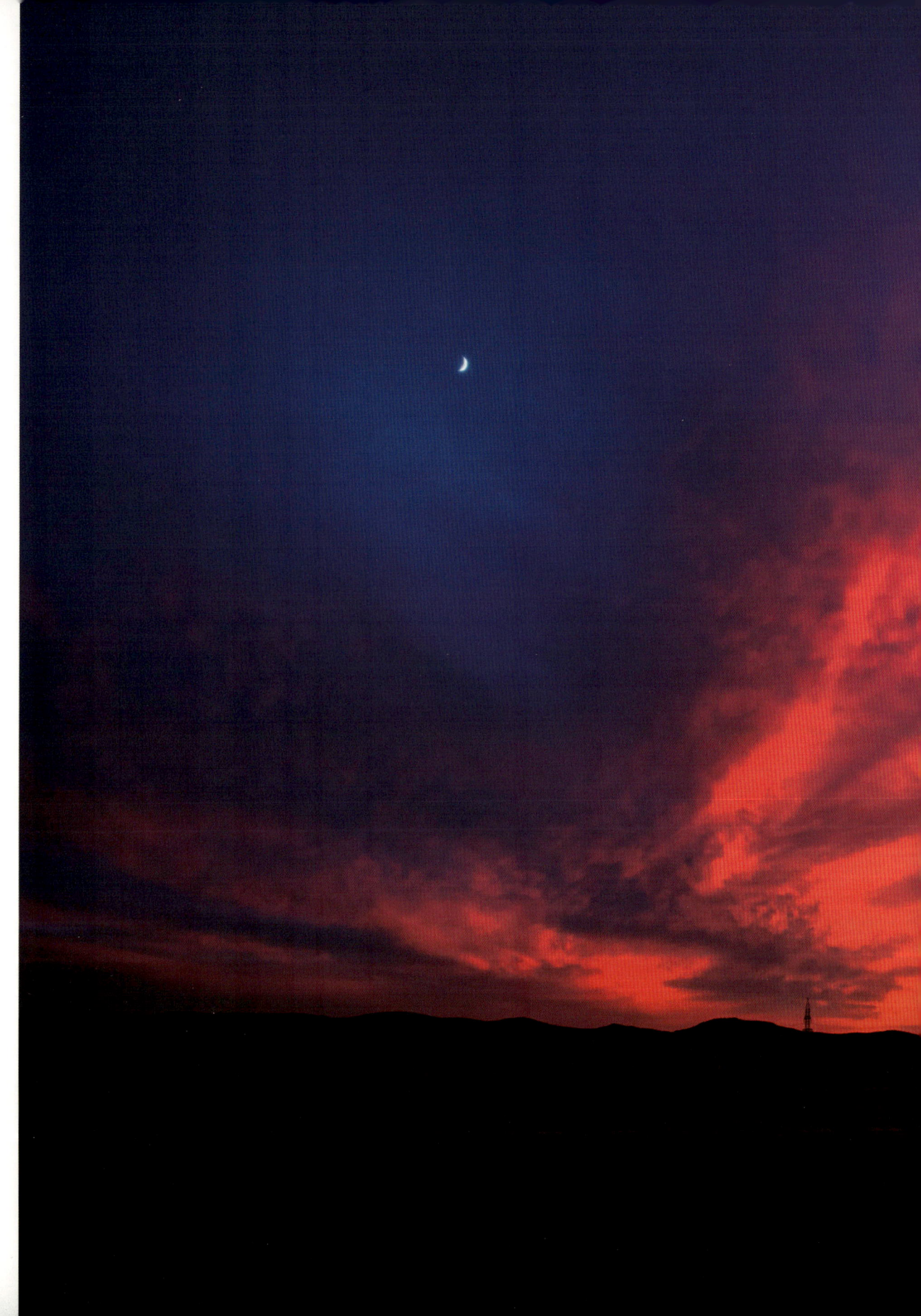

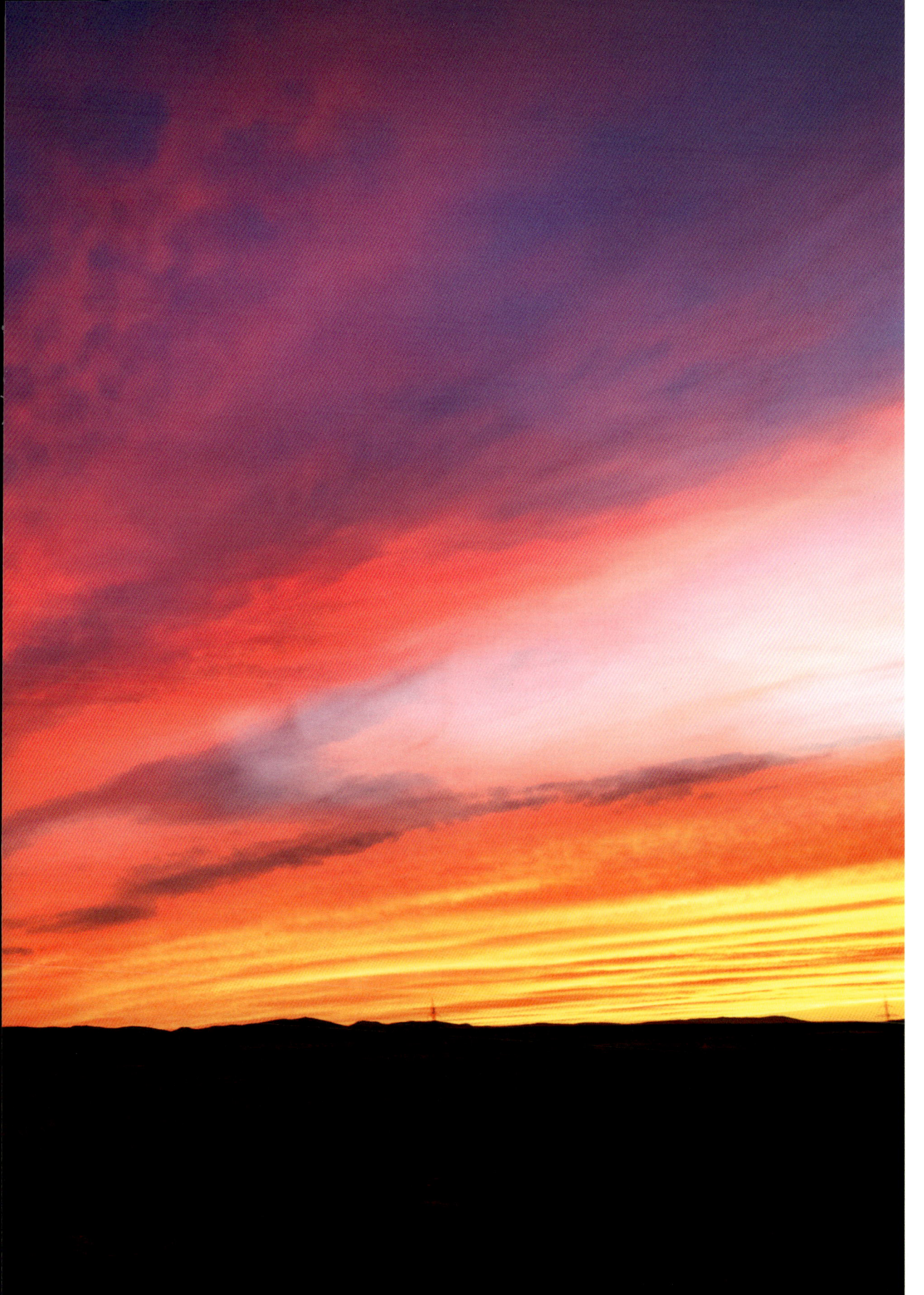

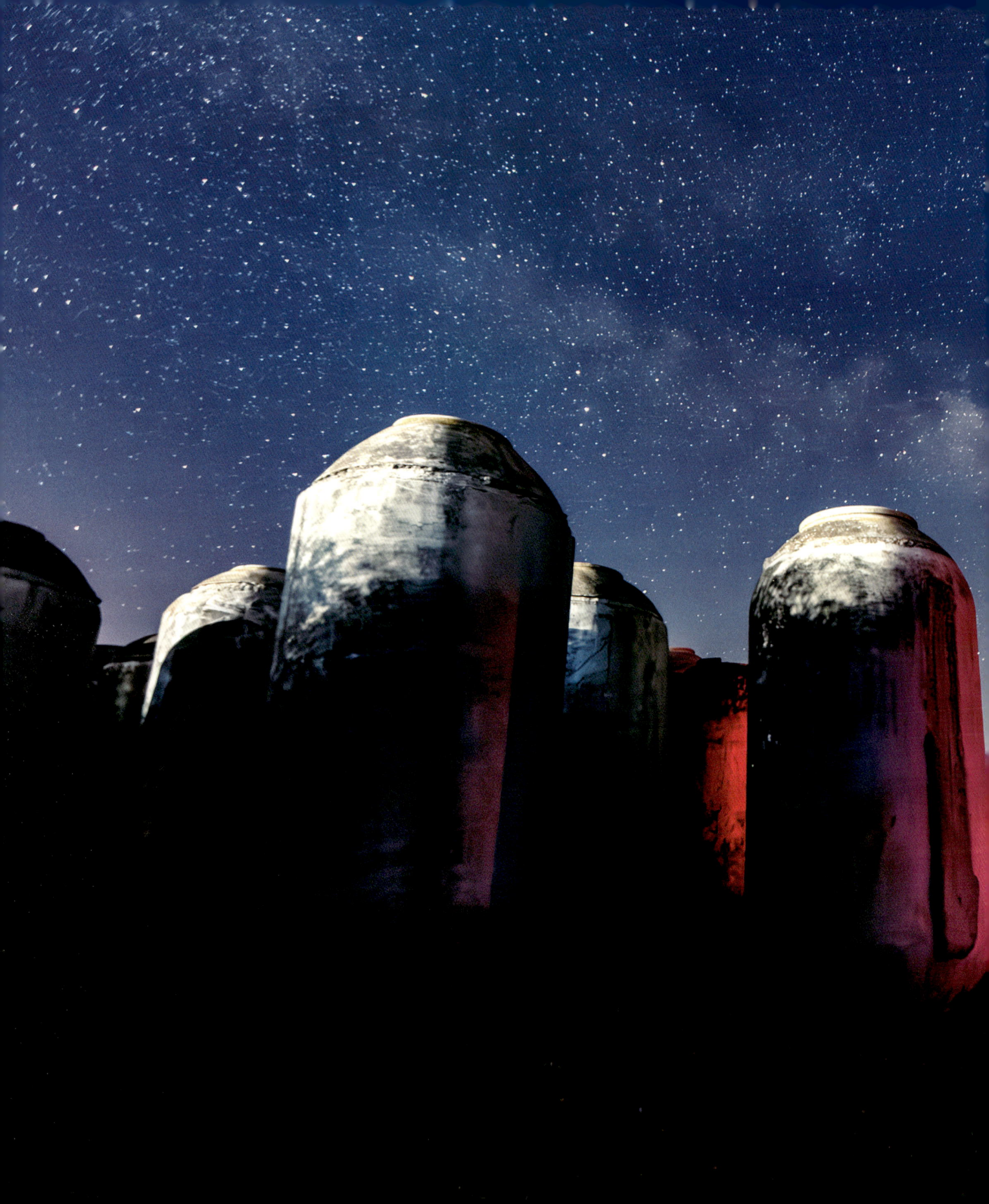

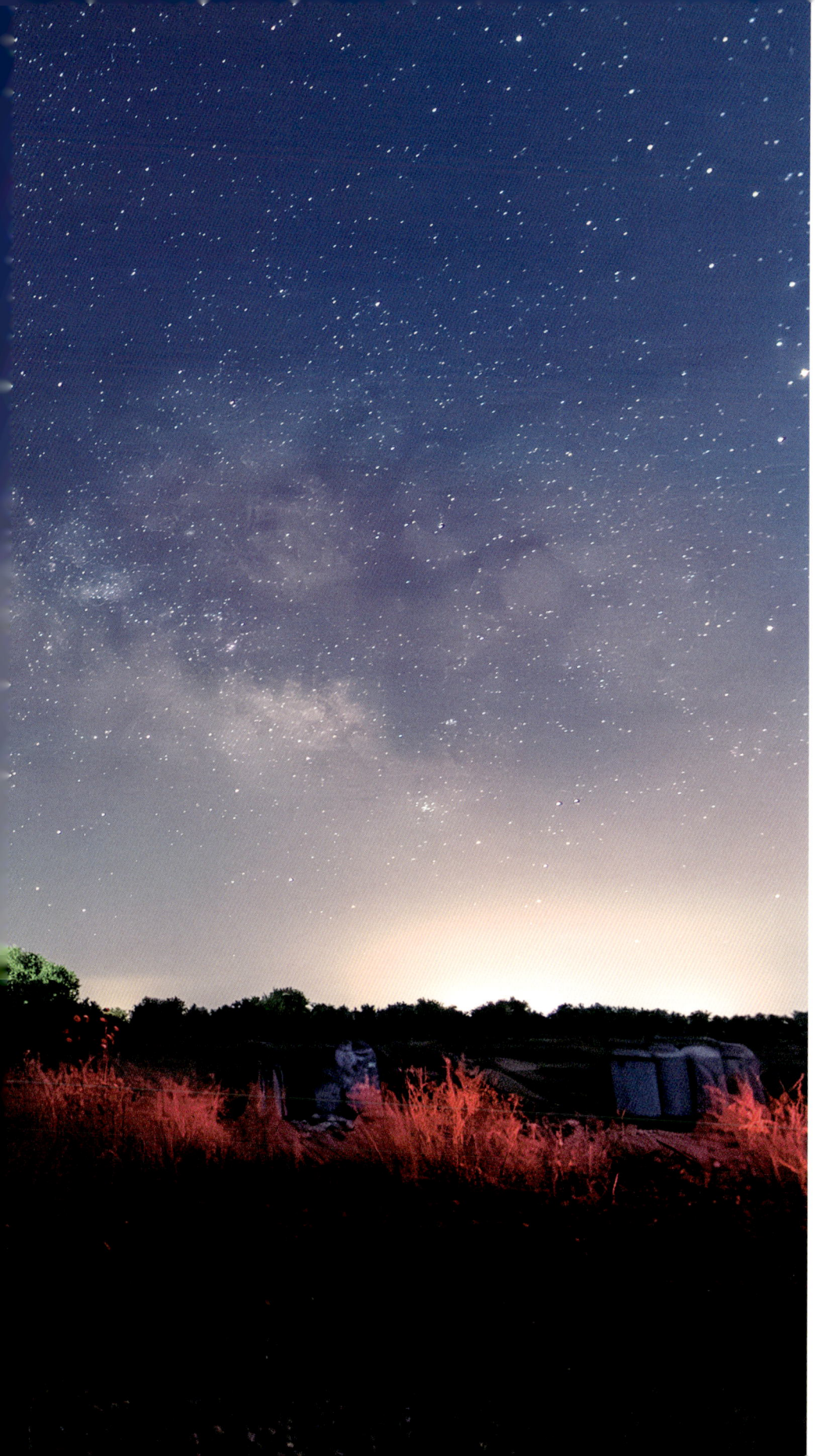

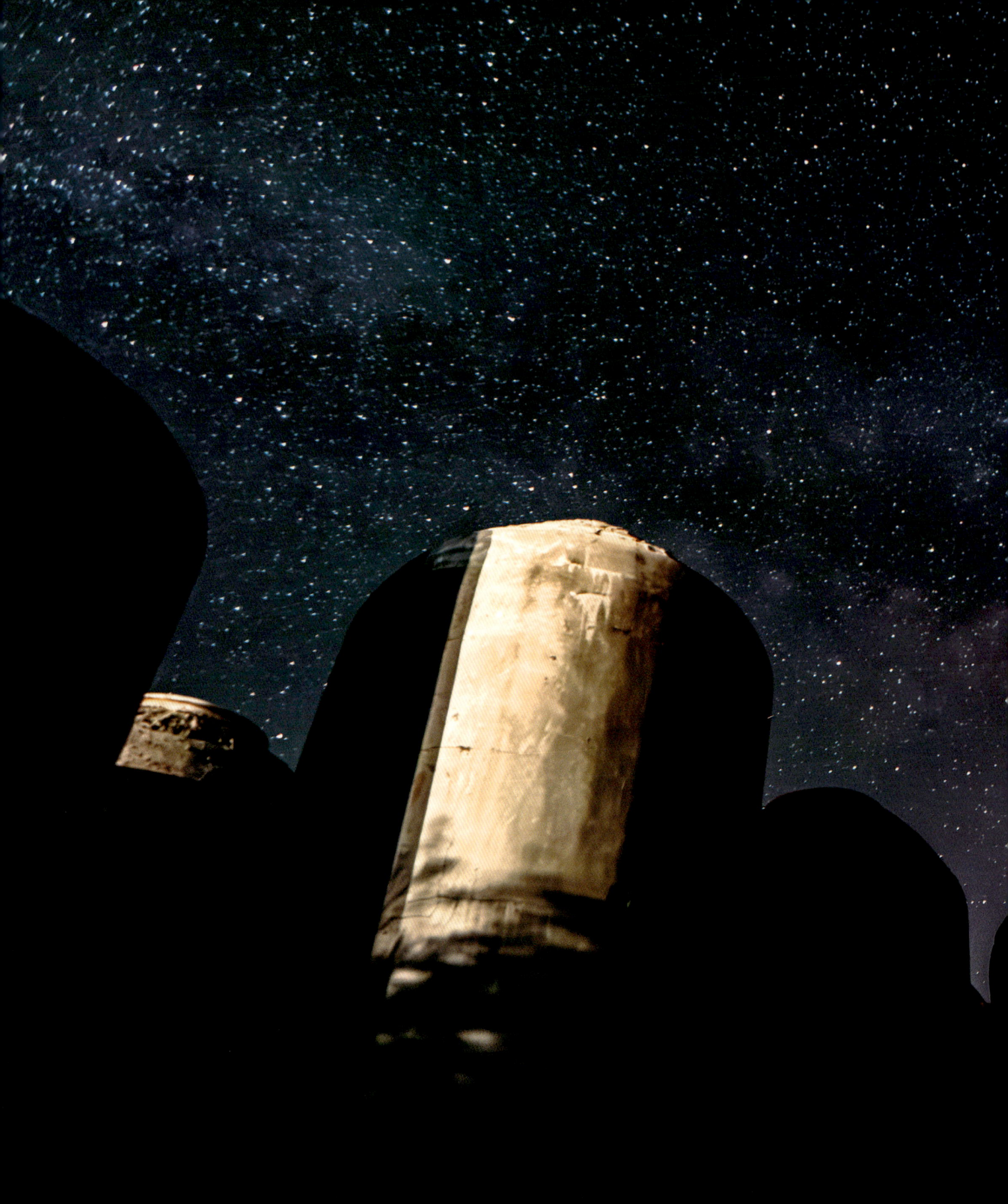

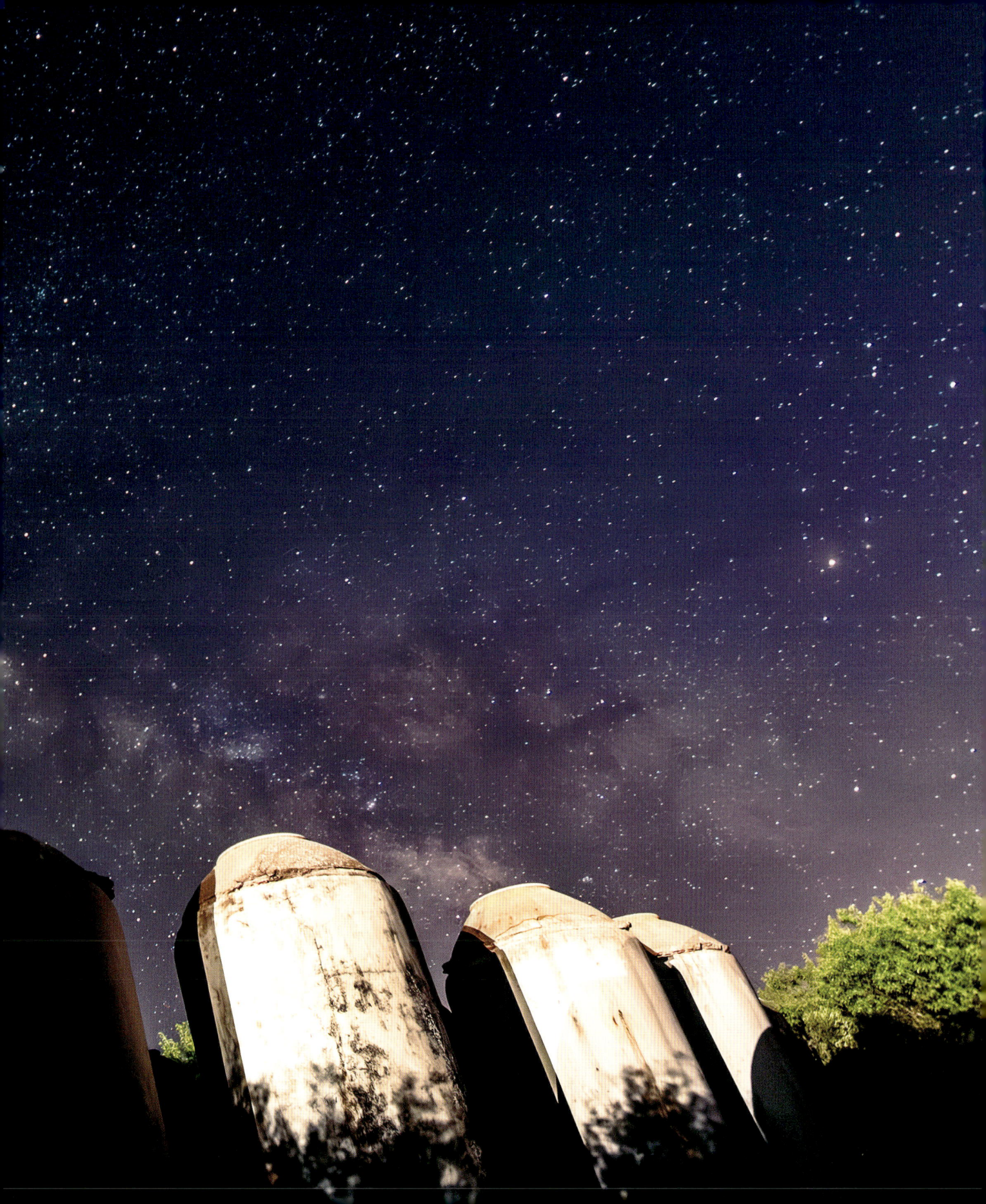

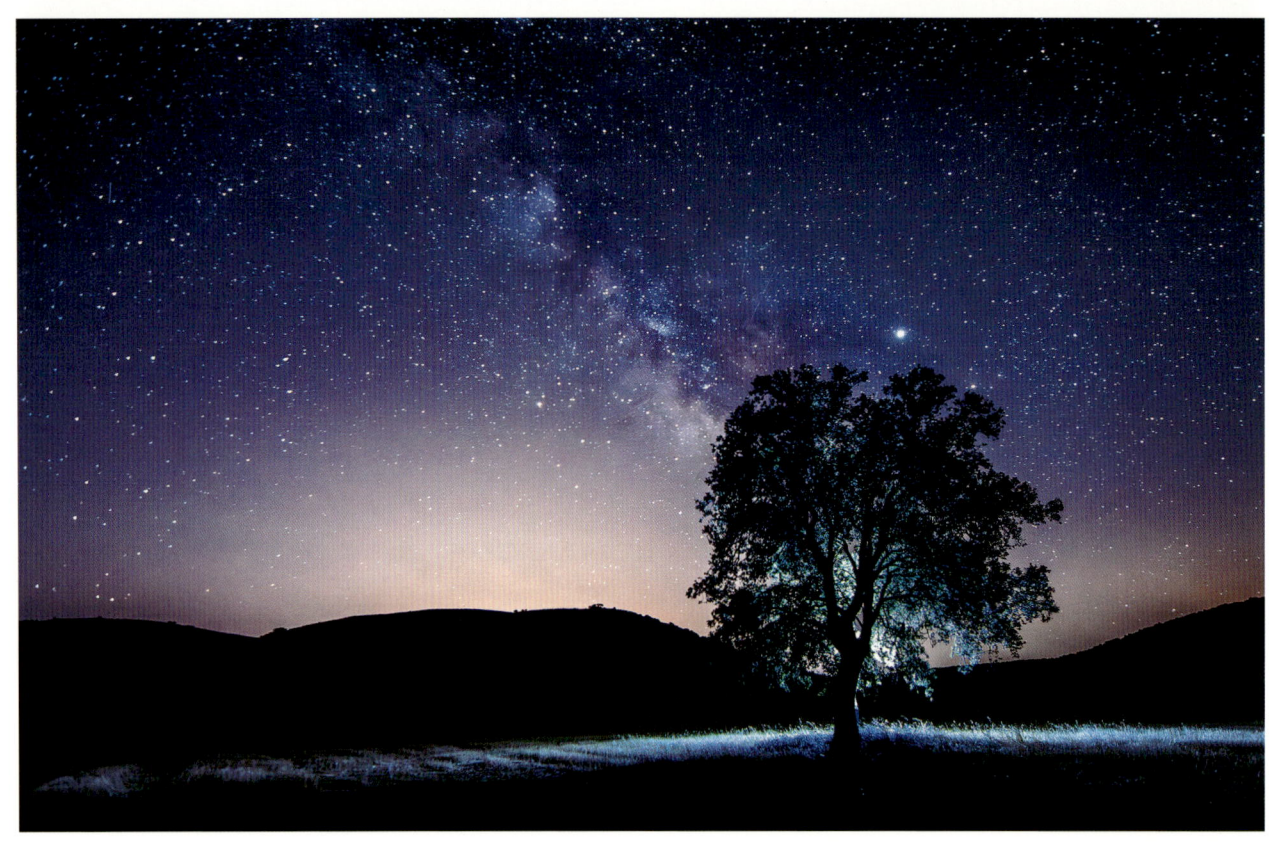

El advenimiento de la noche nos permite levantar la vista y mirar al firmamento. La posición de las estrellas va variando a medida que la gran bola de tierra, agua y aire donde vivimos se mueve sobre su eje y alrededor del sol. Las emisiones de luz que vemos nos llegan de cuerpos celestes que están en la otra punta de la galaxia y fueron emitidas hace cientos o incluso miles de años.

Es cuando descubrimos que estamos mirando al pasado, aunque nos cueste percibirlo como tal.

El tiempo y su huella amplían así su escala y adquieren un valor completamente relativo sobre el suelo que pisamos. ¿Qué es lo que nos rodea en comparación a una estrella?

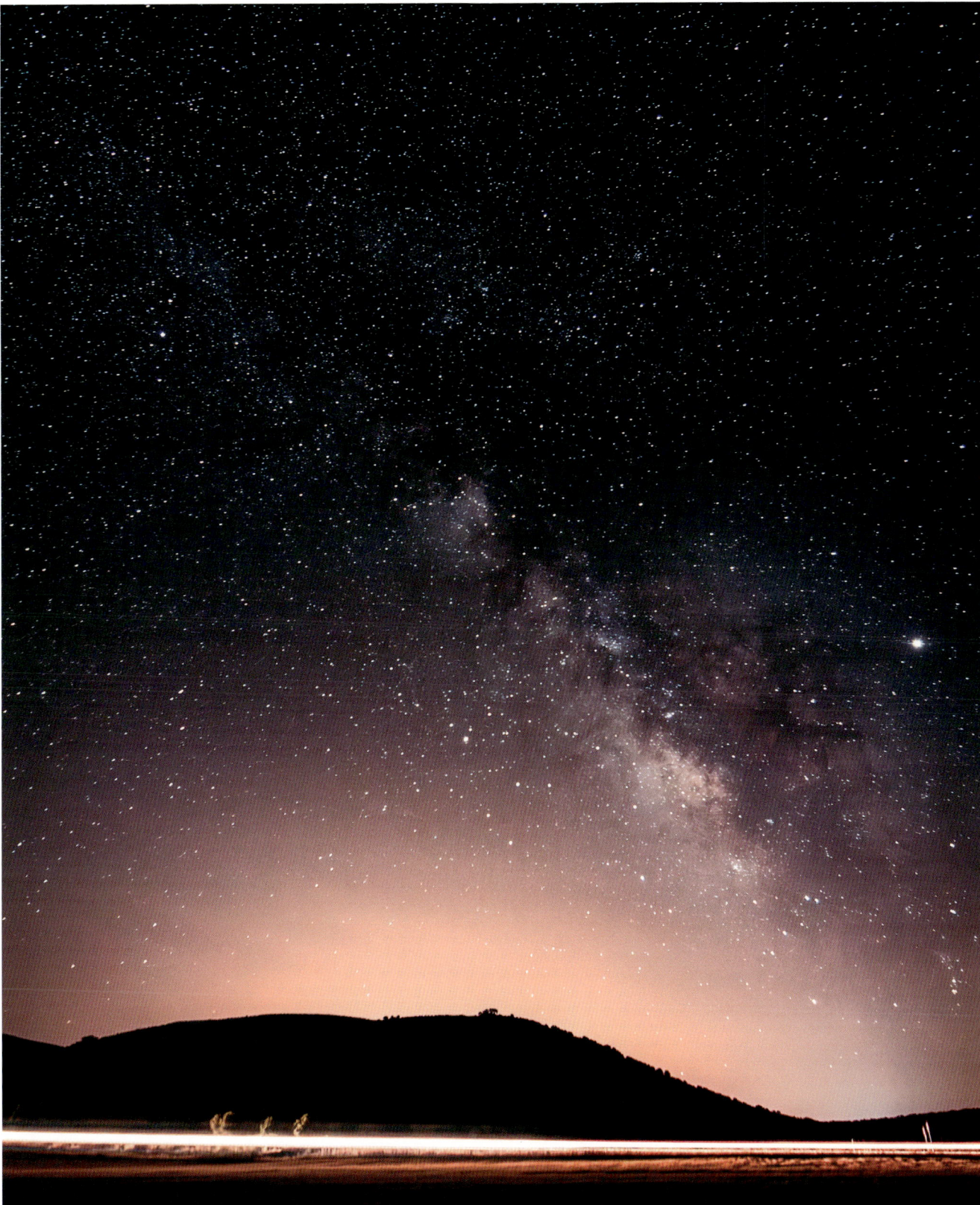

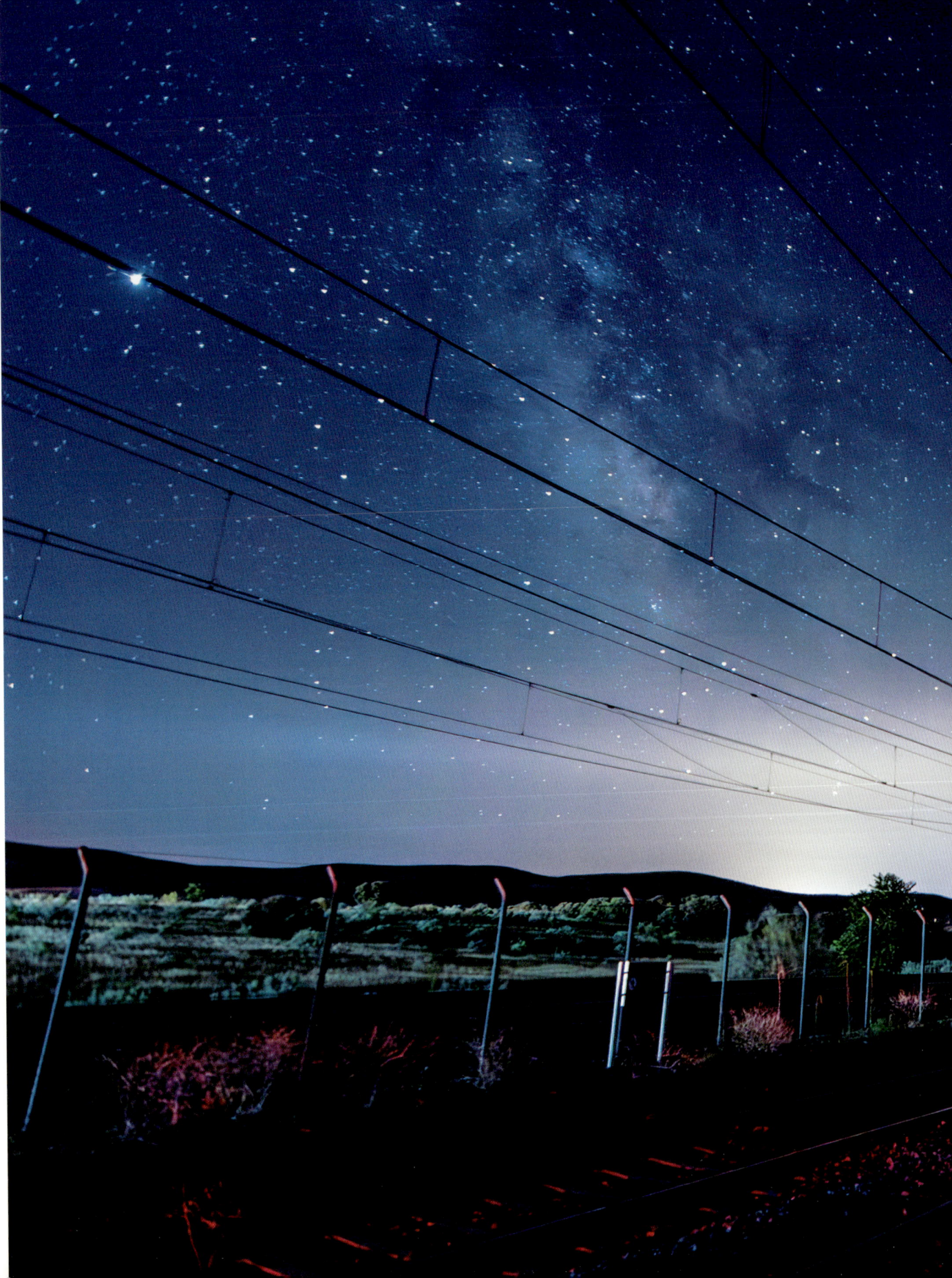

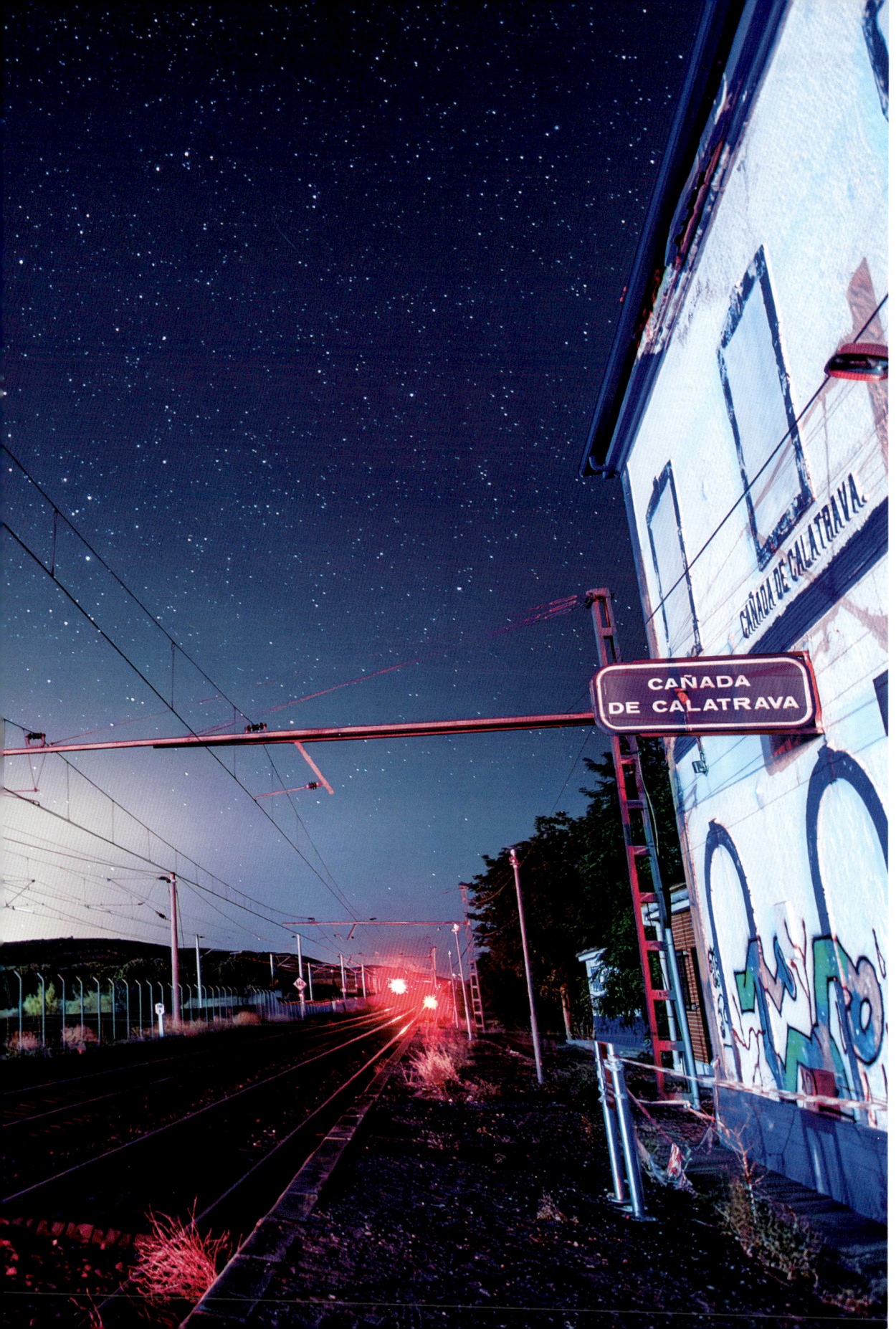

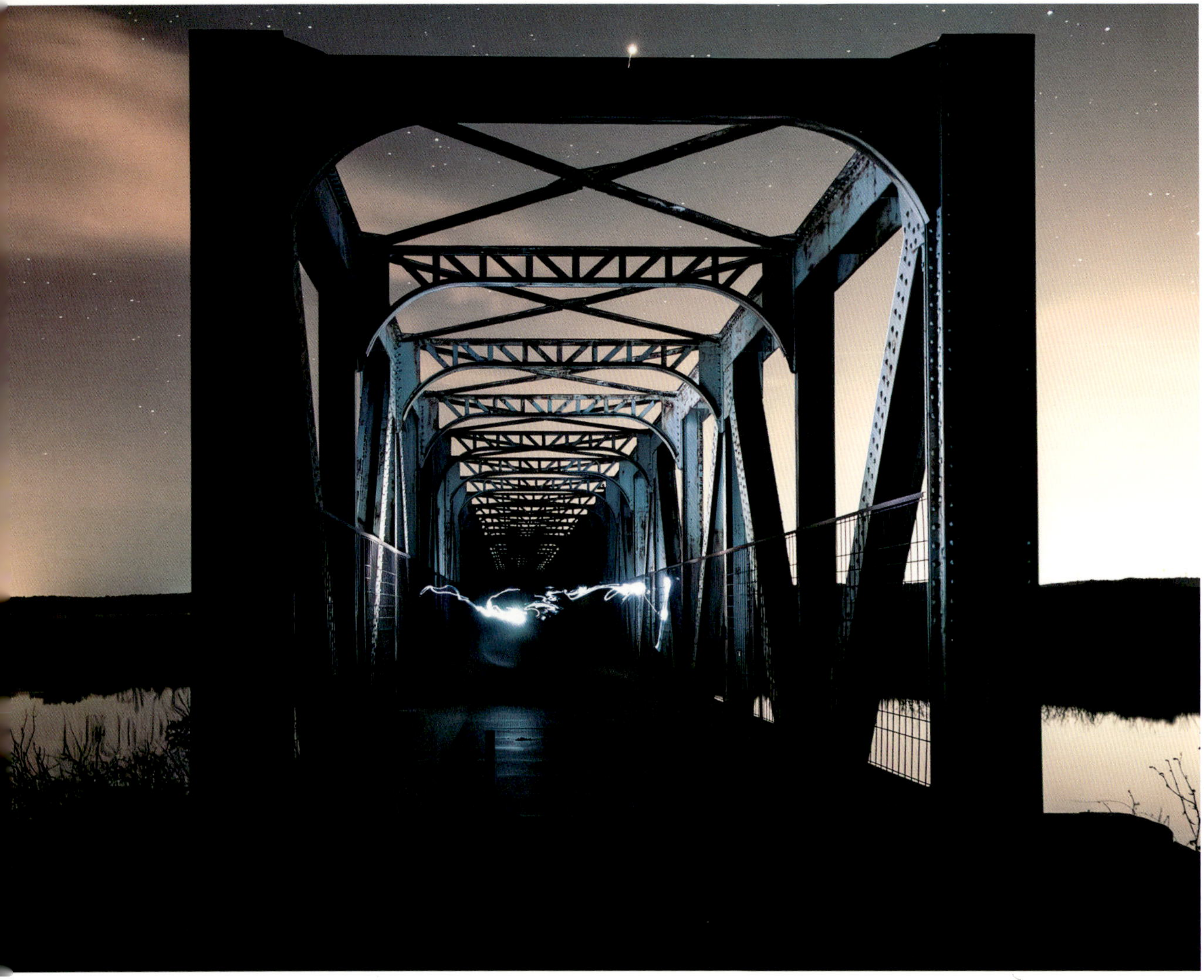

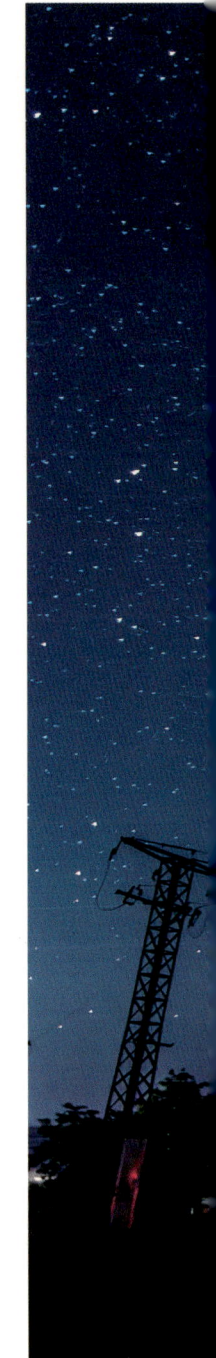

Luces terrenales y celestiales se combinan de manera
caprichosa y peculiar para dar otro aspecto al mundo
que nos rodea.

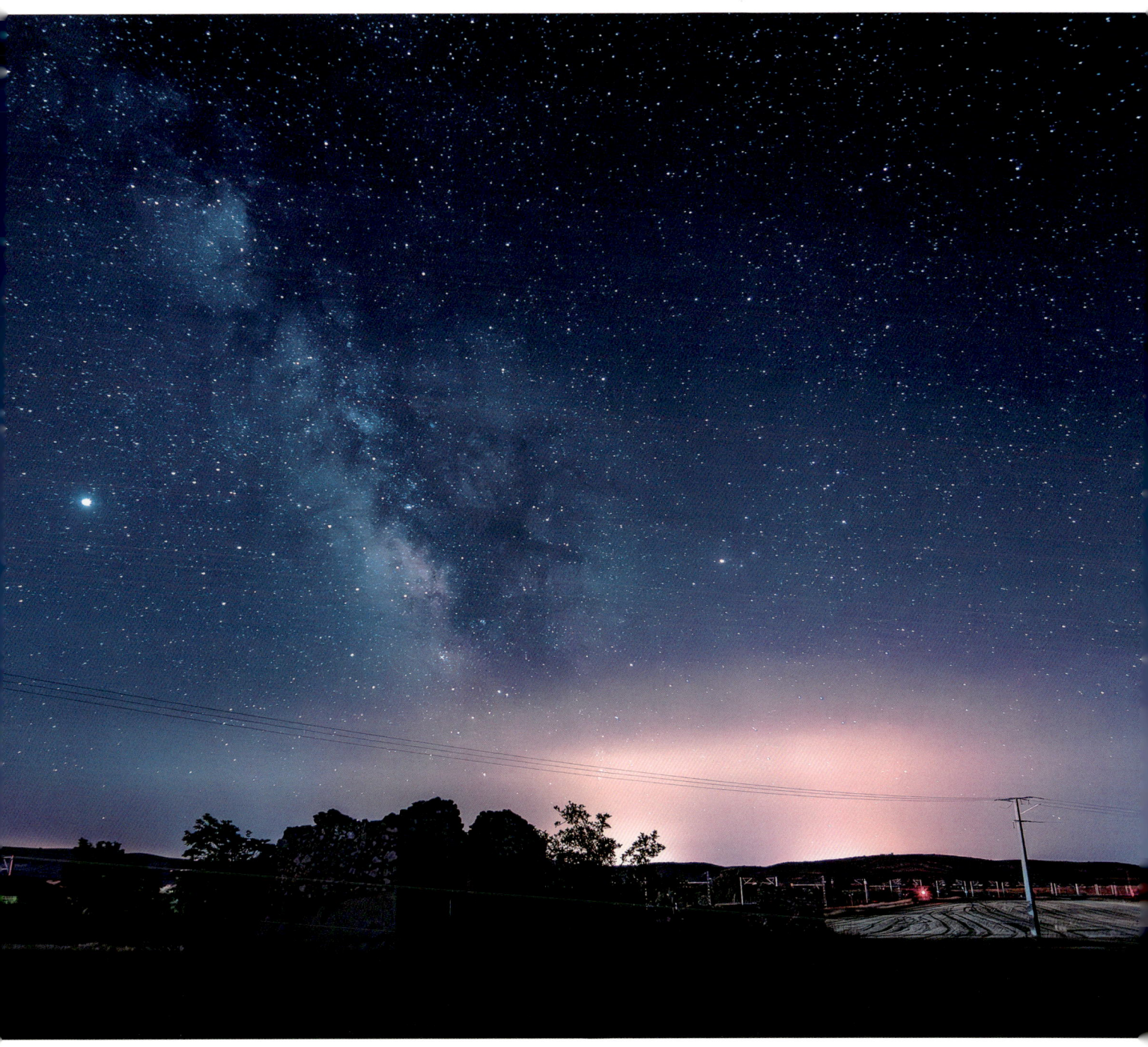

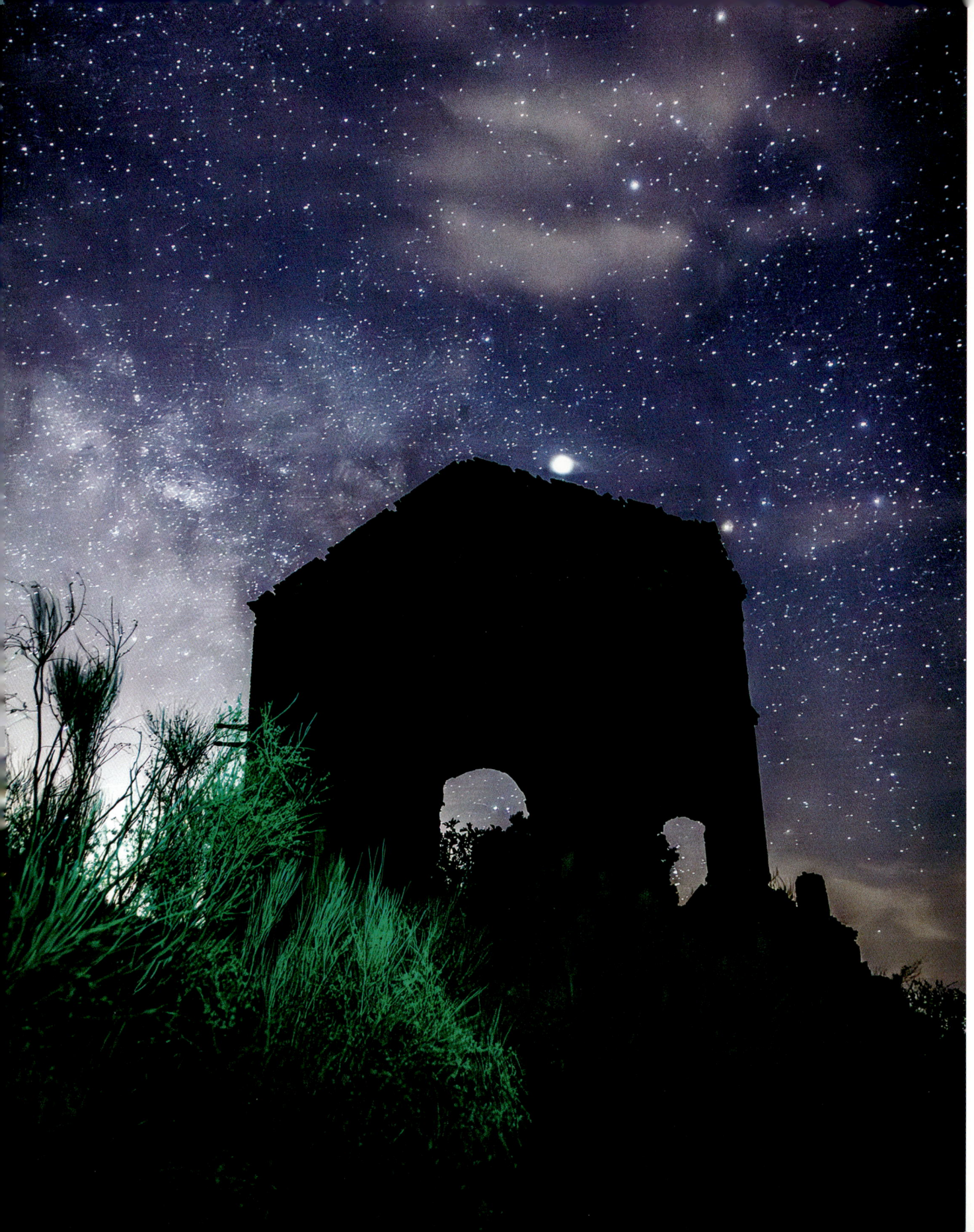

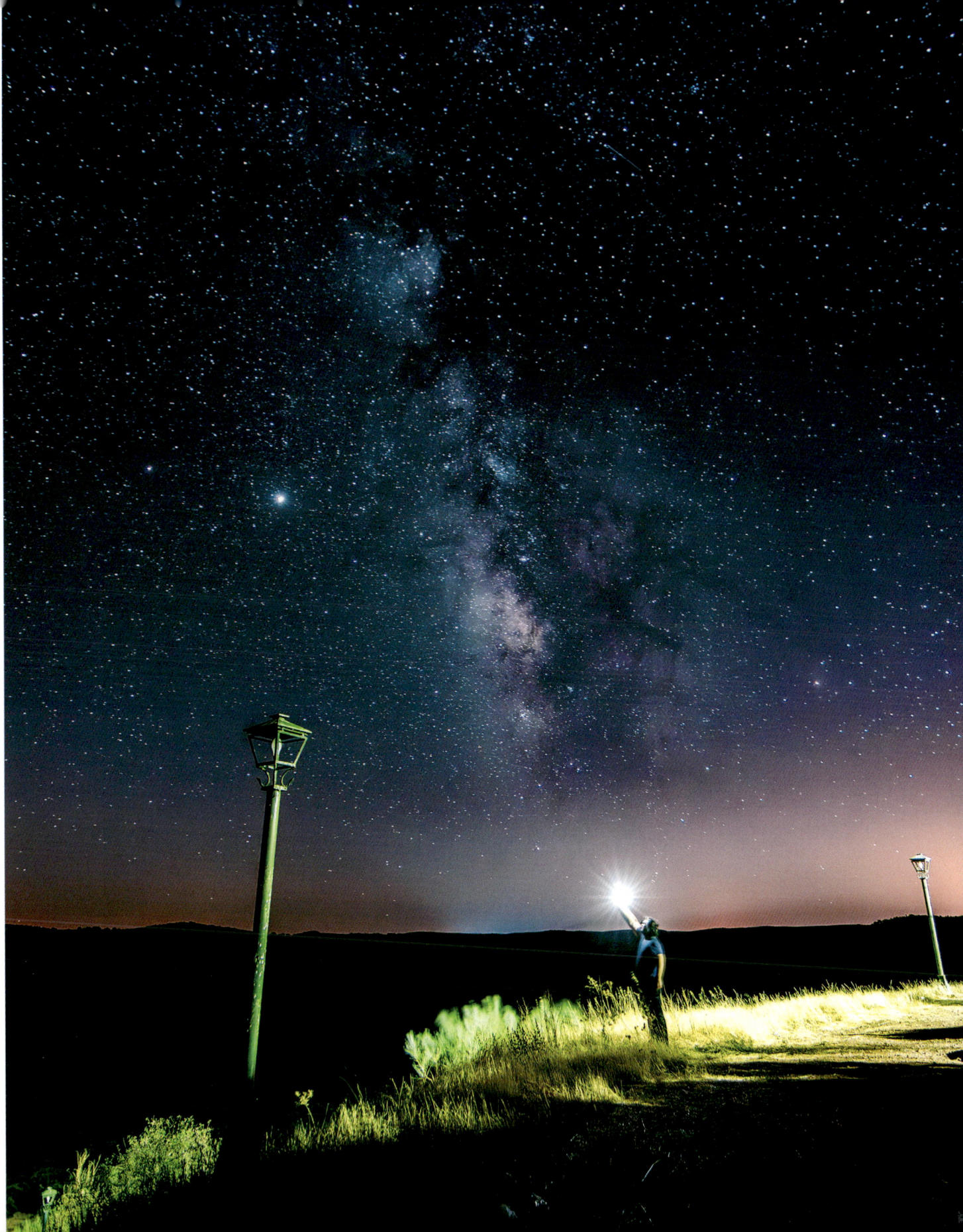

ÍNDICE DE IMÁGENES

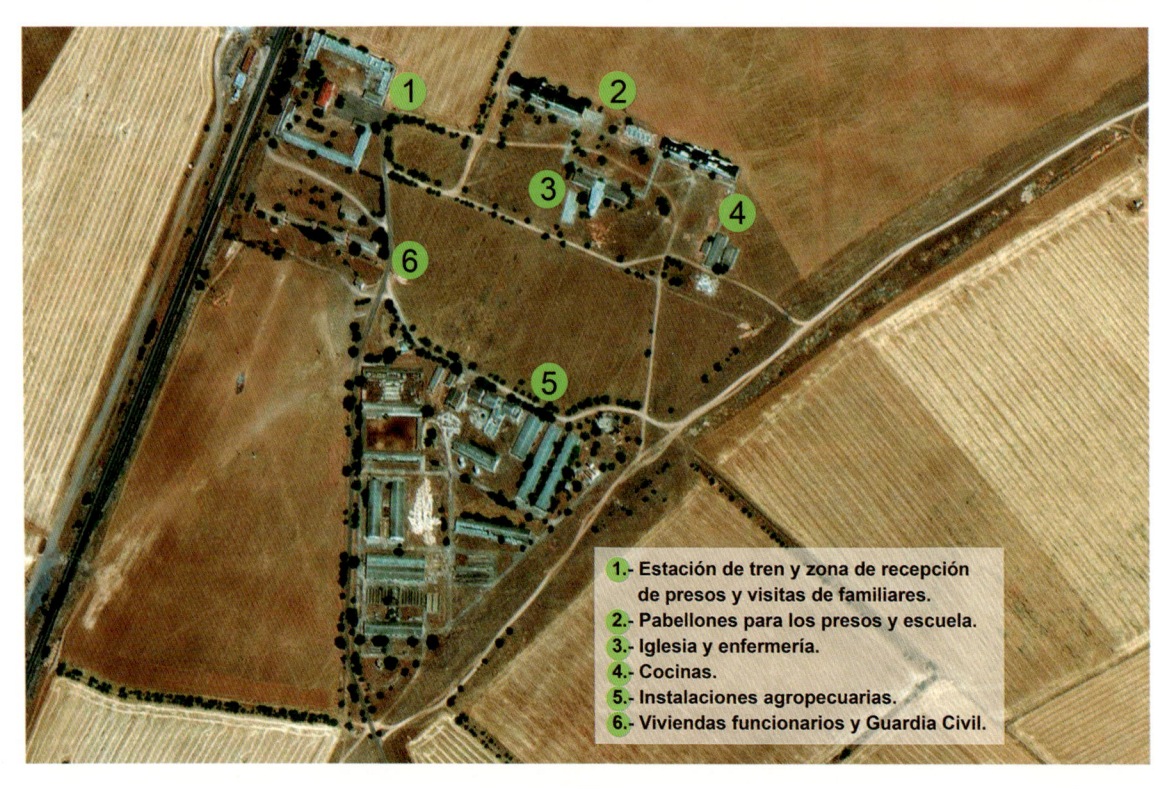

1.- Estación de tren y zona de recepción de presos y visitas de familiares.
2.- Pabellones para los presos y escuela.
3.- Iglesia y enfermería.
4.- Cocinas.
5.- Instalaciones agropecuarias.
6.- Viviendas funcionarios y Guardia Civil.

FUENTES Y WEBGRAFÍA

Reconstruir la historia de algunos parajes abandonados es en ocasiones un reto considerable.

En el caso de la **primera cárcel de Herrera de la Mancha**, poco encontré en la web (aparte de Wikipedia) y la información recopilada viene directamente de testimonios de funcionarios que trabajaron en el lugar o de gente que posteriormente fue a plasmar su arte en las paredes o a disfrutar la Nochevieja de 2015, entre otras actividades. Muy útil me fue la imagen de Google Maps de la vista aérea del recinto (página anterior) antes de la demolición, donde se podían ver claramente las distintas zonas que componían el recinto y sobre las que he trazado el recorrido fotográfico.

La demolición del recinto sí fue objeto de crónica y se publicó en el siguiente artículo, de donde algo más de información pude usar:

https://www.latribunadeciudadreal.es/noticia/z852630c6-e288-ad03-96f139de1b0c14cc/201810/venecia-se-hunde-presa (27 junio 2022)

En cuanto al resto de **parajes**, también es obligado por mi parte referir las siguientes páginas webs:

https://elsayon.blogspot.com/2014/06/el-molino-hidraulico-del-puente-de.html (10 abril 2024)
https://www.lugaresconhistoria.com/borondo-venta-quijote-ciudad-real (12 abril 2024)
https://es.wikiloc.com/rutas-senderismo/corral-de-calatrava-molino-abandonado-82906722 (12 abril 2024)
https://es.wikiloc.com/rutas-senderismo/el-polvorin-y-fabrica-de-harina-la-aurora-de-almodovar-del-campo-94838849 (15 abril 2024)
https://www.ciudad-real.es/turismo/laciruela.php (20 abril 2024)
https://villarrubiadelosojos.org/quinteria-casablanca/ (20 abril 2024)
https://www.lanzadigital.com/provincia/ciudad-real/desalojan-a-tres-adultos-y-un-menor-de-la-casa-del-parque-de-ciudad-real/ (22 abril 2024)
https://www.greenhub.cat/es/urbanizaciones-abandonadas-un-paisaje-cada-vez-mas-frecuente/ (23 abril 2024)
https://pozuelodigital.es/urbanizacion-las-pilillas-esto-tambien-es-pozuelo-de-calatrava/ (23 abril 2024)
https://www.ciudad-real.es/lugares/laguna_del_prado.php (24 abril 2024)
https://www.20minutos.es/noticia/3687062/0/nychos-mejor-artista-urbano-mundo-anatomia-animal-pintara-silo-porzuna-ciudad-real/ (25 abril 2024)

Para saber algo más sobre las **estrellas** que vemos de noche:

https://www.astrobitacora.com/las-10-estrellas-mas-cercanas-al-sol/ (26 abril 2024)
https://cnnespanol.cnn.com/2022/03/30/telescopio-hubble-estrella-mas-lejana-28-000-millones-anos-luz-trax/ (26 abril 2024)

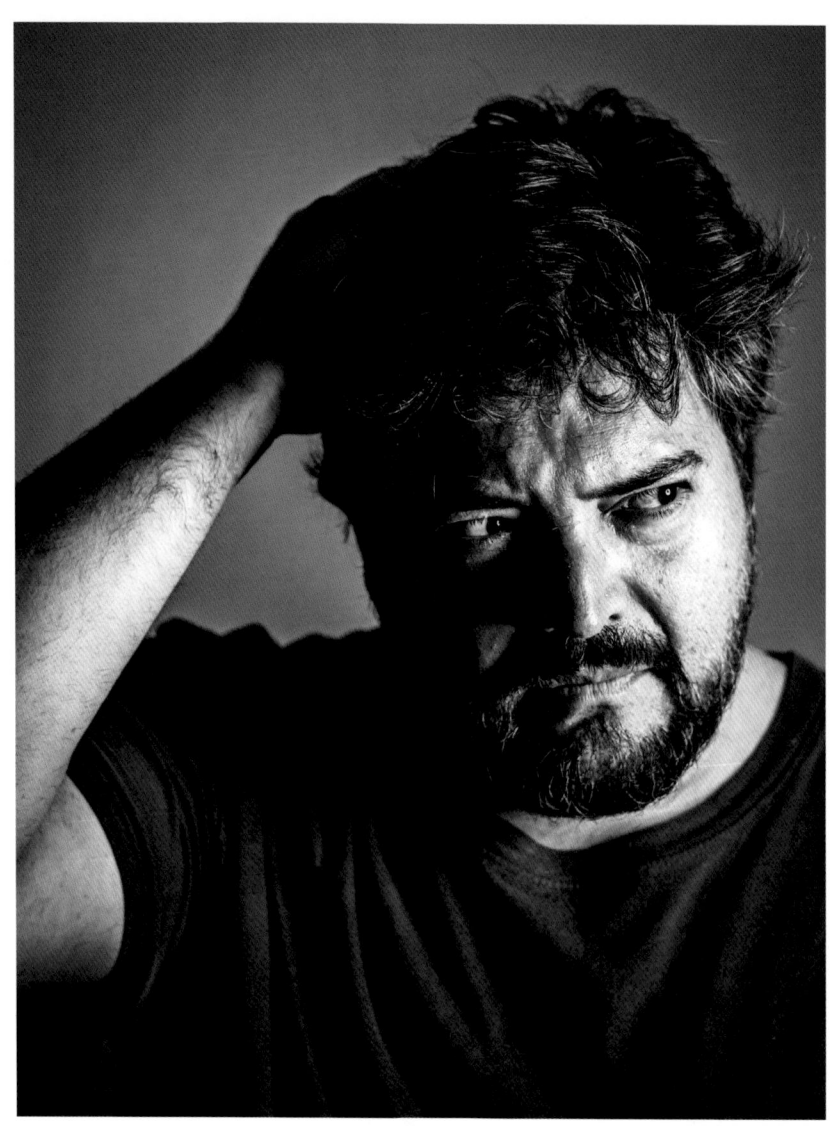

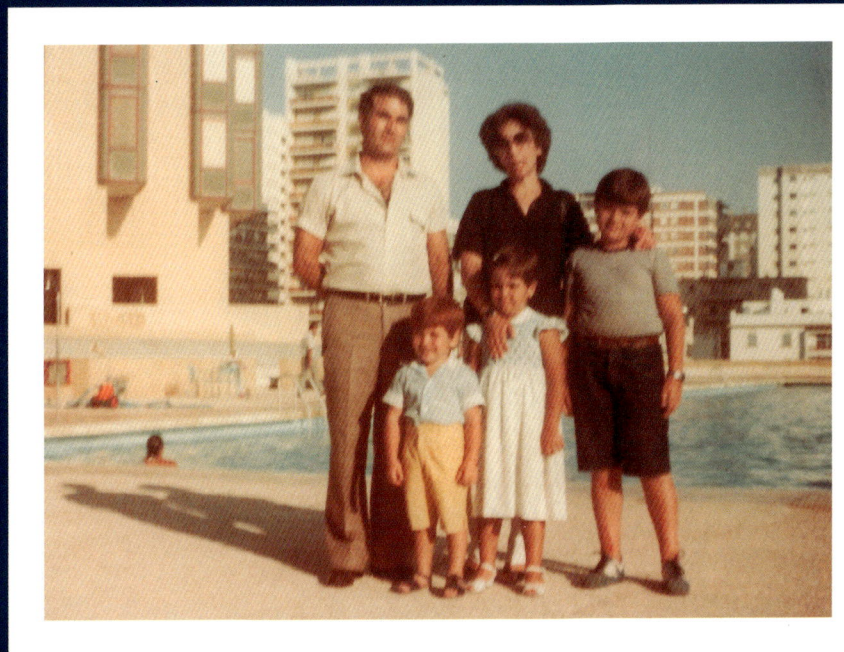

LA FOTOGRAFÍA Y EL TIEMPO

Siempre he tenido gran interés por la imagen y especialmente por la fotografía. Recuerdo, siendo niño con mis padres y hermanos, cómo siempre había en casa alguna pequeña cámara compacta para inmortalizar los cumpleaños y los viajes y cómo las fotos que hacíamos eran conservadas como oro en paño en álbumes por los recuerdos que contenían, a pesar de que siempre había alguna que salía borrosa, movida o, directamente, no salía al revelar el carrete. También recuerdo, años después, un viaje a un sitio lejano, donde quizá no vuelva a ir, y regresar con varios rollos de los cuales el laboratorio no sacó ni una sola fotografía porque el obturador de la cámara ya estaba roto y no se abrió ni una sola vez... ¡Qué aventuras con la fotografía analógica y qué desesperación a veces!

Pero llegó la fotografía digital y la cosa adquirió otra dimensión. Primero por la inmediatez a la hora de revisar el resultado, pero también por la posibilidad de poder "revelar" mis propias fotos con aquellos programitas de edición que solían venir con el equipo. Aquello motivaba a ir progresando, era más fluido y, obviamente, más económico. Con el tiempo no tardé en ir probando cámaras mejores e ir tomándome más en serio la afición. Adquirí libros y revistas sobre el medio y mi primera cámara réflex, la cual sigo usando y con la que he capturado casi todas las imágenes que componen este libro. Coincidió, además, que las circunstancias hicieran que perdiera el trabajo que por aquel entonces tenía y, tras sopesarlo mucho, decidí dar un cambio de rumbo a todo y tirar por lo que siempre me había apasionado hacer, por aquello de que solo se vive una vez...

Con casi cuarenta años me matriculé en Bellas Artes en la Facultad de Cuenca, listo a devorar todo lo que allí pudieran enseñarme. Aprendí mucho sobre muchas materias, pero en fotografía descubrí que apenas sabía nada, algo de técnica pero poco sobre el lenguaje fotográfico y las posibilidades que se abrían, empezando por la implicación del fotógrafo en el mensaje que este quería transmitir con sus imágenes. La fotografía empezaba a girar sobre su eje y ya no era algo de fuera hacia adentro, sino, en mi caso, más bien al contrario. Probé cosas nuevas, como la técnica del HDR (alguna imagen hay en este libro, invito al espectador a buscarlas), pero dónde más aprendí fue a la hora de elaborar mi Trabajo de Fin de Grado, basado en la fotografía, donde pretendía dar un salto no solo en calidad técnica sino también en el discurso artístico que quería presentar al mundo. Ahí apareció el tiempo. Retraté una casa abandonada medio derruida y en su interior se veía una estancia llena de suciedad, pero que lógicamente había tenido un uso anterior. Y me empecé a hacer preguntas. Y descubrí la cárcel de Herrera de la Mancha y decidí hacer mi TFG con ella. Mi idea era hacer una alegoría sobre el paso del tiempo, cómo nos va cambiando y cómo van apareciendo arrugas y otros elementos, pero en vez de cuerpos humanos usé los muros de Herrera. Me pusieron muy buena nota y ahí acabó mi segunda carrera universitaria.

De vuelta a Ciudad Real, seguí con la fotografía y me introduje en los círculos fotográficos locales, donde hubo de todo, realicé algunas exposiciones e intenté darle cierta relevancia a la fotografía, con fundamento y más allá de las redes sociales, donde está en clara decadencia y con poco que ver con el oficio. Ahora entiendo que la fotografía debe articularse en proyectos donde haya una idea que desarrollar y que esto suele necesitar más de una imagen para hacerlo. El tiempo y sus variantes son mis temas preferidos, ya que para mí la fotografía, ya lo he dicho anteriormente, es un instante congelado entre un momento y el siguiente, donde hay mucho que observar y analizar. Y eso es lo que he tratado de condensar en este libro, mis mejores fotografías de los últimos años con mi tierra, La Mancha, de protagonista y con parajes que espero sean nuevos y sorprendentes para el espectador y sobre los que quizá pueda este sacar alguna reflexión interesante.

Lo que venga después, solo el tiempo lo dirá…

AGRADECIMIENTOS

Sacar adelante un libro con fotografías es algo más complicado de lo que pueda parecer y, aunque la labor se realiza casi toda en solitario, es obligado recordar a las personas que, en mayor o menor medida, han influido en el resultado final y dedicarles unas palabras.

En primer lugar a mis compañeros de la Facultad de Bellas Artes en Cuenca, por las horas en el estudio de fotografía y los buenos momentos en esos cuatro increíbles años. También a mi tutor del TFG, Javier Ariza Pomareta, por la orientación, los consejos y la amistad.

A José Ángel Cañas Romero y Ramón J. Freire Santa Cruz, también de la UCLM, por darme la oportunidad de exponer al público mis fotografías más allá de mi etapa universitaria y poder presentarlas en la sala ACUA de Ciudad Real, gracias a lo cual pude llevarlas a más sitios, donde también quiero dar ahora las gracias.

A Pedro María Lozano Crespo, concejal del Ayuntamiento de Ciudad Real y director de la Escuela de Arte y Superior de Diseño "Pedro Almodóvar", por sugerir la idea de presentar el proyecto de la cárcel de Herrera a la Biblioteca de Autores Manchegos y por el fantástico prólogo que ha tenido a bien escribir para esta publicación.

A Jesús Reviejo Fernández, la Biblioteca de Autores Manchegos y a la Diputación Provincial de Ciudad Real, por la oportunidad de llegar a este punto. Y gracias también a quien compre el libro, espero que sea de su agrado y encuentre interesante lo que he pretendido contar en él.

Muy especialmente quiero recordar a las personas que me acompañaron en algún momento a hacer algunas de las fotografías que componen este libro y a las que me acompañan ahora a hacer otras nuevas. Los caminos se hacen andando y cuando son comunes es bueno hacerlo en compañía, siempre se aprende más.

Y finalmente a mi familia, por supuesto. A toda ella, a mis hermanos y sobrinos. A mi padre, que me vio comprar la cámara réflex pero no tuvo tiempo a ver todo lo que iba a hacer con ella. Y a mi madre, por su amor y su apoyo incondicional siempre.

Gracias.

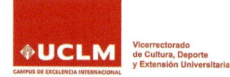

Vicerrectorado
de Cultura, Deporte
y Extensión Universitaria

Abandono y olvido:
Antigua cárcel de Herrera de la Mancha

de José Andrés Gallardo

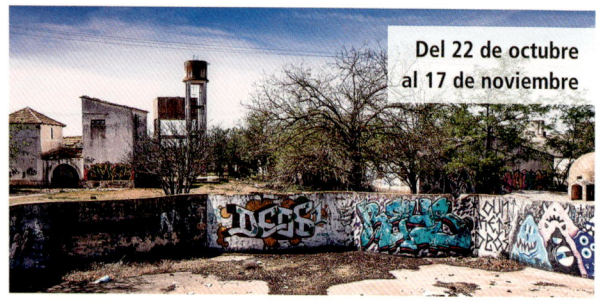

Del 22 de octubre al 17 de noviembre

Centro de Iniciativas
Culturales

Sala **ACUA**
(Aula Cultural Universidad Abierta)
Universidad de Castilla-La Mancha
Esquina Libertad, 7/Cardenal Monescillo, 16
Ciudad Real

Horario
Lunes a Viernes, 18.00 a 21.30 h.
Sábado,   11.30 a 14.30 h.
               18.00 a 21.30 h.

José Andrés Gallardo

Abandono y olvido:
Antigua cárcel de Herrera de la Mancha

Exposición fotográfica

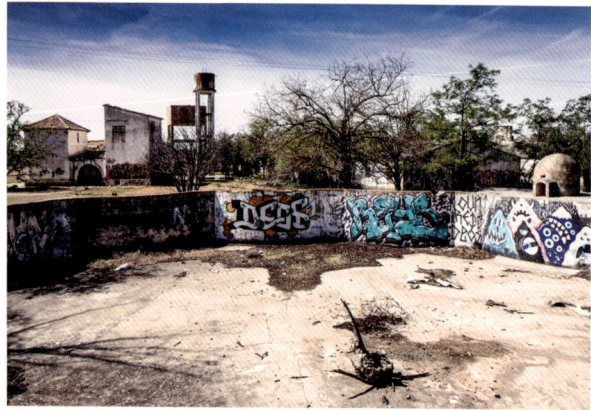

Biblioteca Municipal de Miguelturra
Casa de la Capellanía c/Carretas, 22

De 25 de mayo a
15 de junio 2021

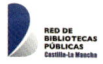

RED DE
BIBLIOTECAS
PÚBLICAS
Castilla-La Mancha

IN VINO VERITAS
En el vino está la verdad

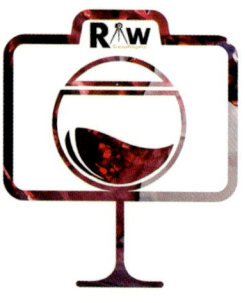

EXPOSICIÓN FOTOGRÁFICA
Museo Cristina García Rodero
Desde el 3 de Junio de 2022

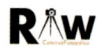

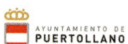
AYUNTAMIENTO DE
PUERTOLLANO

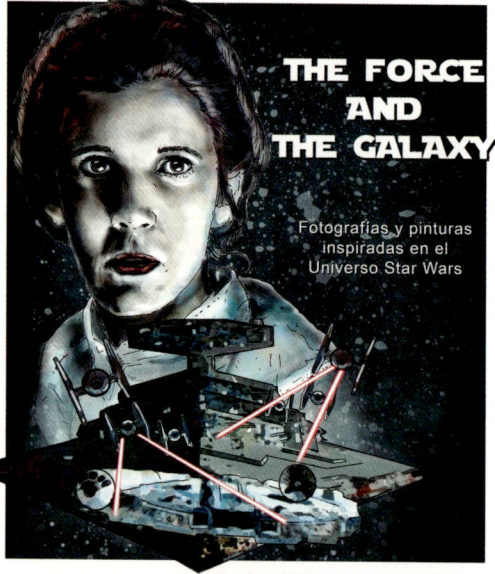

THE FORCE AND THE GALAXY

Fotografías y pinturas
inspiradas en el
Universo Star Wars

De 2 a 27 de febrero de 2022

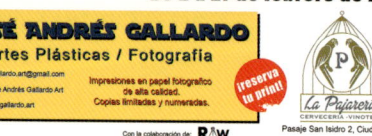

JOSÉ ANDRÉS GALLARDO
Artes Plásticas / Fotografía

jagallardo.art@gmail.com
José Andrés Gallardo Art
@jagallardo.art

Impresiones en papel fotográfico
de alta calidad.
Copias limitadas y numeradas.

Con la colaboración de:

La Pajarería
CERVECERÍA · VINOTECA
Pasaje San Isidro 2, Ciudad Real

BIOGRAFÍA

Licenciado en Derecho, ejerció funciones comerciales para varias empresas, pero la afición hacia las artes que tenía desde niño hicieron que fuera en 2013 cuando aprovechó la ocasión para estudiar en la Facultad de Bellas Artes de Cuenca, en busca de un mayor desarrollo de sus habilidades e inquietudes, al tiempo que planteaba las bases conceptuales de las propuestas artísticas en las que empezó a trabajar.

Desde entonces ha desarrollado sus trabajos principalmente en las áreas de la fotografía, el dibujo y la pintura:

- Como monitor de arte, trabajó para la Asociación Laborvalía en el proyecto artístico *ValorArte III*, para la realización junto a otros artistas y personas con discapacidad de varias pinturas murales en la provincia de Ciudad Real durante 2018.

- Como fotógrafo, ha presentado en exposición varios proyectos personales y colectivos, destacando *Abandono y olvido, antigua cárcel de Herrera de la Mancha* (2019) e *IN VINO VERITAS, en el vino está la verdad* (2021), que han podido visitarse en sitios como la Sala ACUA de Ciudad Real, la Biblioteca Municipal de Miguelturra, el Museo Elisa Cendrero de Ciudad Real y el Museo Cristina García Rodero de Puertollano, entre otros lugares, siempre con gran éxito por parte del público.

- Como pintor y dibujante también ha expuesto varios proyectos, como son *Hollywood Monsters* (2019), *The Force and the Galaxy* (2021) o *Ghostbusters Academy* (2022), en lugares como el Museo López Villaseñor de Ciudad Real, el Mercado Municipal de Moral de Calatrava, la Casa de la Marquesa de Almodóvar del Campo y otros establecimientos privados de Ciudad Real y Puertollano.

Ha recibido varios premios por su trabajo y además ha ejercido de divulgador de arte en la programación televisiva del medio de comunicación Ciudad Noticias.es (2020/21). Actualmente (2023/24), colabora con una sección fija sobre la fotografía en la revista Oretania de Cultura del Grupo Oretania, al tiempo que prepara nuevos proyectos.

Contacto: jagallardo.art@gmail.com

El libro *José Andrés Gallardo. Fotografías*, editado por la Biblioteca de Autores Manchegos, consta en su primera edición de 1.000 ejemplares. Para su composición tipográfica se han empleado los tipos Futura Heavy BT, Humanist 521 Light BT, Optima y Original Garamond BT, y se ha impreso sobre papel estucado mate Magno Satin 170 g.